U0451205

经典投融资案例分析

彭明旭 赵欢 李海鸥 ◎ 著

中国社会科学出版社

图书在版编目(CIP)数据

经典投融资案例分析 / 彭明旭等著. —北京：中国社会科学出版社，2021.1
ISBN 978-7-5203-7764-5

Ⅰ.①经… Ⅱ.①彭… Ⅲ.①投资—案例—中国②融资—案例—中国 Ⅳ.①F832.48

中国版本图书馆 CIP 数据核字(2021)第 016737 号

出 版 人	赵剑英
责任编辑	谢欣露
责任校对	周晓东
责任印制	王 超

出　　版	中国社会科学出版社
社　　址	北京鼓楼西大街甲 158 号
邮　　编	100720
网　　址	http://www.csspw.cn
发 行 部	010-84083685
门 市 部	010-84029450
经　　销	新华书店及其他书店

印　　刷	北京明恒达印务有限公司
装　　订	廊坊市广阳区广增装订厂
版　　次	2021 年 1 月第 1 版
印　　次	2021 年 1 月第 1 次印刷

开　　本	710×1000　1/16
印　　张	21.5
字　　数	342 千字
定　　价	119.00 元

凡购买中国社会科学出版社图书，如有质量问题请与本社营销中心联系调换
电话：010-84083683
版权所有　侵权必究

序　言

经典投融资内容涉及极广，本书仅涉及互联网金融、风险投资（VC）、私募股权投资（PE）、首次公开募股（IPO）、公司并购、衍生工具、政府和社会合作（PPP）等方面。案例内容全部取自近期发生在中国资本市场的重要实践和创新，能够反映中国资本市场当前的部分现状和问题。15个案例大致可以分为以下五个部分。

第一部分花式融资，选择华夏幸福基业股份有限公司（以下简称"华夏幸福"）21种融资模式作为典型案例，启示我们投融资方式是多种多样的，是一门很深的学问。

第二部分互联网金融，包括案例2至案例4，选取了众筹、点对点网络借贷（P2P）和首次代币发行（ICO）等比较典型的互联网金融形态，有助于大家去关注和理解行业的前沿。

第三部分资本市场，包括案例5至案例7，通过途家、蚂蚁金服、英雄互娱等案例，引导大家熟悉PE、VC、IPO以及对赌，掌握投融资的具体过程、关注点和风险管理等。

第四部分衍生品市场，包括案例8至案例10，主要关注夹层基金、房地产投资信托基金（REITs）和资产证券化（ABS），引导大家熟悉产品的设计和运作。

第五部分复合融资，涉及多种融资方式的综合运用，包括案例11至案例15的集合债券、资产证券化、换股合并、PPP模式和债务重组。

全书采用教学案例类型编写，每个案例包括"案例介绍"和"案例分析"两部分，这既有利于老师教学，也有利于学生和对投融资有兴趣的人自学。案例介绍部分，强调可读性和故事性，尽量不使用专业词汇。

案例分析，包括理论依据、分析思路、具体分析及关键要点等内容，适用于课堂教学。相比于案例介绍，侧重专业性，学术性较强。

本书内容比普通本科生所要求掌握的知识点难度偏高，但是明显低于金融学专业硕士（MF）的要求。因此，本书可以作为本科生案例学习和本科毕业论文案例分析的参考，也可以作为有志于专业硕士的同学进入研究生阶段从事案例研究的一个过渡。多年教学成果也表明，选修过"经典投融资案例分析"这门课的同学，在撰写本科毕业论文时或在专业硕士学习中，更容易上手。

本书案例1和案例2由李海鸥负责，案例3至案例8由赵欢负责，案例9至案例15由彭明旭负责。每一个案例在近几年的教学中都经过不断讨论、质疑和修改；案例的形成，都有同学们的贡献，他们包括：程杰、周文俊、黄永红、康广华、邹良鑫、刘宇松、谢滢、陈思捷、罗贤府、钟莉洪、孟兰林、陈丽平、罗艳萍、李雨晴、郭振群、蔡嘉兴、夏怡荷、黄蕾、文龙、朱泽辉、熊君逸、黄语欣、刘颖、周建明、徐勇辉、李辰熙、黄小丽、梁少英、丁娇、张靖轩、赖唐斌、喻勇超、黄新、李兰、王雯亿、邰昌礼、徐振宇、倪杭凯、姚君彦、陈思慧、彭雨、熊艳艳、刘小慧等。全书最后的成稿，许多研究生如廖桂、魏心力、陶琴琴、叶翩翩、蔡叶桑、吕里、李勇杰、杨佳娜等都做了大量修改和校对工作！感谢所有的人！

同时，特别感谢江西师范大学和台州学院对本书出版的支持！感谢湖北教育科学规划项目（2019B426）、江西省社会科学规划项目（17YJ09）和台州市哲学社会科学规划课题（20GHY08）。由于我们水平有限，本书初稿瑕疵很多。中国社会科学出版社谢欣露编辑不厌其烦，耐心地指导我们修正，在此衷心感谢！当然，书中所有错误都由我们自己负责。

由于本书资料庞杂、涉及面广、修改时间跨度长，许多资料要么多源、要么原始出处无从核实，以致表达和引用不全或不当，在此一并致歉。有兴趣的读者可以联系我们，我们将提供所掌握的资料数据。

投融资涉及诸多领域，范围宽泛，所选案例，是否经典，见仁见智。此外，囿于个人能力和见识水平，依旧有这样或那样的错误和不当，恳请各位同人谅解，并不吝赐教，批评指正！

彭明旭　赵　欢　李海鸥
2020年5月

目 录

第一部分 花式融资

案例1 华夏幸福的"花式融资百科全书" ………………………（3）
  一 案例介绍 ……………………………………………………（3）
    (一)曙光初现 ………………………………………………（3）
    (二)旭日东升 ………………………………………………（4）
    (三)蒸蒸日上 ………………………………………………（5）
    (四)光芒万丈 ………………………………………………（7）
    (五)满怀憧憬 ………………………………………………（11）
    (六)尾声 ……………………………………………………（12）
  二 案例分析 ……………………………………………………（13）
    (一)理论依据 ………………………………………………（13）
    (二)分析思路 ………………………………………………（13）
    (三)具体分析 ………………………………………………（14）
    (四)关键要点 ………………………………………………（26）

第二部分 互联网金融

案例2 《罗辑思维》：知识付费风口下的众筹 ………………（31）
  一 案例介绍 ……………………………………………………（31）
    (一)混沌初开 ………………………………………………（31）
    (二)转型伊始 ………………………………………………（32）

（三）风起之时 …… (33)
　　　（四）后续发展 …… (36)
　　　（五）彩蛋 …… (36)
　二　案例分析 …… (38)
　　　（一）理论依据 …… (38)
　　　（二）分析思路 …… (38)
　　　（三）具体分析 …… (38)
　　　（四）关键要点 …… (46)

案例3　师夷长技惠小微：点融网的"点融模式" …… (47)
　一　案例介绍 …… (47)
　　　（一）扬帆启航 …… (47)
　　　（二）点融网的"点融模式" …… (49)
　　　（三）披荆斩棘 …… (53)
　　　（四）遭遇质疑 …… (55)
　　　（五）尾声 …… (56)
　二　案例分析 …… (56)
　　　（一）理论依据 …… (57)
　　　（二）分析思路 …… (57)
　　　（三）具体分析 …… (57)
　　　（四）关键要点 …… (69)

案例4　小蚁也有大梦想：小蚁（NEO）ICO众筹 …… (70)
　一　案例介绍 …… (70)
　　　（一）扬帆启航 …… (70)
　　　（二）独辟蹊径 …… (72)
　　　（三）千呼万唤始出来 …… (73)
　　　（四）趁热打铁 …… (73)
　　　（五）大功告成 …… (75)
　二　案例分析 …… (76)

（一）理论依据 …………………………………………………… (76)
　　（二）分析思路 …………………………………………………… (77)
　　（三）具体分析 …………………………………………………… (77)
　　（四）关键要点 …………………………………………………… (88)

第三部分　资本市场

案例5　走在上市之路的蚂蚁金服 …………………………………… (91)
　一　案例介绍 ………………………………………………………… (91)
　　（一）蚂蚁金服的诞生与发展 …………………………………… (91)
　　（二）蚂蚁金服凭什么上市 ……………………………………… (94)
　　（三）蚂蚁金服上市该何去何从 ………………………………… (96)
　　（四）蚂蚁金服上市之路维艰 …………………………………… (98)
　二　案例分析 ………………………………………………………… (100)
　　（一）理论依据 …………………………………………………… (100)
　　（二）分析思路 …………………………………………………… (100)
　　（三）具体分析 …………………………………………………… (101)
　　（四）关键要点 …………………………………………………… (108)

案例6　途家融资之旅 ………………………………………………… (110)
　一　案例介绍 ………………………………………………………… (110)
　　（一）"独角兽"的诞生 ………………………………………… (110)
　　（二）"独角兽"的成长 ………………………………………… (112)
　　（三）初露锋芒 …………………………………………………… (114)
　　（四）"独角兽"的进化 ………………………………………… (115)
　　（五）途家登顶之路 ……………………………………………… (116)
　　（六）尾声 ………………………………………………………… (117)
　二　案例分析 ………………………………………………………… (118)
　　（一）理论依据 …………………………………………………… (118)
　　（二）分析思路 …………………………………………………… (119)
　　（三）具体分析 …………………………………………………… (119)

（四）关键要点 …………………………………………………（128）

案例7　英雄互娱和华谊的19亿元豪赌 ……………………………（130）
　一　案例介绍 ………………………………………………………（130）
　　（一）其人其事 …………………………………………………（130）
　　（二）自主创业 …………………………………………………（131）
　　（三）豪华对赌 …………………………………………………（132）
　　（四）运筹帷幄 …………………………………………………（134）
　　（五）一波三折 …………………………………………………（135）
　二　案例分析 ………………………………………………………（136）
　　（一）理论依据 …………………………………………………（137）
　　（二）分析思路 …………………………………………………（137）
　　（三）具体分析 …………………………………………………（137）
　　（四）关键要点 …………………………………………………（150）

第四部分　衍生品市场

案例8　夹层基金："地王制造机"信达背后的秘密 ……………（153）
　一　案例介绍 ………………………………………………………（153）
　　（一）千呼万唤始出来 …………………………………………（154）
　　（二）金鳞岂是池中物 …………………………………………（155）
　　（三）无限风光在险峰 …………………………………………（162）
　　（四）路漫漫其修远兮 …………………………………………（165）
　二　案例分析 ………………………………………………………（166）
　　（一）理论依据 …………………………………………………（166）
　　（二）分析思路 …………………………………………………（166）
　　（三）具体分析 …………………………………………………（167）
　　（四）关键要点 …………………………………………………（175）

案例9　鹏华前海万科REITs的投资运作 …………………………（177）
　一　案例介绍 ………………………………………………………（177）

（一）鹏华前海万科REITs基本情况 ……………………（177）
　　（二）首只公募REITs落地,艰难的"破冰之旅" …………（181）
　　（三）后续发展,业绩斐然 …………………………………（184）
　　（四）尾声 …………………………………………………（185）
　二　案例分析 ……………………………………………………（185）
　　（一）理论依据 ……………………………………………（186）
　　（二）分析思路 ……………………………………………（186）
　　（三）具体分析 ……………………………………………（186）
　　（四）关键要点 ……………………………………………（200）

案例10　海印股份信托受益权专项资产管理计划 ………………（202）
　一　案例介绍 ……………………………………………………（202）
　　（一）三十余载,历经风雨 …………………………………（202）
　　（二）"海印"破困之路 ……………………………………（206）
　　（三）海印专项计划 ………………………………………（207）
　　（四）冬去春来,走出困境 …………………………………（212）
　二　案例分析 ……………………………………………………（213）
　　（一）理论依据 ……………………………………………（213）
　　（二）分析思路 ……………………………………………（213）
　　（三）具体分析 ……………………………………………（214）
　　（四）关键要点 ……………………………………………（226）

第五部分　复合融资

案例11　同舟共济的集合债券 ……………………………………（231）
　一　案例介绍 ……………………………………………………（231）
　　（一）步履维艰坎坷路 ……………………………………（231）
　　（二）枯树逢春 ……………………………………………（233）
　　（三）同舟共济 ……………………………………………（233）
　　（四）后续发展:覆雨翻云变化莫测 ………………………（236）
　二　案例分析 ……………………………………………………（237）

（一）理论依据 …………………………………………… (237)
　　（二）分析思路 …………………………………………… (237)
　　（三）具体分析 …………………………………………… (238)
　　（四）关键要点 …………………………………………… (244)

案例 12　京东白条资产证券化 ………………………………… (245)
　一　案例介绍 ………………………………………………… (245)
　　（一）公司简介 …………………………………………… (245)
　　（二）京东白条业务概况 ………………………………… (247)
　　（三）京东的对策——踏上资产证券化之路 …………… (249)
　　（四）"互联网消费金融产品＋资产证券化"后续发展 … (254)
　二　案例分析 ………………………………………………… (254)
　　（一）理论依据 …………………………………………… (255)
　　（二）分析思路 …………………………………………… (255)
　　（三）具体分析 …………………………………………… (255)
　　（四）关键要点 …………………………………………… (263)

案例 13　招商蛇口换股吸收合并招商地产 …………………… (265)
　一　案例介绍 ………………………………………………… (265)
　　（一）辉煌的历史 ………………………………………… (265)
　　（二）现实的落寞 ………………………………………… (267)
　　（三）不走寻常路：A＋B＝A？ ………………………… (269)
　　（四）涅槃重生 …………………………………………… (273)
　　（五）招商蛇口之后续发展 ……………………………… (274)
　二　案例分析 ………………………………………………… (275)
　　（一）理论依据 …………………………………………… (276)
　　（二）分析思路 …………………………………………… (276)
　　（三）具体分析 …………………………………………… (277)
　　（四）关键要点 …………………………………………… (290)

案例 14　哈尔滨高寒地铁的 BOT 圆梦之路 ……………………(292)
　一　案例介绍 ………………………………………………(292)
　　（一）梦来已久，众人所盼 ……………………………(292)
　　（二）困难重重，梦寻何处 ……………………………(293)
　　（三）砥砺前行，梦押 BOT ……………………………(295)
　　（四）美梦成真，却危机四伏 …………………………(298)
　　（五）九线一环，织梦冰城 ……………………………(299)
　二　案例分析 ………………………………………………(300)
　　（一）理论依据 …………………………………………(300)
　　（二）分析思路 …………………………………………(300)
　　（三）具体分析 …………………………………………(301)
　　（四）关键要点 …………………………………………(312)

案例 15　"水"漫"辉山" ………………………………………(314)
　一　案例介绍 ………………………………………………(314)
　　（一）发展历程 …………………………………………(314)
　　（二）浑水公司 …………………………………………(316)
　　（三）"浑水"与"辉山"的擂台战 ……………………(316)
　　（四）巨额融资从哪里来 ………………………………(319)
　　（五）公司后续措施及发展 ……………………………(321)
　　（六）尾声 ………………………………………………(324)
　二　案例分析 ………………………………………………(324)
　　（一）理论依据 …………………………………………(324)
　　（二）分析思路 …………………………………………(325)
　　（三）具体分析 …………………………………………(325)
　　（四）关键要点 …………………………………………(333)

第一部分

花式融资

案例1 华夏幸福的"花式融资百科全书"

一 案例介绍

华夏幸福以注入地产资产的方式借壳 ST 国祥在上海证券交易所成功上市。然而，产业新城的不确定性、收益的未知性、抵押物的缺乏，再加上历年来负债率过高和不断增加的短期偿债压力等危机，正步步逼近这个既没有政府信用背书，又不靠银行贷款的民营企业。从一级开发，到基础设施建设，再到二级载体建设，资金需求量惊人。对于这家纯粹的民营企业而言，融资怎么解决呢？

（一）曙光初现

如果把华夏幸福比作一颗鸡蛋，那么它的产业发展集团是蛋黄，住宅业务是蛋清，住宅销售会为产业发展提供养分与保护（郭金山，2017）。2002 年华夏幸福开始着手建设固安工业园，2007 年 5 月在廊坊市大厂县拿下潮白工业区，2008 年又加速在环京布局，2012 年乘胜追击扩大固安工业园规模。固安工业园的成功，是华夏幸福进军产业园市场的名片。那么，扩大固安工业园规模的资金从何而来？

首先是众所周知的住宅销售，即"销售输血法"。截至 2012 年底，华夏幸福利用销售输血法融资 211.35 亿元（见图 1-1）。

其次是应收账款转让。2012 年 8 月 31 日三浦威特建设发展有限公司（以下简称"三浦威特"）与东莞信托有限公司（以下简称"东莞信托"）签署《应收账款转让及回购合同》，三浦威特将其拥有的河北省廊坊市固

```
   销售输血法
   211.35亿元
信托贷款
2亿元
                                          2012年
2012年8月   2012年9月   2012年9月
  31日        7日       14日
应收账款收益       信托贷款
权转让5亿元       7440万元
```

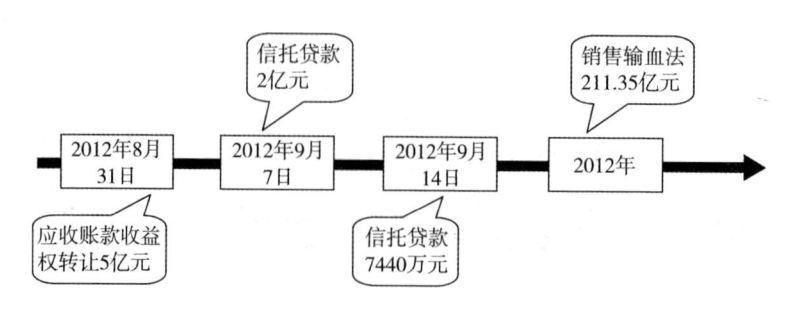

图 1-1　2012 年华夏幸福融资时光轴

安县外环路工程项目下对固安县人民政府的应收账款转让给东莞信托，转让价款为 5 亿元。

最后是信托贷款。2012 年华夏幸福信托融资占总体融资的比例达到 73%。例如：华夏幸福的下属公司九通基业投资有限公司（以下简称"九通投资"），于 2012 年 9 月 7 日与长安国际信托股份有限公司（以下简称"长安信托"）签署《信托贷款合同》及《信托贷款合同之补充协议》，贷款金额为 2 亿元；于 2012 年 9 月 14 日与大业信托有限责任公司（以下简称"大业信托"）签署《信托贷款合同》，借款金额为 9000 万元（实际募得资金为 7440 万元）。

三大招一出，2012 年融资燃眉之急得解，融资曙光初现。

（二）旭日东升

2013 年 8 月 25 日晚，华夏幸福突然发布一则公告：因正在筹划重大事项且该事项存在重大不确定性，公司股票自 2013 年 8 月 26 日起停牌。华夏幸福表示尽快确定是否进行上述重大事项，并于股票停牌之日起的 5 个工作日内（含停牌当日）公告并复牌（腾讯财经，2013）。华夏幸福自 2011 年上市以来首次停牌，究竟正在筹划什么重大事项？

重大事项是指华夏幸福于无锡开发的无锡孔雀城项目。此项目已经完成规划方案公示（房天下，2013）。那么问题来了，无锡孔雀城项目加上华夏幸福长三角项目再推产业新城的融资之路，路在何方？

2013 年华夏幸福第二次使用销售输血法融资 374.24 亿元（见图 1-2），但这还远远不够。于是，华夏幸福在 2013 年 10 月运用战略引资的融资方式，天方资产管理公司（以下简称"天方资产"）就向九通投资注资 30

亿元，其中13.9亿元进入注册资本，16.1亿元进入资本公积。注资后，华夏幸福旗下公司廊坊京御房地产开发有限公司（以下简称"京御地产"）持有其55%股权，天方资产持有其45%股权（广州虹之源科技，2016）。

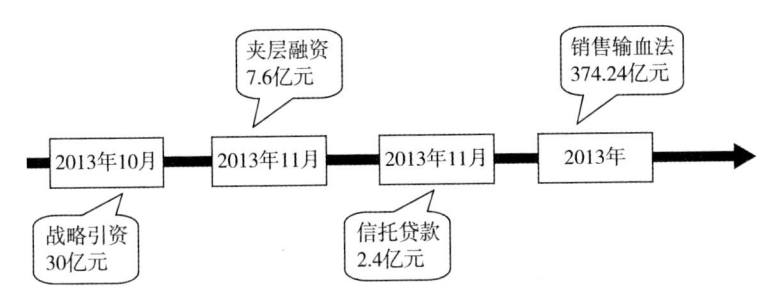

图1-2　2013年华夏幸福融资时光轴

2013年11月，结合信托贷款和夹层融资两种融资方式，由华澳国际信托有限公司（以下简称"华澳信托"）募资10亿元，投入华夏幸福旗下的北京丰科建房地产开发有限公司（以下简称"北京丰科建"），其中向北京丰科建增资7.6亿元，向北京丰科建提供信托贷款2.4亿元。交易完成后，华澳信托对北京丰科建持股66.67%，九通投资持股33.33%。这样一来，华夏幸福变成了"小股操盘"的形式。

（三）蒸蒸日上

2014年，华夏幸福拓展四个产业新城项目，分别位于北京房山、河北任丘、河北保定白洋淀科技城及河北涿鹿，委托开发建设面积共计约906平方千米，并且提出创新孵化集群战略、"四港一基地"（产业港、科技港、商务港、孵化港和产业基地）产业园打造战略以及跨产业复制产业联盟模式，再一次陷入融资危机（新浪财经，2015）。这一次，华夏幸福如何化险为夷呢？

2014年住宅销售额为华夏幸福"输血"512.54亿元，信托融资占总体融资比例达到44%，依旧是融资重头。

华夏幸福还有几个银行系统的重要关联方，这也给自己开辟了一条更便利的融资渠道。2014年，华夏幸福的两个间接控股子公司三浦威特和大厂回族自治县鼎鸿投资开发有限公司（以下简称"大厂鼎鸿"），分别向廊坊银行营业部借款 5800 万元和 3400 万元，借款期限均为 1 年，借款利率均为 9% 左右，而廊坊银行正是华夏幸福的关联方。

2014 年 3 月 8 日，同属华夏幸福旗下的京御地产和大厂华夏幸福基业房地产开发有限公司（以下简称"大厂华夏"）签署债务协议。由于京御地产还欠大厂华夏 19.78 亿元，大厂华夏以其中到期的 18.85 亿元债权作价 15 亿元卖给中国信达资产管理股份有限公司（以下简称"信达资产"）。这样一来，作为债权转让，其中的 3.85 亿元就相当于大厂华夏提前收回现金的成本。3 月 14 日发生了另一笔债权融资。京御地产将其持有的对天津华夏幸福基业房地产开发有限公司（以下简称"天津幸福"）10.018 亿元的债权转让给天方资产，天方资产向京御地产支付债权转让价款 10 亿元。

2014 年 3 月，大厂鼎鸿将其所拥有的大厂潮白河工业园区地下管网，以售后回租方式向中国外贸金融租赁有限公司（以下简称"中外贸租赁"）融资 3 亿元，年租息率 7.0725%，为期两年。也就是说，华夏幸福把工业园区的地下管线卖给中外贸租赁，中外贸租赁再把管线回租给华夏幸福，华夏幸福每年付给中外贸租赁租金 2121.75 万元（3 亿元 × 7.0725%），并每隔半年不等额偿还本金，实际上是两年后以 3 亿元的总价格回购这些管线。

2014 年 5 月，华夏幸福又跟中外贸租赁做了一笔几乎一模一样的买卖，以 2.86 亿元再次把一部分园区地下管线卖给中外贸租赁，年租息率为 6.15%，依然是两年后回购完毕。

显然，华夏幸福以远远低于其他融资形式的成本，用没有任何现金流价值的地下管线，获得了近 6 亿元的真金白银，以华夏幸福项目的收益率，在覆盖这些成本的基础上还能有相当不错的收成，应该说是十分划算的融资交易。

2014 年 6 月 19 日，大厂华夏、大厂京御、京御幸福、京御地产、香河京御、固安京御分别与信风投资管理有限公司（以下简称"信风投资"）签署《特定资产收益权转让协议》，约定转让方向信风投资转让特定资产收益权，特定资产为转让方与付款人已签订的《商品房买卖合同》项下除首付款外的购房款项，转让价款分别为 6300 万元、1300 万元、

5200万元、8400万元、2200万元和8600万元（蔡律，2017）。

2014年8月28日，恒丰银行对三浦威特的8亿元债权即将到期，经过几方商量，恒丰银行将标的债权转让给中国长城资产管理股份有限公司（以下简称"长城资管"），三浦威特接受该项债务重组。债务重组期限为30个月。

2014年10月，三浦威特从固安县农村信用合作社、廊坊城郊农村信用合作社联合社（以下简称"廊坊城郊联社"）、永清县农村信用合作社、大城县农村信用合作社及三河市农村信用合作社组成的银团贷款人贷款1亿元，期限为1年，借款利率为8.5%。

2014年，华夏幸福辛苦并快乐着，融资情况如图1-3所示。通过融资，华夏幸福打造四个产业新城项目、创新孵化集群战略、"四港一基地"产业园打造战略以及跨产业复制产业联盟模式的目标取得了初步的成功。

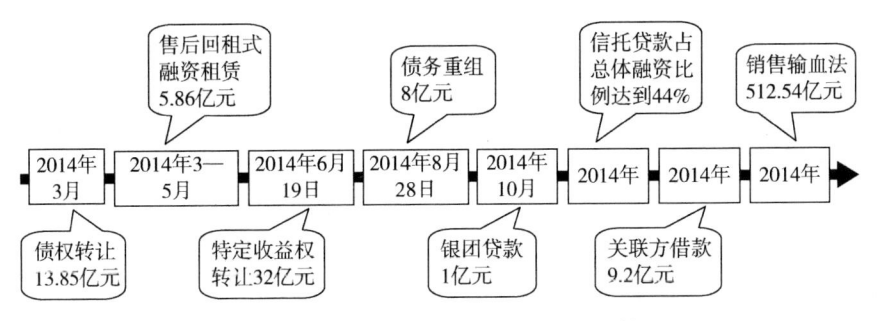

图1-3　2014年华夏幸福融资时光轴

（四）光芒万丈

1. "创新清单"与飞升大劫

2015年伊始，全国和地方"两会"陆续召开。与2014年相比，2015年各地在政府工作报告中将创新作为主动适应经济新常态的发力点。作为创新型企业，华夏幸福2015年也为自己开出了一张务实的"创新清单"（中国新闻网，2015）。

（1）创新清单一：模式创新——破茧化蝶

在2014年底的内部会议上，华夏幸福曾透露：华夏幸福大抵上已处于平台级，接下来如何去进化，从二维到三维，从三维到N维，是不断努力的方向。实现平台基础上的升维裂变式发展,成为生态级甚至更为高阶的企业,成为华夏幸福的重要命题。

(2)创新清单二:产业创新——联盟孵化

由于传统产业的产能过剩和区域创新能力的不足,华夏幸福更希望为产业升级和经济发展创造出新鲜的血液,方法是:合纵连横和创新孵化。

截至2015年,华夏幸福已经与几十家央企、科研院所建立联盟,包括清华大学、京东集团、航天科技集团、北汽通航等。跟随华夏幸福的脚步,清华大学中试孵化基地、电商综合产业园、航天产业园、通用航空产业园等纷纷在固安、香河、大厂、怀来、嘉善等地开花结果。

(3)创新清单三:平台创新——量身定制

十余年,通过与数百家企业的深度接触,让华夏幸福最了解它们的实际需求。无论是大企业、大项目,还是对创新创业的小团队,华夏幸福均以创新迎合它们的需求,为它们量身定制发展平台。

(4)创新清单四:服务创新——输血哺乳

通过无微不至的创新服务,华夏幸福力图打造一个创新创业者的乐园:对新入驻企业,华夏幸福可根据它们的需求,提供工商注册、税务登记等代办服务;对接创业辅导、会计代理、商业咨询等中介机构,为初创企业提供创业培训、商务策划、天使投资路演辅导等专业服务。

通过创新、聚集、整合多样化的产业、商业、资本等外部资源,华夏幸福未来将衍生出各色各样的传统业态和创新业务,并通过合理的制度设计和专业化服务,创造出永续发展、互利共生的平台生态系统。

但同时华夏幸福面临资产负债率太高、内部资源待挖掘的问题。为了实现"创新清单"和再次扩大固安工业园规模的美好愿望,华夏幸福开展了新一年卖力的融资。融资需求量惊人,华夏幸福如何"过关斩将"呢?

2. 过关斩将

2015年华夏幸福住宅销售额高达723.53亿元,第四次使用销售输血法进行融资,效果最佳。

在华夏幸福及其下属公司的很多融资中,中国华夏投资控股集团有限公司(以下简称"华夏控股")以及实际控制人王文学都附有连带担保责任,再加上华夏控股自身的产业和投融资也需要大量的质押融资和各类担保。拿什么担保？主要靠华夏控股与王文学持有的华夏幸福股票。

在融资高峰时期，如2015年1月，华夏控股将持有华夏幸福股票中的88%都质押了出去，当时也正是华夏幸福股票的高峰期（约50元/股），在5月之前的整个大牛市中，华夏控股的这个质押比率一直处于80%以上。道理显而易见，股价越高，质押更多的股票越能套取更多的真金白银。

银行承兑，也称为"银承"或"银票"，是华夏幸福在2015年新采用的一种融资手段。华夏幸福在2015年一共用了3次，如2015年3月11日，华夏幸福下属公司三浦威特与沧州银行固安支行签署《银行承兑协议》，票面金额共计2亿元，承兑金额为1亿元。

信托贷款历年来都是占华夏幸福最大比例的融资形式，由于门槛较低，选择面广，数额巨大，一直是地产公司最为倚赖的融资手段。比如2015年4月，大厂华夏就向大业信托有限责任公司贷款25亿元，信托融资总规模达到190亿元，占40%。

2015年5月26日，三浦威特对廊坊华夏地产集团有限公司享有3亿元债权，三浦威特以这3亿元债权作为基础资产，委托西藏信托有限公司（以下简称"西藏信托"）设立信托计划，信托项目存续期为12个月，西藏信托同意受让标的债权，转让对价为3亿元，三浦威特承诺将于信托终止日前的任一核算日按《债权转让协议》约定支付标的债权回购款项。

短期融资券和银行承兑一样都是短期融资的利器。2015年5月26日，华夏幸福控股子公司九通投资向中国银行间市场交易商协会申请注册发行不超过28亿元的短期融资券，发行期限1年。

2015年7月16日，中国建设银行廊坊分行以5.5亿元的价格受让九通投资持有的三浦威特30.9%股权的收益权，九通投资于该股权收益权转让期满24个月后，向中国建设银行廊坊分行回购标的股权的收益权。

2015年7月30日，华夏幸福采用一种特殊的融资方式，转让对地方政府享有的应收账款收益权。华夏幸福子公司九通投资将其合法持有的大厂鼎鸿对大厂回族自治县财政局享有的应收账款8亿元，以及嘉兴鼎泰对长三角嘉善科技商务服务区管理委员会享有的应收账款7亿元，共计15

亿元的应收账款收益权转让给汇添富资本。九通投资于目标应收账款收益权转让期满 12 个月后，向汇添富资本回购标的应收账款收益权。

2015 年 9 月 9 日，三浦威特向廊坊城郊联社借款 1 亿元，借款期限为 1 年，借款利率为 6.955%。公司董事郭绍增任廊坊城郊联社理事，因此廊坊城郊联社同样是华夏幸福的关联方。

随着 2014 年资金需求量爆发，华夏幸福也开始频频使用委托贷款，如 2015 年 11 月，大厂孔雀城与金元百利、上海银行股份有限公司北京分行签署《人民币单位委托贷款借款合同》，借款金额为 7 亿元。

自 2014 年 11 月 11 日资产证券化备案制新规出台，交易所资产支持证券发行规模呈现明显加速增长。在降息周期和金融市场"优质资产荒"的大背景下，各类投资机构对资产支持证券需求旺盛，华夏幸福也希望能够在其中分一杯羹。

2015 年 11 月 23 日，上海富诚海富通资产管理有限公司设立"华夏幸福物业一期资产支持专项计划"，以专项计划募集资金购买华夏幸福物业有限公司（以下简称"华夏幸福物业"）所享有的物业费债权及其他权利，以基于物业费债权及其他权利所获得的收益作为支付资产支持证券持有人本金及收益的资金来源。此次专项计划在上海证券交易所挂牌上市。

此次专项计划发行总规模不超过 24 亿元，其中优先级资产支持证券面向合格投资者发行，发行对象不超过 200 人，规模不超过 23 亿元；次级资产支持证券由华夏幸福物业认购。华夏幸福表示，此次募集资金主要用于补充流动资金。华夏幸福物业签署《差额支付承诺函》，对专项计划资金不足以支付优先级资产支持证券持有人预期收益和未偿本金余额的差额部分承担补足义务。华夏幸福为华夏幸福物业在《差额支付承诺函》项下的义务提供连带责任保证担保。

2015 年华夏幸福融资时光轴如图 1-4 所示。

华夏幸福非常擅长和资产管理公司达成夹层式资管计划来进行短期的融资。2015 年，华夏幸福及两家下属公司京御地产和华夏新城，与大成创新资本管理有限公司（以下简称"大成创新"）、湘财证券股份有限公司（以下简称"湘财证券"）这两家公司签署相关文件，涉及大成创新发行的专项资产管理计划向华夏新城增资 4 亿元，湘财证券管理的集合资产

```
         银行承兑        特殊信托计划      股权收益权转    关联方借款
         1亿元           3亿元            让5.5亿元       1亿元

2015年  2015年3月  2015年   2015年5月  2015年5月  2015年7月  2015年7月  2015年9月
1月      11日      4月      26日        26日        16日       30日       9日

 股票质押(88%)        信托贷款         短期融资券         应收账款收益
 和对外担保           22亿元           28亿元             权转让15亿元


          公司债将其平均融资            资产支持证券(ABS)不
          成本从9.64%拉低到7.92%       超过24亿元

2015年        2015年        2015年        2015年11月      2015年11月
                                            23日

 销售输血法                  夹层式资管计划              委托贷款
 723.53亿元                  4亿元                      7亿元
```

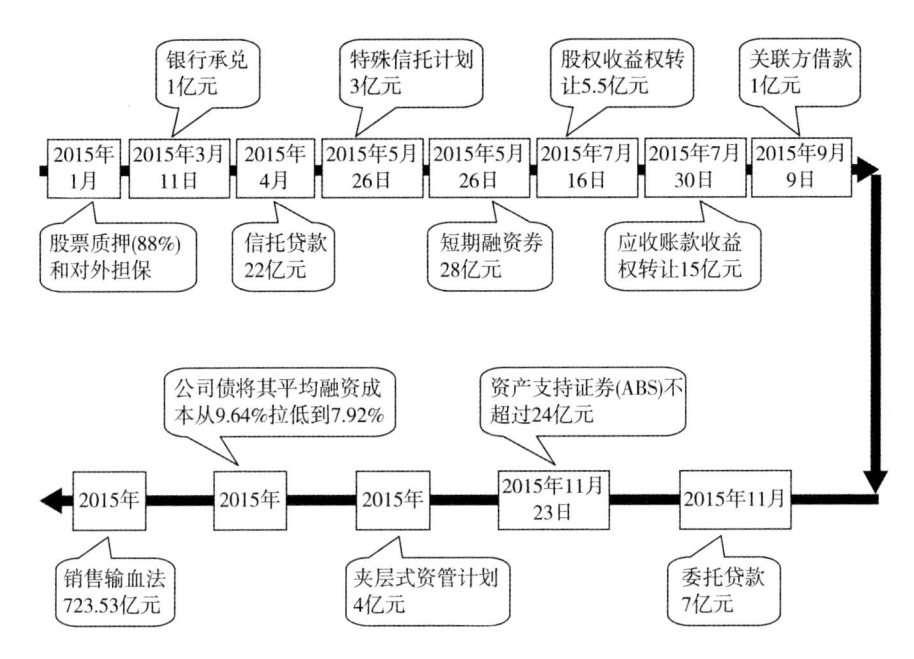

图 1–4 2015 年华夏幸福融资时光轴

管理计划或推荐的客户将认购大成创新发行的专项资产管理计划。大成创新有权自出资日起满 12 个月后，与京御地产签署《股权受让合同》退出华夏新城。

2015 年开始房地产行业的资金面宽松，整体融资成本下降是个普遍趋势，从 2015 年第二季度开始的公司债发行大潮就很能说明问题，很多公司债成本都在 5% 左右。这个趋势一直延续到 2016 年第一季度，华夏幸福从 2015 年开始连续几笔低成本的公司债发行，也成功将其平均融资成本从 9.64% 拉低到 7.92%。这对华夏幸福节省利息支出、提升利润率可是起到关键性作用的。

皇天不负有心人，融资颇丰，愿望可成现实。华夏幸福在融资路上"摸爬滚打"，最终"笑傲江湖"。

（五）满怀憧憬

经历了 2015 年的"飞升大劫"，华夏幸福练就一身融资本领，堪称一本"花式融资百科全书"。但为了公司优良发展，融资必不可少，且看华夏幸福如何"精打细算"。

2016年1月18日,华夏幸福的定向增发完成了资金的募集,最终为华夏幸福拿到了69亿元资金(见图1-5)。定向增发这种股票类融资没有利息成本支出,增加了净资产规模,又能够快速填补资本缺口。

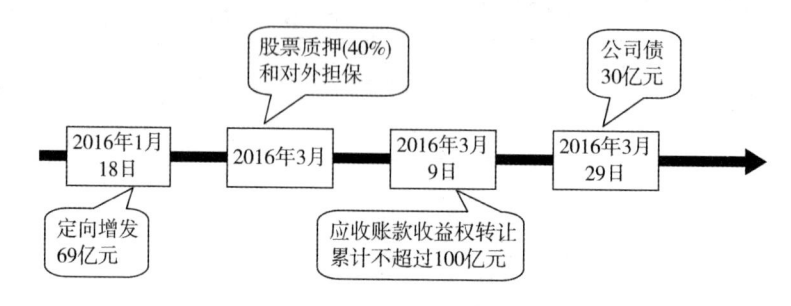

图1-5　2016年华夏幸福融资时光轴

2016年3月,华夏幸福的股价处于低谷期(约23元/股),再加上大量公司债发行与定向增发的完成,现金充沛,华夏控股也明显减少了股票质押的规模,持有华夏幸福股票的质押比例只剩下40%。

2016年3月9日,华夏幸福利用《商品房买卖合同》项下可收取的待付购房款融资。华夏幸福与平安信托有限责任公司(以下简称"平安信托")签署《应收账款买卖协议》,由平安信托设立信托计划,以信托计划项下信托资金为限,购买华夏幸福享有的标的应收账款中的初始应收账款;以应收账款现金流回款余额为限,循环购买公司享有的标的应收账款中的循环购买应收账款。初始应收账款的买卖价款为20亿元;循环购买应收账款的买卖价款为应收账款的账面值,循环购买部分累计不超过100亿元。其实就把未来要收到的钱提前先卖给平安信托,以一定的融资成本提前回流现金。

2016年3月29日,华夏幸福第二期公司债券发行完毕,发行规模为30亿元,期限5年,在第3年末附公司上调票面利率选择权和投资者回售选择权,票面利率为5.19%。

华夏幸福,幸福进行时……

(六)尾声

回顾华夏幸福2012—2016年利用21种融资方式融资3000亿元的历程,就像在看一位超一流围棋高手在下一盘气势磅礴的棋局,既有行云流水般的布局，又有节奏鲜明的大场抢占，也有对实地的扎实经营。

2017年1月3日，2016年度中国上市公司市值500强公布，华夏幸福排名第110名（搜狗百科，2017）。华夏幸福，具备独特的商业模式，而公司的经营表现又不断地验证这个模式的强大生命力，随着公司内在价值的不断提升，业务稳步推进，结算业绩保持理想，市场终有一天会认识到它更大的价值。

【思考题】

(1) 华夏幸福这几年里使用了哪些融资方式？

(2) 这些融资方式怎么分类？请对其中主要的几种融资方式进行解析。

(3) 为什么华夏幸福这样选择融资方式？

二 案例分析

华夏幸福创立于1998年，是中国领先的产业新城运营商。在逐步发展壮大的过程中，它面临着许多融资困难，但却一路披荆斩棘，创造了如今的辉煌。本案例介绍了华夏幸福近几年在不同的融资困难情况下，如何巧妙地运用21种不同的融资方式来解决融资发展难题，为其他企业融资提供了借鉴。

本案例的研究目的：一是通过对华夏幸福这几年的融资历程进行分析，使学生理解和掌握各种融资方式的特点与异同；二是使学生通过资本市场各种融资方式了解投资银行在各种融资方式中所扮演的重要角色和起到的关键性作用；三是通过对不同时期华夏幸福融资方式的选择进行分析，使大家能够根据不同的具体情况来确定合理的融资方案。

（一）理论依据

(1) 企业的融资方式和比较。

(2) 企业融资的资金成本。

(3) 企业融资的渠道。

（二）分析思路

首先要了解各种融资方式，并对不同的融资方式进行细分，解析主要的融资方式的特点及其优缺点。其次结合华夏幸福的具体情况，对选择某种融资方式的原因进行分析，了解如何确定合理的融资方案。

（三）具体分析

1. 华夏幸福使用了哪些融资方式

除传统的银行贷款以外，华夏幸福使用了21种融资方式。

（1）常用流动资金融资工具

①销售输血法（第1种）

销售输血法是指通过销售获得现金流的融资方法。华夏幸福以房屋销售来获得现金流，2012—2015年融资额分别为211.35亿元、374.24亿元、512.54亿元和723.53亿元。

②银行承兑（第2种）

银行承兑是由在承兑银行开立存款账户的存款人出票，向开户银行申请并经银行审查同意承兑的，保证在指定日期无条件支付确定的金额给收款人或持票人的票据。对出票人签发的商业汇票进行承兑是银行基于对出票人资信的认可而给予的信用支持。

2015年，华夏幸福下属公司三浦威特与沧州银行股份有限公司固安支行签署《银行承兑协议》，票面金额共计2亿元，承兑金额为1亿元。

③短期融资券（第3种）

短期融资券属于银行间债券市场非金融企业债务融资工具，是指具有法人资格的非金融企业在银行间债券市场发行的，约定在一年内还本付息的有价证券。

2015年5月26日，华夏幸福控股子公司九通投资向中国银行间市场交易商协会申请注册发行不超过28亿元的短期融资券，发行期限为1年。

④关联方借款（第4种）

关联方借款是指向形成关联方关系的公司或企业进行借款。

2014年，华夏幸福向廊坊银行营业部借款共9200万元，借款期限为1年，借款利率均为9%左右。2015年9月9日，三浦威特向廊坊城郊联社借款1亿元，借款期限为1年，借款利率为6.955%。

⑤委托贷款（第5种）

委托贷款是指由委托人提供合法来源的资金转入委托银行一般委存账户，委托银行根据委托人确定的贷款对象、用途、金额、期限、利率等代为发放、监督使用并协助收回的贷款业务。

2015年11月，大厂孔雀城与金元百利、上海银行股份有限公司北京分行签署《人民币单位委托贷款借款合同》，借款金额为7亿元。

（2）债务重组（第6种）

债务重组又称债务重整，是指债权人在债务人发生财务困难情况下，债权人按照其与债务人达成的协议或者法院的裁定做出让步的事项。也就是说，只要修改了原定债务偿还条件，即债务重组时确定的债务偿还条件不同于原协议的，均为债务重组。

2014年8月28日，恒丰银行将对华夏幸福子公司三浦威特享有的8亿元即将到期的债权转让给了长城资管。

（3）信托融资

①信托贷款（第7种）

信托贷款是指受托人接受委托人的委托，将委托人存入的资金，按其（或信托计划中）指定的对象、用途、期限、利率与金额等发放贷款，并负责到期收回贷款本息的一项金融业务。委托人在发放贷款的对象、用途等方面有充分的自主权，同时又可利用信托公司在企业资信与资金管理方面的优势，增加资金的安全性，提高资金的使用效率。

2015年华夏幸福的下属公司大厂华夏就向大业信托有限责任公司贷款25亿元，此时信托融资总规模达到190亿元。

②特殊信托计划（或特殊目的信托）（第8种）

特殊信托计划是将金融资产信托给受托机构——可以从事信托营业的机构来解决不良资产的证券化问题。特殊目的信托是指拥有不良资产的银行将资产直接出售给一个特殊目的公司，并由该公司来解决不良资产的证券化问题。

2015年5月26日，三浦威特以对廊坊华夏享有的3亿元债权为基础资产，委托西藏信托设立信托计划。

③夹层式资产管理计划（第9种）

夹层式资产管理计划是指与资产管理公司达成资产管理计划，来进行短期的融资，资产管理计划的整体形式与战略引资模式相似，本质是一种夹层融资。

2015年,京御地产、华夏新城与大成创新、湘财证券这两家公司签署相关文件,涉及大成创新发行的专项资产管理计划向华夏新城增资4亿元,湘财证券管理的集合资产管理计划或推荐的客户认购大成创新发行的专项资产管理计划。

(4)收益权类融资

①债权转让(第10种)

债权转让是指将自己享有的债权以一定现金作价卖给第三方,相当于以一定的成本提前回收了这部分现金,加快了债权盘活和资金周转速度。很多处于快速扩张期的公司会倾向于采取这种融资方式。

2014年3月8日,京御地产还欠大厂华夏19.78亿元,大厂华夏以其中到期的18.85亿元作价15亿元卖给信达资产。3月14日,京御地产拟将其持有的对天津幸福的10.018亿元债权转让给天方资产,天方资产向京御地产支付债权转让价款10亿元。

②售后回租式融资租赁(第11种)

售后回租是将自制或外购的资产出售,然后向买方租回使用。采用这种租赁方式可使承租人迅速回收购买物品的资金,加速资金周转。

2014年3月,大厂鼎鸿将其所拥有的大厂潮白河工业园区地下管网,以售后回租方式向中外贸租赁融资3亿元,年租息率7.0725%,为期两年。2014年5月,华夏幸福以2.86亿元再次把一部分园区地下管线卖给中外贸租赁,年租息率为6.15%,为期两年。

③应收账款收益权转让(第12种)

应收账款收益权转让是指将应收账款的未来收益权按合约协定转让给受让方。这实际是保理业务的演变。保理业务是基于企业交易过程中订立的货物销售或服务合同所产生的应收账款的综合信用服务。以债权人转让其应收账款为前提,由商业银行或商业保理公司提供集应收账款催收、管理、坏账担保及融资于一体的综合性金融服务。

2016年3月9日,华夏幸福与平安信托签署《应收账款买卖协议》,由平安信托设立信托计划,融资近120亿元。

④特定收益权转让(第13种)

特定收益权转让是指将特定资产的未来收益权按合约协定转让给受让

方。2014年6月19日，华夏幸福分公司与信风投资签署《特定资产收益权转让协议》，特定资产为转让方与付款人已签订的《商品房买卖合同》项下除首付款外的购房款项，转让总价款为3.2亿元。

⑤股权收益权转让（第14种）

股权收益权转让是指在合伙企业不发生股东变更的情况下，出让人仅将其在合伙协议中约定的收益权转让给受让方。2015年7月16日，建行廊坊分行以5.5亿元的价格受让九通投资持有的三浦威特30.9%股权的收益权。

(5) 资本市场常用融资工具

①公司债券（第15种）

公司债券是由企业发行的为筹措长期资金而向一般大众举借的款项，承诺于指定到期日向债权人无条件支付票面金额，并于固定期间按期依据约定利率支付利息。2016年3月29日，华夏幸福第二期公司债券发行完毕，发行规模为30亿元，期限为5年，在第3年末附公司上调票面利率选择权和投资者回售选择权，票面利率为5.19%。

②夹层融资（第16种）

夹层融资是指在风险和回报方面介于优先债务和股本融资之间的一种融资形式。2013年11月，由华澳信托募资10亿元，投入华夏幸福旗下的北京丰科建。其中向北京丰科建增资7.6亿元，向北京丰科建提供信托贷款2.4亿元。

③资产支持证券（ABS，第17种）

资产支持证券是一种债券性质的金融工具，其向投资者支付的本息来自基础资产池产生的现金流或剩余权益。2015年11月23日，上海富诚海富通资产管理有限公司设立"华夏幸福物业一期资产支持专项计划"，发行总规模不超过24亿元。

④战略引资（第18种）

战略引资是指企业或者政府部门根据环境的变化、本身的资源和实力选择适合的计划，从而形成自己的核心竞争力，并通过差异化制订一系列战略计划，以在竞争中达到引资的目的。2013年10月，资产管理公司天方资产就向华夏幸福旗下的公司九通投资注资30亿元，其中13.9亿元进入注册资本，16.1 亿元进入资本公积。

⑤定向增发（第 19 种）

定向增发是指上市公司向符合条件的少数特定投资者非公开发行股份的行为。2016 年 1 月 18 日，华夏幸福通过定向增发融资 69 亿元。

⑥银团贷款（第 20 种）

银团贷款又称为辛迪加贷款，是由获准经营贷款业务的一家或数家银行牵头，多家银行与非银行金融机构参加而组成的银行集团采用同一贷款协议，按商定的期限和条件向同一借款人提供融资的贷款方式。

2014 年 10 月，华夏幸福获得银团贷款 1 亿元。

⑦股票质押和对外担保（第 21 种）

股票质押是指个人或者企业在资金紧张时将手里拥有的股票进行质押贷款。对外担保指中国境内机构（境内外资金融机构除外），以保函、备用信用证、本票、汇票等形式出具对外担保，以《中华人民共和国担保法》中规定的财产或者权利对外质押，向中国境外机构或者境内的外资金融机构（债权人或受益人）承诺，当债务人未按照合同约定偿付债务时由担保人履行偿付义务。

华夏幸福近五年涉及的 21 种融资方式如表 1-1 所示。

表 1-1　　　　　　华夏幸福 21 种融资方式及其分类

序号	融资方式	分类	备注
1	销售输血法	常用流动资金融资工具	—
2	银行承兑		—
3	短期融资券		在银行间交易市场发行
4	委托贷款		—
5	关联方借款		—
6	债务重组	债务重组方式	—
7	信托借款	信托融资	—
8	特殊信托计划		—
9	夹层式资产管理计划		—

续表

序号	融资方式	分类	备注
10	债权转让	收益权类融资	—
11	售后回租式融资租赁		—
12	应收账款收益权转让		—
13	特定收益权转让		—
14	股权收益权转让		—
15	资产支持证券（ABS）	资本市场常用融资工具	
16	公司债		
17	战略引资		
18	夹层融资		
19	股票质押和对外担保		上市公司
20	定向增发		上市公司或非上市公司
21	银团贷款		适合大型企业融资

2. 融资方式分类及解析

（1）短期融资券

①概念

短期融资券属于银行间债券市场非金融企业债务融资工具，是指具有法人资格的非金融企业在银行间债券市场发行的，约定在一年内还本付息的有价证券。

②特征

短期融资券与超短期融资券、中期票据和中小企业集合票据相比，在发行方式等方面具有以下特征（见表1-2）。

表1-2　短期融资券与超短期融资券、中期票据和中小企业集合票据对比

项目	短期融资券	超短期融资券	中期票据	中小企业集合票据
主管机构	中国银行间市场交易商协会	中国银行间市场交易商协会	中国银行间市场交易商协会	中国银行间市场交易商协会
监管方式	注册制	注册制	注册制	注册制

续表

项目	短期融资券	超短期融资券	中期票据	中小企业集合票据
发行方式	一次注册、分期发行	一次注册、分期发行	一次注册、分期发行	一次注册、一次发行
发行规模	债券总额不超过净资产的40%	债券总额不超过净资产的40%	债券总额不超过净资产的40%	任一企业不超过2亿元，总金额不超过10亿元
发行期限	不超过365天	7天的整数倍，不超过270天	以3年、5年为主	3个月、6个月、9个月、1年及以上（以年为单位的整数期限）
评级与担保	披露信用评级和债项评级	披露信用评级和债项评级	跟踪评级	披露信用评级、债项评级和增信评级

③发行流程

a. 企业确定承销机构；

b. 主承销商向企业提交发行资料准备清单；

c. 各中介机构完成尽职调查及报告；

d. 企业与承销商签订《承销协议》；

e. 主承销商向中国银行间市场交易商协会提交募集说明书、发行公告、发行计划、评级报告、法律意见书等注册文件；

f. 中国银行间市场交易商协会核查通过，获得注册后发行。

④华夏幸福的短期融资券融资

华夏幸福具有较好的资产和项目，在银行间债券市场发行短期融资工具非常容易，更重要的是，银行间债券市场融资规模大、融资成本低，能够有效地降低融资成本，但不利于企业资产负债结构的调整，也不利于减轻企业短期偿债压力。

(2) 信托贷款及特殊信托计划

房地产信托基于融资过程中形成的产权关系及现实的运用，可分为贷款型信托、股权型信托、混合型信托、财产受益型信托四种模式。

①贷款型信托

a. 操作流程：在这种模式下，信托投资公司作为受托人，接受市场中不特定投资者的委托，以信托合同的形式将其资金集合起来，然后通过信托贷款的方式贷给开发商，开发商定期支付利息，并于信托计划期限届满时偿还本金给信托投资公司；信托投资公司则定期向投资者支付信托收益，并于信托计划期限届满之时，支付最后一期信托收益并偿还本金给投资者。

b. 优势和劣势：优势是融资期限比较灵活，操作简单，交易模式成熟，利息能计入开发成本；劣势是与银行贷款相比成本高，目前政策调控环境下难以通过监管审批。

②股权型信托

a. 操作流程：在这种模式下，信托投资公司以发行信托产品的方式，从资金持有人手中募集资金，之后以股权投资的方式（收购股权或增资扩股），向房地产公司注入资金；同时，项目公司或关联的第三方承诺，在一定的期限后，溢价回购信托投资公司持有的股权。

b. 优势与劣势：优势是能够增加房地产公司的资本金，起到过桥融资的作用，使房地产公司达到银行融资的条件；其股权类似优先股性质，只要求在阶段时间内取得合理回报，并不要求参与项目的经营管理、与开发商分享最终利润；劣势是一般均要求附加回购，在会计处理上仍视为债权；如不附加回购则投资者会要求附有超额回报，影响开发商利润。

③财产受益型信托融资模式

a. 操作流程：利用信托的财产所有权与受益权相分离的特点，开发商将其持有的房产信给信托公司，形成优先受益权和劣后受益权，并委托信托投资公司代为转让其持有的优先受益权，实质是将资产收益权打包融资。

信托公司通过发行信托计划，募集资金来购买优先受益权，并且在信托到期后，如投资者的优先受益权未得到足额清偿，信托公司则有权处置该房产以补足优先受益权的利益，而开发商所持有的劣后受益权则滞后受偿。

b. 优势和劣势：优势是在不丧失财产所有权的前提下实现了融资；在条件成熟的情况下，能够过渡到标准的REITs产品；劣势是物业租售比过低导致融资规模不易确定。

④混合型信托

a. 操作流程：债权和股权相结合的混合型信托投融资模式具备贷款类和股权类房产信托的基本特点，同时也有自身方案设计灵活、交易结构复杂的特色，通过股权和债权的组合满足开发商对项目资金的需求。

b. 优势与劣势：优势是信托能够在项目初期进入，增加项目公司资本金，改善资产负债结构；债权部分成本固定，不侵占开发商利润，且较易资本化；股权部分一般都设有回购条款，即使有浮动收益，占比也较小。劣势是交易结构比较复杂，信托公司一般会要求对公司财务和销售进行监管，同时会有对施工进度、销售额等考核的协议。

⑤华夏幸福的信托融资

华夏幸福非常擅长并依赖信托融资，在2012年的融资中信托融资占73%，2013年占45%，2014年占44%，2015年占40%。信托资金的典型特点是门槛低，成本高。融资企业一般在银行融资困难时才会用信托资金。企业必须有较高收益才能覆盖信托的成本，并且具有良好的社会关系才能找到合适的资金。

（3）售后回租式融资租赁

①概念

售后回租是一种特殊形式的租赁业务，实质上是一种融资融物相结合的融资方式，是出卖方（即承租人）将一项自制或外购的资产出售后，又将该项资产从购买方（即出租人）租回。资产的原所有者（即承租人）通过售后回租的方式，可以盘活资产，既满足了企业对设备的需要，又满足了对资金的需求，能够有效缓解企业资金紧张压力；而资产的新所有者（即出租人）通过售后回租交易，找到了一个风险小、回报大的投资机会。

售后回租是企业缺乏资金时，为改善其财务状况而采用的一种筹资方式。当企业进行技术改造或扩建时，采用这种融资租赁方式筹集资金，用出售设备所得的现款购买急需的新设备，可以满足企业的投资需求。它是国际上通用的一种融资租赁方式，与普通融资租赁相比，它是承租人和出卖人为同一人的特殊融资租赁方式。

售后回租是工业企业常用的一种融资方式，类似于向银行进行的分期付息、到期还本金的抵押或质押贷款，但交易对手由银行换成了租赁公司。售后回租除了以固定资产换取流动资金以支持企业经营，还可以将该固定资产移出表外，在回租期限内不再提取固定资产折旧，改善企业的资产流动性，提升流动比率并迅速提升经营绩效。

正因为如此，售后回租除了作为一种融资工具和融资方式用来解决企业流动资金需求，还常常被上市公司用来在短期内改善经营业绩以推高股价，其核心价值就在于将固定资产移出表外，使公司资产变得更轻，流动性更好。

虽然地产企业采用售后回租方式进行融资的较少，但是作为中小地产企业商用物业销售的重要方式之一，售后回租成为支持中小企业地产开发项目的重要资金来源之一。但中小地产企业的信用较差，往往以散售形式进行，且在预售商铺时承诺了过高的回报条件，在回租期满时常常不能履约回购，引发群体事件而被建设主管部门屡屡叫停。

如果单单从融资的角度而言，营业中的商用物业完全可以采用向银行申请长期经营型物业贷款来进行，资金成本比售后回租的租金水平更低，期限可长达8—10年。但是在银行贷款融资模式下，商用物业作为固定资产只作为向银行提供的抵押或者质押等保证措施与增信条件，仍然计入企业的固定资产科目，无法将之移出表外。而售后回租的融资方式，因为向金融租赁公司或者投资机构进行了商用物业产权的转移，将之完全移出了表外，从而实现了企业的轻资产化。

②华夏幸福的售后回租式融资租赁

华夏幸福将地下管网进行售后回租式的融资，一方面，可以盘活资产，将不产生现金流的资产实质性抵押进行融资；另一方面，地下管网一般金额较大，通过售后回租将资产移出表外，对应的折旧也移出表外，可达到美化报表、管理市值的目的。从资金融出方来说，地下管网虽不产生现金流，但确是园区运营必不可少的资产，是可以控制的抵押品。

（4）权利转让

①债权转让融资其实是债务重组的一部分

将自己享有的债权以一定现金作价卖给第三方，相当于以一定的成本提前回收了这部分现金，加快了债权盘活和资金周转速度，很多处于快速扩张期的公司都会倾向于采取这种融资方式。这种融资方式必须要有好的债券，能够找到接收债权的下家，付出较高的融资费用。

②应收账款收益权转让实际是保理业务的演变

保理业务的开展有利于推动中小企业融资，弥补资金不足；加速商品流动资金回笼，建立良好供销关系。如果说融资租赁业务解决的是企业固定资产资金需求，那保理业务就是解决大量中小企业流动资金需求问题，是供应链金融的重要环节。

③特定收益权转让

特定股权收益权转让、股票收益权转让或者股份收益权转让等项目，常出现在需要融资的公司与信托机构间进行的标的协议，然后投资者再通过购买以此包装的信托产品进行投资理财。

所谓股权收益权转让，转让的并非股权，而是该部分股权的收益，其实质是股东将所持公司股权，交给信托公司，信托公司以股权收益发行信托计划融资的行为，信托计划到期后原股东一般将进行回购。

股权或者说股份收益权是指特定股份除投票权以外的一切财产权利，包括但不限于股份卖出收入，因送股、公积金转增、配股、拆分股份、认购、认沽权证等而形成的派生股份的全部卖出收入，但不包括因股份和派生股份而取得的股息红利收入。

(5) 银团贷款

①适用范围

a. 大型集团客户和大型项目的融资以及大额流动资金的融资。

b. 单一企业或单一项目的融资总额超过贷款行资本金余额的10%。

c. 单一集团客户授信总额超过贷款行资本金余额的15%。

d. 借款人以竞争性谈判选择银行业金融机构进行项目融资。

②特点

a. 筹资金额大，期限长：由于银团贷款是由多家银行组成的，所以它能够提供巨额的信贷资金。

b. 分散贷款风险：多家银行共同承担一笔贷款比一家银行单独承担要稳妥得多。各贷款行只按各自贷款的比例分别承担贷款风险，而且还可以加速各贷款行的资金周转。

c. 避免同业竞争：目前国际市场上游资过剩，竞相寻找出路，争取客户。利用银团贷款方式筹资，可以避免同业竞争，把利率维持在一定水平上。

d. 增强业务合作：利用银团贷款方式筹资，还可以加强各贷款银行间的业务合作。

e. 筹资时间较短，费用也比较合理：它的劣势主要是涉及的银行较多，若达到协调一致需要一定的时间，审批和操作环节较复杂，时间较长。

③华夏幸福的银团贷款融资

银团贷款对企业的资质、前景和信誉要求极高，华夏幸福子公司采用银团贷款融资1亿元，参与的银行主要是农村信用合作社。可见河北的农村信用合作社对华夏幸福的模式和前景非常认可。

3. 华夏幸福为什么选择这么多种融资方式

（1）资产负债率太高，被迫采用其他方式融资

一般来说，房地产行业的资产负债率较其他行业高，而华夏幸福的资产负债率比同行业的房地产公司还高，2011—2015年的资产负债率都在80%以上（见表1-3）。以2015年为例，2015年末资产负债率为84.8%，而同行业平均资产负债率约为54.52%。如此高的资产负债率就使企业无法获得较多的银行贷款，而企业只有不断地通过其他融资方式获取较高成本的资金，不断地创新融资渠道才可能持续周转。

表1-3　　　　　华夏幸福2011—2015年资产负债率　　　　　单位：%

年份	2011	2012	2013	2014	2015
资产负债率	85.46	88.52	86.56	84.74	84.80

资料来源：巨潮资讯网。

（2）毛利率较高，能够承担较高成本的融资

房地产行业的回报率较高，以2015年为例，全社会平均利润率在5%左右，房地产行业的平均利润率在14%左右，而华夏幸福2015年销售净利率为26.24%，如此高的回报率是企业能够承担较高成本资金的保证。

(3) 经营性现金流较好且非常稳定，可支撑高负债周转

2012 年以来，华夏幸福经营活动的现金流入一直比较稳定（见表 1-4），可以支撑企业的资金周转和偿还借款，为企业高负债经营提供有效支撑。

表 1-4　　华夏幸福 2012—2015 年营业总收入、净利润、
主营业务现金流　　　　　　　　　　单位：万元

项目	2012 年	2013 年	2014 年	2015 年
营业总收入	1207694.00	2105975.00	2688555.00	3833469.00
净利润	186672.00	268638.00	380141.00	498709.00
主营业务现金流	1825940.00	3145498.00	3403422.00	7621447.00

资料来源：巨潮资讯网。

(4) 较好的信誉、社会关系和资源是融资的保证

华夏幸福作为 A 股上市公司，具备较好的信誉和良好的社会关系，这是华夏幸福能够在银行之外融到 2900 多亿元的最重要的因素。所有的融资工具好用与否都与企业能否找到资金有关，而华夏幸福的融资资金来源于众多的信托、资产管理公司、券商以及二级市场投资人等，这充分体现了华夏幸福具有良好的社会管理能力和资源。

(5) 内部资源的挖掘

在有了很好的外部资源的同时，华夏幸福还注重挖掘内部资源。典型的案例就是地下管网售后回租、债权转让融资等，能够充分挖掘内部资源并打包融资，是华夏幸福融资能力的具体体现。

除此之外，华夏幸福的房地产项目大多集中在京津冀一带，离北京地区较近，北京的外溢需求较大，而且大家普遍看好京津冀一带的发展前景，信托等类金融机构敢于给华夏幸福融资也有看好京津冀发展前景的因素。

(四) 关键要点

本案例立足于企业融资的相关理论，对比华夏幸福的 21 种融资方式，分析如何对融资方式进行选择，总结对我们的启示。

【参考文献】

蔡律：《简析一个民企通过 21 种手段融资》，重庆蔡阳博客，2017 年 1 月 13 日，http://blog.sina.com.cn/s/blog_5ff12cb90102wtu6.html。

郭金山：《地产另类幸福》，2017 年 4 月 2 日，http://www.360doc.com/content/17。

胡文伟、李湛：《不同融资方式下的科技企业并购绩效比较研究——基于因子分析与 Wilcoxon 符号秩检验的实证分析》，《上海经济研究》2019 年第 11 期。

《华夏幸福基业股份有限公司 2016 年第二次临时股东大会会议资料》，东方财富网数据中心，2016 年 3 月 19 日。

《华夏幸福基业投资开发股份有限公司 2012 年第三季度报告》，东方财富网数据中心，2012 年 10 月 24 日。

黄宏斌、翟淑萍、陈静楠：《企业生命周期、融资方式与融资约束——基于投资者情绪调节效应的研究》，《金融研究》2016 年第 7 期。

李斌、孙月静：《中国上市公司融资方式影响因素的实证研究》，《中国软科学》2013 年第 7 期。

刘琦、唐小林、杨招军：《混合担保方式下 AK 型企业的投融资选择》，《系统工程理论与实践》2018 年第 7 期。

王燕妮、杨慧：《融资方式、资本化研发选择与企业价值》，《预测》2018 年第 2 期。

于辉、王宇：《供应链视角下成长型企业融资方式选择：债权融资 VS 股权融资》，《中国管理科学》2018 年第 5 期。

朱波、马永谈、陈德然：《债务融资方式对行业金融风险溢出效应的作用机制》，《财经科学》2018 年第 1 期。

第二部分

互联网金融

案例2 《罗辑思维》:知识付费风口下的众筹

一 案例介绍

2012年12月21日,一档每周五更新的知识性脱口秀节目上传到优酷上,第一期节目名为"末日启示,向死而生",在优酷的播放量达到162万次,评论有近1500条,这个将近爆炸流量的节目,就是《罗辑思维》。

然而,这档节目开播不到一年,天使轮融资所获得的资金几近用完,难以支撑其后续的发展。与此同时,其他同类视频的大量吸粉使罗振宇的压力骤增,《老梁说故事》《晓说》便是《罗辑思维》的两大竞争对手:《老梁说故事》于2010年开播,早已建立了较好的口碑,赢得了一大批忠实的观众;《晓说》是高晓松2012年3月开始主持的网络脱口秀节目。《罗辑思维》到底路在何方?

(一) 混沌初开

1. 喜遇伯乐

2008年以前,罗振宇在央视工作,任央视《对话》《经济与法》等节目的制片人。干了将近十年幕后工作的他,2008年从央视辞职。

2008年,第一财经旗下的《中国经营者》找到罗振宇,罗振宇终于走向台前,当上了主持人。

然而三年后,即2011年,他再次辞职——互联网必然会对媒体业带来根本性的冲击。由于传播介质的互联网化,受众人群的信息消费模式将碎片化,传统大众传播将越来越难以吸引受众。未来的传媒将不再以信息为核心，魅力人格体将是新媒体时代最关键的传播节点。细分后的受众，会基于兴趣和对不同自媒体人的偏好而发生分化与重组，最终形成一个个高黏度、高聚合力的社群组织。

2012年，优酷、土豆合并，成为市场份额第一的视频网站。这一年，佳能出了一款叫5DMark3的相机，可以拍摄成本较低、品质高端的视频。

也是在这一年，罗振宇遇到了伯乐申音。于是他们一同以媒体人敏锐的"嗅觉"开始了探索社会化媒体营销的道路。

2. 革故鼎新

2012年12月21日，是玛雅人预示的"世界末日"，就在这时，《罗辑思维》诞生了，其背后的推手正是罗振宇和申音。这一事件随即席卷各大新闻报道。这大概就是他们探索社会化媒体营销的第一弹。

一张桌子，一把椅子，一面背景布，一个小和尚摆件和几本书，这是《罗辑思维》的所有道具。佳能5DMark3对着罗振宇，没有其他机位，不需要切换镜头，第一期节目《末日启示，向死而生》就这么开播了，这也恰恰是罗振宇想象了许多年的场景：依靠自己的能力，成为一个"U盘式的手艺人"——自带信息、不装系统、随时插拔、自由写作。

关注《罗辑思维》的人每天早上打开微信都会看到一个60秒语音的"马桶伴侣"，每周五则能在优酷上看到罗振宇在镜头前大话"歪理邪说"。秉着"死磕自己，愉悦大家"的理念，罗振宇总能做到每天坚持在微信公众号发60秒的语音，跟大家一起分享自己这段时间的所见所闻所感，一秒不多一秒不少。

(二) 转型伊始

1. 困难重重

2013年6月，《罗辑思维》开播已近半年，虽然取得了较好的观众支持度，也取得了可观的流量，但是相较于两大竞争对手而言，《罗辑思维》依旧处于劣势，收视率远不及《晓说》的四分之一，还尚未在市场上站稳脚跟。

扩大市场份额对于这样一个初创的脱口秀视频来说是必要的。然而，怎么样才能够吸引更多的人关注《罗辑思维》，将这样一个节目推向更广阔的市场？

市场推广离不开资金的支持。天使轮融资资金几近用完，《罗辑思维》陷入了另一大窘境：要从哪里寻找到资金呢？《罗辑思维》还会遇见下一个伯乐么？

能有法子帮助他跨越这道坎么？他能转型成功么？在"世界末日"这天创立的《罗辑思维》真的能"向死而生"么？

2. 希望重燃

有一天，罗振宇翻起了咖啡馆壁橱上的书，"1000 个铁杆粉丝理论"①让他眼前一亮。

罗振宇马上拨通了申音的电话，向他讲述了这个理论。两人一拍即合，均表示想做第一个"吃螃蟹"的人。然而在粉丝的数量上两人发生了争执，罗振宇坚持认为这个理论在 1000 个铁杆粉里能够得到实现，申音则保守地认为是 5000 个。最终，罗振宇还是听从了申音的意见。

这个因机缘巧合出现在罗振宇面前的"1000 个铁杆粉丝理论"，在罗振宇心中种下一丝希望，让罗振宇又有了走下去的动力。逆袭的机会就在眼前。

(三) 风起之时

1. 知识付费

在如今信息泛滥的时代，人们越来越迫切渴望得到自己感兴趣的、有价值的信息，而不是被肤浅虚假的信息所侵蚀，人们想要实现自我提升，由此，知识付费掀起热浪。

知识付费产业在 2013 年发生了较大的变化。微信公众平台在 2013 年迅速普及，改变了中国网民的阅读模式。而同样是 2013 年，第三方移动支付市场交易规模达 12197.4 亿元，同比增速为 707.0%。移动支付为大多数人带来了便利。

这对《罗辑思维》来说不就是个再合适不过的机遇么？一方面知识付费能够推动用户"投资"他们喜爱的创作人；另一方面，微信让《罗辑思维》与粉丝能够建立紧密联系，同时微信支付的出现也解决了以往

---

① 1000 个铁杆粉丝理论：由美国未来学家凯文·凯利在《技术元素》中提出，指的是不管你是《江南 style》还是旭日阳刚，只要你能创造高质量的内容，借助社会化传播的通路，拥有 1000 个愿意为你一年付出 100 美金的粉丝，你就能在美国过上体面的生活。

支付方式不便利的问题。

2. 真爱实验

（1）选择众筹

万事俱备，接下来要做的就是寻找一种合适的方式。

综观所有的融资方式，只有随着互联网金融而兴起的融资模式——众筹能够与《罗辑思维》实现无缝契合。传统媒体的标准化推广宣传很难精准地传达到潜在客户，而众筹是自媒体绝佳的宣传模式。

"自媒体+众筹"，对于众筹人而言，一是可以让项目快速、高效地获取资金。二是通过众筹的方式可以最快速地获知大众对内容的认可度，有效率、有针对性地进行内容生产。三是项目风险低，一旦成功，支持者将获益，从而会努力促使众筹成功。同时，在如今的自媒体时代，每一个支持者都会成为新一轮宣传的发起点。通过众筹的广告效应，发起人也可在众筹过程中结识一批志同道合的朋友，以期共同完成更大的事业。

众筹对一个新兴的项目来说，是一个极佳的融资方式以及广告平台，在获得资金的同时，获得未来长期的支持者。

（2）"爱的供养"

> 爱，就供养。不爱，就观望。会员是常规的，享受的权利是平淡的，钱也不是最重要的，最根本的是自媒体人格化爆发的势能。
>
> ——罗振宇

罗振宇和申音正式开始"做实验"了。

2013年8月9日，《罗辑思维》推出"史上最无理的付费会员制"，限定淘宝支付：5000个普通会员，200元；500个铁杆会员，1200元。5500个会员名额只用半天售罄，160万元入账，成功获得第一笔融资。

2013年12月27日零点，罗振宇再次带着"罗辑思维"这块招牌，丢出一块小手绢，上面写着"彩虹之桥——史上最无理会员方案（之二）"。第二期会员招募限定微信支付，24小时内招收到2万名会员，入账800万元。

2014年12月20日，早上8点，《罗辑思维》第三期铁杆会员招募放开。这次，《罗辑思维》采取了引荐人制度，发动第二期会员"引荐"发展第三期会员，以实现"以真实的人际关系而连接起来的社群"，共招募了6.6万名会员。

（3）"罗利"回报

交200元的普通会员有优先参加《罗辑思维》活动的权利，交1200元的铁杆会员每月还能获得一本赠书。在第一期会员招募后的2013年10月12日，《罗辑思维》微信公众号还推出一条消息：今天，《罗辑思维》将发放会员福利，所有会员可从中午12点21分开始，通过《罗辑思维》微信后台提交自己的会员信息，前十名可以获得由《罗辑思维》送出的乐视超级电视一台！消息一发出，所有会员沸腾了。随后总共发送了11弹"罗利"。

（4）众筹结果

罗振宇检验真爱的"实验"算是成功了。

罗振宇众筹结果如表2-1所示。

表2-1　　　　　　　　　　罗振宇众筹结果

名称	时间	会员数量（人）	销售收入（万元）	完成目标时间（小时）
第一期会员招募	2013年8月9日	5500	160	6
第二期会员招募	2013年12月27日	20000	800	24
第三期会员招募	2014年12月21日	66000	4000	48

2013年、2014年，他三次招募"史上最无理""不承诺任何权益"的付费会员，有9.15万人付费。光有交钱的意愿还不够，缴纳会费还是件挺麻烦的事。购买第一期会员资格用的是淘宝，第二期会员用的是微信支付。不仅如此，缴纳会费还要输入各种身份信息、绑定银行卡等。

"真爱实验"的成功再次让《罗辑思维》涌入人们的视野，上一次出现这样的情景还是《罗辑思维》诞生那天，这也成功地打击了当初唱衰的一拨人。《罗辑思维》通过此次众筹赚取了爆发式增长的流量，扩大市场份额的目标也顺利地实现了。不仅如此,这样一个瞩目的自媒体事件起到了宣传的作用,成功吸引了各大投资方的关注。

(四) 后续发展

2014年12月30日,《罗辑思维》完成数千万元的A轮融资,由启明创投投资。

2015年10月20日,《罗辑思维》正式对外宣布完成B轮融资,估值13.2亿元。

2015年12月,罗振宇作为创始人,推出知识服务App《得到》。

2016年3月,真格基金、《罗辑思维》联合注资papi酱,总投资额1200万元。先是罗振宇联合papi酱搞了一次广告拍卖,然后又退股撤资。

2017年3月,罗振宇宣布《罗辑思维》转型All–in知识付费领域。

2015年、2016年以及2017年第一季度《罗辑思维》营业收入分别为1.59亿元、2.89亿元及1.51亿元,同期净利润分别为1860万元、4462万元和3805万元,对应净利润率分别为11.7%、15.4%和25.2%。

(五) 彩蛋

《罗辑思维》是什么?也许什么也不是,也许只是一种喜爱,一种信任,一种基于共同价值观的认同,一种完全自愿的参与。《罗辑思维》各地线下朋友圈开始诞生,在这个社群里只有节点没有中心,每个会员都可以成为那个导游,举起《罗辑思维》的旗帜,号召发起一个新的事情。大胆想象一下,这将是一个所有会员为所有用户服务的众筹平台,完全是基于爱和信任。

众筹一个"失控的儿童节"[①]

玩转儿童节,重要四步:

第一步,找大管家——个人或公关公司,我们需要有儿童活动运营经验的小伙伴来帮我们统筹各类资源,如果有一家公关公司愿意提供服务那就完美了;

---

① 资料来源:http://blog.sina.com.cn/s/blog_63f029c00101hn01.html。

第二步，找活动场地——至少能容纳 200 人，我们希望是室内，在北京；

第三步，找活动资金——目标 30 万元，只面对机构筹措哦（舞台搭建、现场音响什么的怎么也够了！多出来的钱怎么办呢？咱们以孩子们的名义捐了？总之，罗胖和凯叔不挣这个钱）；

第四步，找志愿者——面对家庭，这个环节爸爸妈妈可报名，八仙过海各显神通。

如果您有资源能锦上添彩蛋，比如把宝贝们的零食全包了，给现场的孩子们送本故事书、送款益智玩具，做个全程摄影摄像，为小朋友们免费服务，我们要大吼一句：干得漂亮！

两位"叔"能给您提供的回报：

捐助 5000 元，现场可以做宣传。

捐助 2 万元，您的产品作为福利让现场家庭体验，让场外的朋友眼馋。

捐助 5 万元，凯叔讲故事由您独家呈现！

什么?! 30 万元您家都掏了？壕，我们做朋友吧，这个儿童节活动就算是您冠名了！

总之，为了孩子们"六一"能过瘾，整个众筹过程罗胖和凯叔愿意为您的慷慨站台吆喝！

【思考题】

（1）什么是众筹？众筹的四种形式及其特点有哪些，如何区别？

（2）《罗辑思维》选择了哪种众筹模式？该种众筹模式存在哪些潜在风险？

（3）在互联网金融和知识付费兴起后，许多节目或项目为什么倾向于选择众筹模式？

（4）众筹的操作流程是怎样的？众筹该怎么玩？

（5）现代众筹起源于西方，继《罗辑思维》众筹后，众筹在中国受到广泛关注，那么中国式众筹，面临哪些问题？

二 案例分析

《罗辑思维》是罗振宇和申音于2012年共同创立的自媒体视频脱口秀节目，然而在不到半年的时间就遇到资金不足、同行竞争等困难，罗振宇采用奖励式众筹（也称回报式众筹）的融资方式获得了资金以及可观的流量。

本案例对《罗辑思维》中的众筹模式进行了介绍和分析，以该案例的众筹运作方式、特点、作用和成功因素为分析对象，力图展示奖励式众筹的含义、运作模式及风险，并以此展开其他形式的众筹模式介绍，还注重将众筹与其他融资方式比较，让学生能够体会众筹的独特优势；除此之外，还进一步拓展，研究了众筹引入中国可能存在的问题。

（一）理论依据
（1）常见的融资方式。
（2）众筹模式的比较。
（3）众筹风险和防范。

（二）分析思路
（1）了解几种众筹模式（股权式众筹、奖励式众筹、债权式众筹和捐赠式众筹）的概念以及它们的特点，并比较奖励式众筹与其他众筹模式的区别。

（2）明确《罗辑思维》采取的众筹模式，掌握奖励式众筹的概念以及特点，深入分析《罗辑思维》选择奖励式众筹的原因。

（3）首先分析自媒体的特点，其次分析众筹模式的独创性，从而理解出品人罗振宇放弃金融平台而选择通过淘宝、微信支付方式来众筹的原因。

（4）奖励式众筹存在一定的风险，收集奖励式众筹相关资料，了解该模式现存风险问题。可以在法律法规风险、平台风险、信用风险和投资者保护的问题上深入讨论，据此提出防范风险的措施和建议。

（三）具体分析
1. 什么是众筹？众筹的四种形式及其特点有哪些？如何区别

（1）众筹的定义

众筹是一种向群众募资，以支持发起活动的个人或组织的行为。一般而言是通过网络上的平台联结起赞助者与提案者。群众募资被用来支持各种活动，包含灾害重建、民间集资、竞选活动、创业募资、艺术创作、自由软件、设计发明、科学研究以及公共专案等。众筹由发起人、支持者、平台和第三方监管构成。

在本案例中，《罗辑思维》的制作方是众筹的发起人；6.6万名会员是众筹的支持者（或投资者）；众筹平台则是淘宝、支付宝和微信，当然这不是一个正式的众筹平台。

（2）众筹的形式及区别

众筹一般可以分为捐赠式众筹、奖励式众筹、股权式众筹和债权式众筹。相关概念和区别如表2-2所示。

表2-2 众筹的类型

	捐赠式众筹	奖励式众筹	股权式众筹	债权式众筹
别称	—	预购式众筹或回报式众筹	—	P2P网络借贷
概念	指投资者对项目或公司进行无偿捐赠	投资人在投资某个项目后，发起人可获得非金融奖励作为回报	企业面向投资者出让一定的股份，投资者缴纳相应的资金入股企业，成为该企业股东之一，获得未来收益	一种以归还本金和支付利息为回报方式的众筹，主要是指企业或个人通过某个众筹平台向若干出资者借贷
发起人	多为非政府组织如教育机构、宗教团体	初创企业或个人	初创企业	初创企业
投资者	大众	大众	主要为投资者	主要为投资者
融资金额	较小	较小	较大	较大
回报	无回报或象征性回报	与投资金额相对应的产品或金融服务	股东权利	还款及利息
风险	低	低	较高	较高
特点	无偿性	本质上是一种"团购+预购"的购买行为，奖励更多是一种象征意义	采取"主投+跟投"模式，跟公司入股类似，但相对传统融资模式明显降低了入资门槛	一种伴随着互联网的发展和民间借贷的兴起而产生的一种金融脱媒现象

2.《罗辑思维》选择了哪种众筹模式？该种众筹模式存在哪些潜在风险

《罗辑思维》采取的是奖励式众筹。

存在的潜在风险有以下几种。

（1）平台违规经营

众筹平台在项目众筹期间掌握投资人资金，可能存在违规经营风险。项目在众筹平台发布后，投资人将资金存入众筹平台账户，在项目众筹期间，众筹平台实际上掌握了这部分资金的调配权和使用权。在平台管理不规范或第三方资金存管制度缺失的情况下，存在资金挪用、延期支付给筹资人等风险。

（2）项目信息造假

众筹平台出于提升平台知名度、抢占市场份额等目的，可能发布虚假众筹进度信息，人为提高众筹进度来吸引更多的投资人。虚高的众筹进度信息可能吸引缺乏投资经验、金融知识匮乏的投资人"盲从跟投"，使原本实际无法完成众筹的项目最终众筹成功，对投资人权益构成潜在威胁。

（3）筹资人违约

投资人根据项目信息（项目期限、资金用途等）作出投资决策，未按照项目约定使用资金对投资人意味着风险。在众筹平台缺乏有效的筹后管理手段时，筹资人更改资金用途、违背约定将资金用于项目研发设计以外用途的风险难以避免。

如果项目研发失败，筹资人可能难以按照约定回报投资人或偿还投资人资金。

即使项目研发成功，筹资人也可能不按照约定回报投资人。

（4）信息泄露

投资人、筹资人进入众筹平台时须使用真实身份信息注册，需要绑定手机号码、银行卡等，可能存在泄露客户信息、未经客户同意擅自将客户信息用作众筹服务以外用途等行为。

3. 在互联网金融和知识付费兴起后，许多节目或项目为什么倾向于选择众筹模式

众筹可以称为"低门槛创业神器"。因为你登录任何一个众筹类网

站，任何人都可以发起一个项目向社会筹资。众筹与传统融资模式相比，有着鲜明的独特性。

相较于传统融资模式，众筹有低门槛、多样性等特点（见图2-1）。

低门槛	·无论身份、地位、职业、年龄和性别，只要有想法都可以发起项目
多样性	·众筹的方向具有多样性（包括地产、设计、科技、音乐、影视、食品、漫画、出版、游戏、摄影等）
大众力量	·支持者通常是普通的草根民众而非公司、企业或者风险投资人
注重创意	·发起人必须先使自己的创意（设计图、成品、策划等）达到可展示的程度，而不是简单的一个点子
市场性	·资金直接来自消费者，能在一定程度上反映出产品将来大范围投放市场后的结果
营销性	·众筹平台本身就是一个不错的广告平台

图 2-1 众筹的特点

其中最重要的三个特点是：

首先，创业门槛较低。现在许多的众筹网站主打的一个卖点就是"实现你的梦想"。这句话的潜台词是"之前创业门槛高，众筹帮你扫除这个障碍"。从实际的案例来看，众筹平台确实帮助许多草根创业者融到资金，并推出了既定的产品。这个过程如果走传统的融资路线会比较艰难，因为风险投资者（VC）可能不看好你的这个创意（Idea），况且你没有产品做出来也很难得到VC的认可。

其次，众筹获得的除了资金，还有一份市场调查报告。因为钱是直接来自消费者的，消费者对你这个产品的认可与评价就是一份市场调查，能在一定程度上反映出你的产品将来大范围投放市场后的结果。众筹模式的一个隐性的价值在于：先让消费者掏腰包，再去制造产品。如果项目融资成功，并且实际的研发与生产过程一切顺利，那么这相当于在很大程度上降低了创业成本与风险。

最后，众筹是一个不错的广告平台。创业者的项目融资成功了，这相当于是对大众的一次广告。有些投资者看到了项目但没有贡献资金，可能是因为投资者无法判断这个产品是否能融得足够的资金并量产出来推向市场。但看到项目资金很快就募集完成时，他们就会成为创业者未来的潜在投资人，他们会积极参与企业的第二轮甚至第三轮融资活动。

4. 众筹的操作流程是怎样的

（1）众筹的参与主体

众筹的参与主体主要是由筹资人、投资者、众筹平台和第三方托管平台四个部分组成。

第一，筹资人：创业初期的小企业或者创业者。他们通过研发推出新产品或新服务，但是没有足够的资金做大，因此这些小创业者就会通过众筹的模式来融资。

第二，投资者：创业项目的支持者。众筹的投资者通常属于普通草根大众，他们对创业者的项目感兴趣，或者需要该项目研发的产品或服务，被项目吸引，从而会拿出资金来支持这个项目。

第三，众筹平台：筹资人和投资者之间的桥梁。众筹平台起的是中介作用，让筹资者通过平台向投资者展示自己的作品，同时有责任对筹资人的资质与真实性进行必要的审核，以保证投资的安全。

第四，第三方托管平台：为确保投资者的资金安全，以及投资人的资金能够切实用于创业企业或项目或筹资不成功时及时返回，众筹平台一般都会指定专门银行担任托管人，履行资金托管职责。

（2）众筹操作流程

第一，项目发起人在众筹平台上发布创意项目，投资人在平台上选择感兴趣的创意项目，达到项目匹配的目的。

第二，发起人在众筹平台上设定筹资目标和筹资日期，投资人开始进行投资。

第三，是否筹够目标金额是决定该众筹项目能否成功的关键。如果在众筹截止日期筹集到的资金未达到目标，那么该次众筹失败，项目撤回，投资者则撤回资金。而如果在众筹截止日期成功筹集到目标金额，则该众筹项目成功，项目发起人获得融资，投资人确认投资。

第四，项目发起人获得众筹资金后，使用资金运营实施该项目，而投资人可以监管项目资金的使用情况，提出建议，并优先获得该项目产品。

具体操作流程见图 2-2。

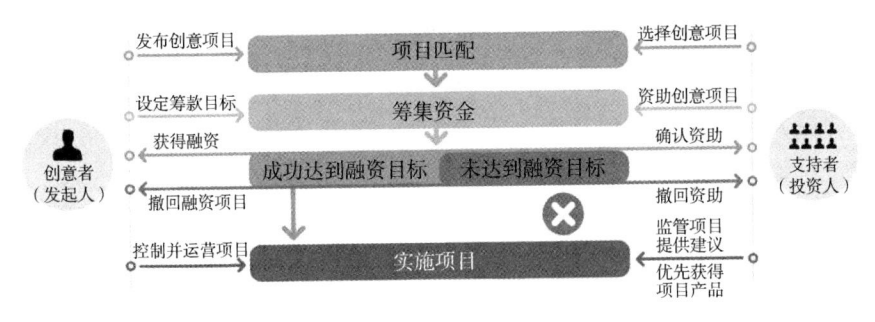

图 2-2 众筹操作流程

资料来源：众筹网。

5. 现代众筹起源于西方，继《罗辑思维》众筹后，众筹在中国受到广泛关注，那么中国式众筹面临哪些问题

自众筹模式引入中国以来，就迅速融入了中国元素，从中国第一个众筹平台——点名时间到如今数十家众筹平台，均不同程度地进行了改造和创新，已经与美国众筹平台有了较为明显的差异。但相对于其他互联网金融模式而言，众筹始终在摸索中前行，在静悄悄中探索，发展比较缓慢。

总体上看，除债权式众筹（P2P 网络借贷）得到迅猛发展之外，其他类型的众筹，如股权式众筹、奖励式众筹、捐赠式众筹，以及基于众筹思维的圈子咖啡馆众筹模式，虽然也得到了一定程度的发展，但是总体看来还处于"雷声大雨点小"的状态。那么，中国式众筹存在哪些问题？

(1) 中国关于众筹的政策法律环境还不成熟，很多众筹创新模式与现行法律法规还存在一定的冲突

在众筹起源地美国，2012 年 4 月 5 日，美国总统奥巴马签署了《2012 年促进创业企业融资法》（以下简称"JOBS 法案"），该法案进一步放松对私募资本市场的管制，允许小企业在众筹融资平台上进行股权融资，不再局限于实物回报，同时也作出了一些保护投资者利益的规定。该法案规定，对每一个项目来讲，其融资规模在 12 个月内不能超过 100 万美元；同时也限制了每一个特定投资人的融资规模，不可超过其年收入的 5%。JOBS 法案的出台使美国众筹有了合法生存的法律依据，特别对股权式众筹发展有极大的促进作用。但根据中国法律，众筹不支持以股权、债券、

分红、利息形式作为回报项目,否则有非法集资之嫌,美微传媒在淘宝出售原始股的大胆尝试被监管部门叫停就是一个例子。

在中国现行法律环境下,股权式众筹的生存和创新空间很小。根据现行的《公司法》及《证券法》相关规定,如果未经监管部门审批,向非特定对象公开发行股票,或者向超过 200 个特定对象发行股票,都属于公开发行股票。如果按照现行法律规定,股权众筹平台不能在平台上公开宣传众筹项目,否则,有可能触碰未经审批向公众公开发行股份的法律红线,如果达到一定的程度,则构成犯罪。此外,也不能超过 200 个特定对象。在此情况下,股权式众筹只能通过线下进行,不能发挥众筹的效用。

因此,就目前中国法律政策环境而言,债权式众筹、股权式众筹还存在诸多的限制和法律红线,如果放开去创新则可能触犯刑律,保守则不利于创新,缺乏吸引力。

(2) 众筹平台的盈利模式还存在问题

就目前看,中国式众筹网站的交易规则和盈利模式是,如果在规定时间内未达到预定筹款目标,系统会将已筹集到的资金退还给出资人。如果项目筹款成功,网站将根据筹得金额按比例收取佣金,佣金是其主要收入来源,其次还有广告收入。

具体而言,诸如 Kickstarter 等国外众筹平台的盈利模式通常是,从融资成功的项目中收取一定的佣金,费用比率一般为 5%—10%。但在国内,众筹模式很难收取佣金,再加之很多众筹项目融资金额不大,即便收取也没有意义。

没有好的商业模式和盈利点,就难以吸引更多的互联网创业者加入众筹行业,也难以吸引投资人的目光。这些都在客观上制约了众筹平台的发展。

但是,我们也注意到,国内的线上众筹平台目前的收益模式与行业密切相关,例如娱乐业可能有衍生品,很多众筹平台在尝试"未来权益"分成,不是赚在项目上,而是赚在项目外。比如一些股权众筹平台开始收取融资方的股权而不是现金。不过,作为金融平台,众筹的主要商业模式终究还要回归佣金模式,只是它还不适合中国目前的发展阶段。

(3) 中国式众筹征信体系及诚信环境缺失

征信体系也是众筹平台发展的一大难点。因此,通过陌生平台或者弱关系开展众筹时，筹资人的信任机制、分配机制、退出机制是否健全到足以让人相信，而且持久相信，这是一个很关键的问题。

由于众筹平台游离于央行征信系统之外，缺乏明确的金融监管主体，很难被纳入央行征信系统。因此，大多数众筹平台自建征信数据库排查借款人的恶意违约风险。除了央行的征信体系，个人信息的查询、身份识别、相关的其他司法状态信息查询等存在巨大障碍。由于缺乏用户征信在线大数据支持，众筹平台只能依靠有限的人力采用传统的方法调查项目发起人的资信能力。这种风险防控模式成本高、效果差。

(4) 众筹项目存在知识产权保护不足问题

国内知识产权保护的匮乏让筹资者面临创意被剽窃的危机。鉴于国内知识产权保护现状，众筹平台无法保证创意不被他人剽窃，知识产权的权利人须采取一些保护措施，如部分披露产品或创意细节，同时与网站签订一些保密协议。但这种做法使投资者看不到完整的项目和产品创意信息，从而无法做出投资决策。这是大量的股权式众筹及高科技产品的回报式众筹不具有吸引力的重要原因。如何既能保证发起人的创意不被投资者剽窃，又能使投资者充分了解创意信息并做出投资决策，是一个两难选择。因此，加大知识产权保护力度，惩处侵犯知识产权的违法行为，提高尊重知识产权的法律意识至关重要。但是，建立知识产权保护体系的路途还很遥远。

(5) 中国社会对众筹认识不足，存在诸多误解

由于中国各地之前出现了民间借贷引发的跑路现象和对一些集资诈骗案件的处罚，社会普遍把众筹与非法集资联系起来，一听到众筹立刻联想起非法集资问题。加之中国社会诚信体系尚未完全建立，社会普遍缺失信任感，这些因素都对众筹的发展不利。众筹基于信任而产生，没有信任就不存在众筹的基础。

在上述诸多因素制约下，中国式众筹的现状是，除越来越膨胀的P2P之外，股权式众筹谨小慎微，步履蹒跚。唯有回报式众筹凭借"创意产品和文艺"艰难生存。有些行业人士认为：众筹是非主流的互联网融资渠道，不向创业公司开放，只以音乐、影视、科技、漫画、游戏等项目名义筹资。投资者收益仅限于实物产品，并没有资金回报，众筹在国内变味

了，成为广告投放平台。

（四）关键要点

（1）关键点：本案例结合相关理论，对新兴的融资方式——众筹进行了详细的解析。通过本案例的学习，可以了解众筹的定义、特点、分类措施等一系列知识点，掌握奖励式众筹融资的风险和防范措施。

（2）关键知识点：本案例所涉及的知识点主要包括众筹的概念、特点、类型，风险及应对策略，以及众筹和自媒体结合使用的相关知识点。

（3）能力点：分析与综合能力、理论联系实际的能力。

【参考文献】

黄玲、周勤：《创意众筹的异质性融资激励与自反馈机制设计研究——以"点名时间"为例》，《中国工业经济》2014年第7期。

焦微玲、刘敏楼：《社会化媒体时代的众筹：国外研究述评与展望》，《中南财经政法大学学报》2014年第5期。

凯文·凯利：《技术元素》，张行舟、余倩译，北京电子工业出版社2012年版。

李清香、王念新、吕爽等：《发起人与出资者的在线交互对众筹项目成功的影响》，《管理工程学报》2020年第1期。

罗振宇：《有奔头，一起过》，《罗辑思维》2015年10月20日。

珞浠：《探索中国式众筹之路》，《证券市场导报》2014年第9期。

马昭、尤薇佳、吴俊杰：《免费试用营销对众筹平台的影响研究》，《管理学报》2020年第1期。

孙亚贤：《股权众筹要警惕哪些风险隐患》，《人民论坛》2017年第35期。

孙永祥、何梦薇、孔子君等：《我国股权众筹发展的思考与建议——从中美比较的角度》，《浙江社会科学》2014年第8期。

魏蔚：《罗辑思维拟融资9.6亿元，知识付费是不是好生意？》，《北京商报》2017年8月6日。

吴超、饶佳艺、乔晗等：《基于社群经济的自媒体商业模式创新——"罗辑思维"案例》，《管理评论》2017年第4期。

案例3 师夷长技惠小微：点融网的"点融模式"

一 案例介绍

在充满各路草莽英雄的中国 P2P 网贷江湖里，有一家公司显得特立独行。它坚持纯正的 P2P 模式，投资人风险自担，在大多数平台都对投资人承诺保本保息的情况下，它"吝啬"得只承诺保本，还伴以相当"苛刻"的条件；它的发展速度远称不上神速，眼看着同期上线的平台都冲到五六亿元的规模，它才不紧不慢地做到一亿多元。

这家公司叫点融网。它有着相当国际范儿的创始团队，一位是曾创办全球最大的 P2P 网贷平台 Lending Club 的苏海德（Soul Htite），另一位则是上海知名的白玉兰律师事务所管理合伙人郭宇航。在这个野蛮生长的行业，他们试图打造一个"最符合监管层的监管规范"的 P2P 网贷平台。同时，点融网致力于提供无抵押、无担保的贷款模式，不赚取利差，只通过收取服务费来获利，这在国内众多 P2P 网贷平台中显得有些与众不同。

那么，作为 Lending Club 的中国学徒，点融网如何借鉴 Lending Club 的先进经验的呢？点融网提供的点融模式又如何实现快捷方便的借贷的呢？在点融网的发展过程中又经历了哪些曲折呢？

（一）扬帆启航

1. "点融"的诞生

2012 年 10 月，在上海外滩旁边的一间小办公室里，一家 P2P 平台悄然成立。它名叫点融网，创始人是苏海德和郭宇航，他们想把全球 P2P 行业的鼻祖——Lending Club 模式带到中国。他们有自己的底气——苏海德就是 Lending Club 的联合创始人和技术总裁。

2007 年，苏海德与一名证券律师 Renaud Laplanche 共同创立了 Lending Club，在 Facebook 上线"合作性的 P2P 贷款服务"，即根据借款人资信情况决定利率：信用优秀的借款人能拿到比银行更低的利率，而信用不良的借款人则需承担更高的利率。

此后，Lending Club 开始全球扩张，并选择在印度、德国、巴西等国家建立分公司，也在此时，苏海德把目光瞄向了中国。在苏海德决定来中国之前，德国、巴西、印度、中国都有人邀请他前往当地复制 Lending Club 模式。

在印度，法律并不支持这个行业，巴西互联网的发展相对落后，而技术能带给德国市场的革命性变化远低于中国。中国有好的互联网、法律、第三方支付公司，但贷款利率非常高。这里有优质的贷款人，这里机会巨大。于是，2013 年 3 月，点融网正式上线，从事 P2P 网络借贷业务。

2. 师夷长技惠小微

（1）契机

郭宇航与苏海德应该算是旧相识，两人在 2010 年前后就认识了。那时的苏海德到中国开设了一家软件公司，主要给 Lending Club 做技术外包服务。

2010 年的 Lending Club，经过 2008 年转型到证券模式，已经发展得风生水起，增速迅猛。Lending Club 这种模式在中国有没有机会呢？一方面这种募资方式在中国很容易被界定为非法集资，有很大的法律风险；另一方面一个不了解中国的国情和规则的外国人，很难在中国做这样的业务。但当时的郭宇航对 P2P 是有兴趣的。他在做律师的过程中也同时做过投资人，参与投资过一些项目，其间甚至还兼职创业。

一些高利贷，三分、五分、十分的利息，都是因为信息不对称。互联网或许能解决这个问题，使高利贷的土壤消失，一定程度上能帮助实现公平。另外，中国的小微借贷需求确实巨大，而传统金融机构僵化的体制和服务模式并没有服务好这个群体。苏海德邀请郭宇航到旧金山 Lending

Club 公司去参观考察。郭宇航在那里朝九晚五地跟各个部门工作了两周，了解 Lending Club 的体系运转。最终，他发现可以把它移植到中国来。

（2）点融网：Lending Club 的中国学徒

点融网是 Lending Club 一名勤勉的中国学徒。虽然苏海德不再担任 Lending Club 的管理层，但依然是其股东和技术顾问。因为这层关系，点融网与 Lending Club 保持了密切联系。他和苏海德每年都会去 Lending Club 总部待一个礼拜，把大数据最新的技术和一些适合中国的做法学习过来。

背靠着 Lending Club 这棵大树，通过苏海德这个渠道，点融网能够充分学习国际上先进的 P2P 平台经营模式。点融网同 Lending Club 一样，追求高效安全的网络借贷，坚持无抵押无担保的贷款模式，同样依靠着"律师＋工程师"的管理团队，希望能实现 Lending Club 在中国的成功复制。

点融网在发展过程中引进 Lending Club 先进的技术、理念甚至一些开发团队，使点融网本身就是站在巨人肩膀上，有一个较高的起点。同时，点融网通过打破信息壁垒，构建高效、透明、人性化易操作的网络投融资平台，为广大小微企业提供普惠金融服务。就这样，点融网乘着 Lending Club 的东风，张开船帆，开始了自己的远航。

（二）点融网的"点融模式"

虽说有着 Lending Club 这个良师益友，但美国与中国的互联网环境有很大不同，点融网在中国本土的发展也需要适合国内的市场情况。那么，苏海德和郭宇航是如何借鉴 Lending Club 的经营模式，将其运用到中国本土 P2P 的土壤中来的呢？点融网又是如何服务于小微企业的呢？

在一系列的改进和完善后，点融网逐渐形成了自己的一套投融资机制，称为"点融模式"。点融网给小微企业带来的便利，也同样依赖于它特殊的"点融模式"。

所谓点融，就是借款人与贷款人之间形成点对点的直接交易。点融网为他们提供无抵押无担保的贷款，使 P2P 的借贷更加方便高效。

1．"赚"，"不赚"，一探便知

我们可以先了解一下点融网主要的投融资产品（见表 3-1）。

表3-1　　　　　　　　　　点融网投资项目列表

产品系列	具体产品	收益率（%）	起投金额（元）	备注
团团赚	新手团	10	1	第15天到期转让无手续费
	季季翻	8	10000	30天锁定期，360天后可免费转让
	月月盈	7.2	1000	30天锁定期，270天后可免费转让
	经典团	6	5000	30天锁定期，90天后可免费转让
	节节发	4.5—8	1	30天锁定期后可免费转让
小融包	小融包	5.7	1	7天锁定期后可免费转让

资料来源：点融网（www.dianrong.com）。

由表3-1可知，点融网最主要的投资产品就是它的"团团赚"系列产品，这个产品系列根据不同的收益率、起投金额、期限等细化分类以满足不同类型投资者的投资需求。

目前，点融网用户累计投资已突破387.5亿元，用户累计收益已突破15.4亿元，累计入团人次已突破317万，位列P2P行业前十，可以说，点融网通过"团团赚"等产品取得了非常好的业绩。那么，点融网给广大借款人的方案又有哪些呢？

2. 轻松借款不用愁

点融网给借款人的借款方式有个人贷款、商业贷款和消费金融三种。

个人贷款是满足个人不同期限、不同目的的借款需求的一种产品，具体情况如表3-2所示。

表3-2　　　　　　　　　　个人贷款明细

产品名称	适合人群	最高额度（万元）	最低年化利率（%）
双金贷	缴纳社保或公积金的受薪人士	15	13.99
新贵贷	专业领域及优质企事业单位工作者	20	13.99
业主贷	正常月供按揭房贷者	15	13.99
寿险贷	购买寿险保单（除万能险）者	15	13.99
个人抵押贷	拥有符合条件房产并愿意办理抵押贷款的个人	20	9.00

资料来源：点融网（www.dianrong.com）。

除此之外，点融网会根据借款人填写的基本资料及其选择产品的特定资料（如是否缴纳社保金）为借款人私人订制投资源，使借款人借款更加轻松、合适。

商业贷款是满足不同行业的企业的借款需求的一种产品，具体情况如表3-3所示。

表3-3　　　　　　　　　　商业贷款明细

产品名称	适合企业	最高额度（万元）	最低费率	信用条件
大食贷	餐饮行业经营者	100（单店）	0.04%/天	纯信用零抵押
酒店贷	酒店行业经营者	100（单店）	—	纯信用零抵押
小微企业信用贷	小微企业主	100	16.49%/年	—
企业抵押贷	法人/股东/实际控制人拥有符合条件房产	100	9%/年	符合条件的房产

资料来源：点融网（www.dianrong.com）。

由表3-3可知，点融网给予借款人的借款方式多种多样，使借款人能轻松找到适合自己的借款方式。在了解了点融网的投融资产品之后，我们不禁想问：点融网是如何"点融"的，它在投资人与借款人之间充当了一个什么角色？事实上，点融网是一个信息中介的角色，实行的是较为特殊的纯线上无担保模式。那么，这到底是一种什么模式呢？

3. 纯线上无担保模式

在这种模式下，P2P平台仅仅充当中介，为借贷双方提供信息资源，本身不参与借贷，在借贷关系中相对独立。然而，因为这种模式有较大的违约风险，目前，包含点融网在内也仅有很少的P2P平台运用这种模式，其中做得较大的是拍拍贷。点融网通过这种模式，一方面向投资人寻找投资，另一方面吸引借款人借款，之后点融网对借款人进行信用评级，同时根据评级决定其借款利率高低，然后进行撮合，完成投融资交易。而其中的资金全部通过第三方平台恒丰银行流通，与点融网自有资金相互独立，强化了资金的安全性。其中，借款人需要支付的利息除了投资人的投资收益，还有点融网收取的2%起的作为申请审批费的贷款金额及每月0.2%起的作为账户管理费的贷款金额。

由上可知，点融网在投融资方面与其他 P2P 公司的不同，主要来自其明细的投融资产品（或投资人、借款人）分类和纯线上无担保模式，在此，我们将点融网与国内较为知名的几家 P2P 进行了比较（见表 3-4）。

表 3-4　　　　　　　　点融网与国内其他 P2P 平台的比较

公司名称	运营模式	性质	优点	缺点
点融网	纯线上无担保	中介	"团团赚"系列产品，收益固定，可以保本	散标较少且不享受本金保障，资金提现较慢
人人贷	担保和中介	中介+担保	最低投资额 50 元，每笔业务平均额度在 5 万—6 万元，较适合中小额度借款人和投资者	投资周期长，线下标的远多于线上，运营成本高
陆金所	资产证券化	中介	投资风险相对较低	产品收益低、期限长；整体信息披露不够透明；项目违约后，赔偿周期长
宜信	债权转让	中介+放贷方	年复合收益高，无抵押纯信用	起投门槛比较高

由表 3-4 可以看出，点融网的模式与其他 P2P 平台相比，既有优势也有不足。但点融网提供的无抵押无担保的借贷模式的确降低了借贷门槛，减轻了借款人的负担，在国内的 P2P 领域中成了一匹冒险激进的野马。

4. 低费用，惠小微

点融网做的是资金的直接匹配，因此其收入来自佣金——向小微企业贷款收取 2%—3.5% 的审批费，外加 0.2%—0.3% 的账户管理费，对个人借款用户则收取 2% 起的审批费以及 0.2% 起的月管理费，投资人则需缴纳每月利息收益的 10% 作为账户管理费。反观中国的其他 P2P 平台，除了拍拍贷等少数几家，90% 以上的平台都以资金池模式赚取利息差，表面上叫 P2P，实则是影子银行。因为承诺保本保息，这些平台在短期内得以迅速扩张，跟点融网同期上线的很多 P2P 公司都冲到五六亿元的规模，而点融网的交易规模只有 1 亿多元，其对纯正 P2P 模式的坚持反被一些业内人士评论为"不接地气"。资金池模式好做，卖理财产品好卖，保证收益，老百姓听得懂，而纯正 P2P 模式的教育成本太高。

教育成本再高，郭宇航仍坚持这么做。常年的律师工作让他对合规性有种天然的谨慎，中国的监管层虽未对互联网金融有明确的监管，但在多个场合已经发出了"不能做资金池，不能做自融自保，不能做保本保息"的禁令，而那些所谓"接地气"的同行们则或多或少踩了这些红线。在郭宇航看来，很多互联网金融公司还是抱着以前做互联网的想法——跑马圈地，做大规模，而忽略了互联网金融的金融属性。这个行业要比谁活得更长，而不是比谁跑得更快。跑得越快，规模越大，但风险控制和合规性做得不好的，将来死得也越快。这也从侧面反映了 Lending Club 对点融网发展过程潜移默化的影响。

点融网通过其独特的点融模式，采用无抵押、无担保的放贷机制，减少收费项目，坚持传统 P2P 平台的规范，有效地扶持了小微企业的发展，给予了它们更高效、更快捷的融资渠道。

（三）披荆斩棘

1. 成交额连续三年高速增长

表 3-5 的数据显示，2013—2016 年，点融网成交额分别为 0.6 亿元、7.9 亿元、65.5 亿元和 162.3 亿元，连续三年高速增长。而至 2017 年 9 月 30 日，累计成交额为 434.1 亿元，累计成交 4964212 笔，当年成交额为 197.8 亿元，当年成交 3831363 笔。点融网始终契合监管思路，坚持信息中介定位，坚持小额分散，并凭借合规、透明赢得了投资者的信任。

表 3-5　　　　　　　2013—2016 年点融网成交额　　　　单位：亿元

年份	成交额
2013	0.6
2014	7.9
2015	65.5
2016	162.3

资料来源：点融网（www.dianrong.com）。

表 3-6 显示，2016 年中国网贷行业成交额为 20638.72 亿元，同比

增长110%。而点融网的增速远超行业水平。在相对分散化的市场内，市场占有率不足1%，未来还有很大潜力。

表 3-6　　2013—2016年P2P网贷行业成交额　　单位：亿元

年份	成交额
2013	1058.00
2014	2528.00
2015	9823.04
2016	20638.72

资料来源：点融网（www.dianrong.com）。

2. 综合收益率高于行业平均水平

随着网贷行业整改的继续进行，P2P网贷平台在信息披露、风险控制措施和银行存管上不断完善，但合规成本也相应提高，降息也成为网贷平台平衡成本的必然选择。网贷行业的综合收益率从20%以上到17.86%，到13.29%，再到10.45%，一直在走"下坡路"（见图3-1）。点融网年化收益率为6%—12%，2017年9月，点融网的综合收益率为13.55%，高于行业的平均水平，属于收益比较高的P2P平台。

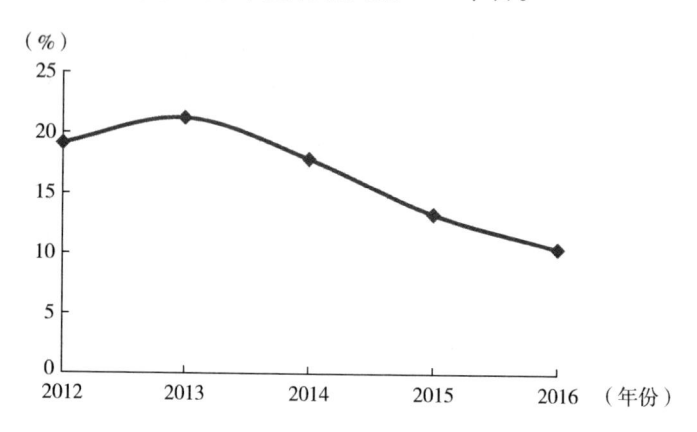

图 3-1　2012—2016年P2P网贷行业综合收益率

资料来源：网贷之家。

点融网的公司理念是"幸福借贷，幸福理财"。幸福来自运用技术真正降低借贷成本,同时提高投资人的回报收益。运用互联网技术去除中间环节,帮优质借款人以更低成本借到钱,让理财客户获得更高更安全的收益。在短短四年里,点融网从国内上千家 P2P 平台中跻身而出,在网贷平台中占下了一席之地。

(四) 遭遇质疑

P2P 网贷平台的发展一直伴随着争议,如线上操作不透明、投资风险未知等,因此投资人往往会对其产生怀疑,点融网也不例外。虽然点融网也采取了一系列风险控制手段,其中最主要的是寻找能提高风险控制效率的第三方数据源。然而,仅仅依靠第三方数据源来提高风险控制效率是远远不够的。其中,争议最多的就是点融网的本金保障制度。

点融网官网描述:"本金保障机制覆盖 100% 的本金部分,当任何坏账发生时,如坏账金额大于累计净收益金额,则点融网即刻对差额部分进行全额自动赔付。赔付金额会在结算当日充入投资人在点融网的投资账户中。"也就是说,坏账金额大于累计收益才有赔付。但据观察,这种情况发生概率不大。因此按照这个制度设计,投资人的投资标的一旦发生坏账,投资可能很难获得收益。

此外,点融网所谓的 100% 本金保障计划还要求颇多。要求投资 30 笔及以上,如果三个月内投资少于 30 笔,则本金保障从第 30 笔成功投资开始生效;且单笔投资不超过此笔借款金额的 5%;且单笔投资不能超过投资人投资总额的 5%;且赔付先减去所有投资收益,仅对差额部分进行赔付。

综上所述,如果第 30 笔发生坏账,需要满足其他在投的 29 笔金额占投资总额的 95% 以上,扣除这部分资金的收益后,差额才能进行赔偿。如此苛刻的本金保障制度,不由得让投资者捏一把汗。

虽然点融网也强调风险控制,但其纯中介的性质,再加上线上无抵押无担保的点融模式,注定了其要面临更多的坏账风险。自由、低门槛的贷款平台使点融网的风险审控遭受很大的挑战,信息公布的透明度也受制于投资者的信用程度,外国 P2P 平台的模式也并不是全都适合本土国情。点融网要想再现 Lending Club 的传奇,还有很长的一段路要走。

（五）尾声

在我国茫茫的 P2P 大军中，点融网绽放出了自己独特的光辉，Lending Club 的成功也让人对点融网的发展抱有期待。点融模式是否适合中国国情还有待时间的考验，如何处理好信用、风险和收益的关系，如何在不触犯法律的前提下为个人和小微企业提供投融资渠道，将是点融网持续发展所要面对的问题。中国 P2P 投融资平台的发展必然要经历漫漫长路。

【思考题】

（1）点融网在经营模式和技术上都向美国一流 P2P 平台 Lending Club 学习，那么 Lending Club 具有怎么样的 P2P 运行模式？和国内其他 P2P 平台相比较，它有什么特色？

（2）点融网主要的投资产品是什么？纯线上无抵押无担保的网上借贷模式有哪些利弊？

（3）试比较点融网和陆金所两个 P2P 平台运营模式的不同。

（4）点融网面临的质疑也是我国许多 P2P 平台所面临的，P2P 网上借贷平台要想合规、长期的发展，风险控制是必须要重视的。那么，我国 P2P 平台面临哪些风险，可以采用哪些风险控制措施？试结合最近国家 P2P 监管措施，谈谈点融网的未来，或者 P2P 未来的发展趋势。

二 案例分析

本案例主要介绍了点融网的概况和发展历程，着重总结了点融网借鉴美国一流 P2P 平台 Lending Club 的先进技术和管理经验的过程，再通过介绍点融网的具体借贷模式和其独特的点融模式，探讨美国 P2P 模式是否适合中国土壤以及纯线上无担保模式的优劣。

点融网坚持的点融模式、纯线上无抵押无担保的借贷模式、纯中介的性质和只收取手续费的资金直接配置理念，与投资者的预期之间存在矛盾。中国 P2P 平台饱受争议的原因众说纷纭，点融网受到的质疑或许能为其提供一种侧面的解释。合理使用本案例将有助于读者了解我国 P2P 行业的现状，从点融网的发展历程和管理理念中加深对线上投融资方式的了解。

（一）理论依据

（1）P2P投融资模式和渠道。

（2）纯线上无抵押无担保的借贷模式。

（3）Lending Club模式。

（4）无资金池的资金直接配置模式。

（5）网贷风险控制的概念和意义。

（6）互联网金融监管体制。

（二）分析思路

（1）根据案例和课外查阅了解Lending Club的成功经历，归纳出Lending Club的模式在中国发展的优劣势，剖析其对中国P2P行业的启示。查阅了解中国其他的P2P平台，与Lending Club做横向比较，分析各自的优劣势，总结出Lending Club的运营特色及中国P2P发展的困境。

（2）首先了解点融网的纯线上无抵押无担保借贷模式，并总结出点融网的运营模式。同时，将点融网与陆金所平台进行横向比较，列出运营情况和遭遇的困难，归纳出这两种平台运营模式的优劣。建议先具体分析两种平台的产品、借贷利息率、期限等细节，最后做出总结。

（3）首先解释风险控制的概念，评价风险控制的重要性。然后摘录现行的P2P平台的风险控制手段，分析其利弊。点融网遭受的质疑、坏账产生的原因值得思考。在分析过程中还可以举出有关风险控制的正面例子和反面例子，使列举的风险手段更加具有代表性和说服力。查阅了解中国的监管措施，综合案例和相关资料，谈谈点融网面临的困难并提出合理可行的解决方法，讨论点融网的发展前景，并着重从模式改革的角度总结出中国P2P的发展趋势。

（三）具体分析

1. 点融网在经营模式和技术上都向美国一流P2P平台Lending Club学习，那么Lending Club具有怎么样的P2P运行模式？和国内其他P2P平台相比较，它有什么特色

（1）Lending Club

Lending Club是美国著名的线上借贷平台，也是世界一流的P2P平台，作为一个纯正的互联网基因的公司，致力于用技术手段高效地解决借贷问题。

Lending Club 对借款人提供的贷款有两种：个人和小微企业的非抵押固定利率贷款。期限为 3 年和 5 年。Lending Club 利用互联网模式建立了一种比传统银行系统更有效率的、能够在借款人和投资人之间自由配置资本的机制。通过 Lending Club 平台，借款人和小微企业以更低利率获得资金，投资人获得较好收益。

（2）Lending Club 运营模式的特点

美国的 Lending Club 平台具有稳定的经营环境和成熟的管理方法。特别是受惠于美国良好的社会征信服务，Lending Club 平台上的违约率基本可以接受；在 Lending Club 平台上投资理财的收益是正的，而且比美国经过了 N 轮 QE 后的利息高。

与国内其他 P2P 平台相比，Lending Club 的特点可归纳为信用机制完善、对借款人要求严格（几乎 90% 的借款申请会因条件限制而被拒绝。在平台上贷款，需要先填写申请单，通过申请单公司从三大征信局获得用户的信用报告）。

这些条件包括：

第一，借款人的 FICO 信用得分在 660 分以上。

第二，债务收入比低于 35%（债务收入比是指包括借款人每月需付款在内的所有债务除以其每月收入）。

第三，三年以上的信用记录等。

第四，利率制定严格规范（Lending Club 放出的每笔贷款的具体利率由 CEO、CFO、CRO、COO 以及总顾问组成的"利率委员会"制定，委员会首先要制定一个基础利率，在此基础上根据多种因素进行调整。这些因素包括整体经济环境、借款数额和贷款数额的平衡情况、每种贷款的违约风险以及其他借贷平台和金融机构的利率水平）。

第五，Lending Club 放出的贷款不受第三方担保或政府机构支持（如果发生违约，相应的损失将由用户自行承担，因此平台对借款人的信用审核比较严格）。

第六，Lending Club 也会运用从 Facebook 社交网络上获得的信息来评价风险。

表 3－7 对 Lending Club 和国内 P2P 平台模式进行了对比。

表 3-7　　　　　　　　　Lending Club 与国内 P2P 平台对比

比较点	Lending Club	中国 P2P	比较点	Lending Club	中国 P2P
交易过程	以 WebBank 为中介交易	大多是买卖双方直接签署借款协议	市场份额	一家独占75%	分散化
风险控制措施	引入专业债权投资机构，当发生坏账风险时投资人可以通过打折销售的方式将债权转让给机构	引入第三方担保，一旦坏账高于保障金，容易出现"跑路"现象	市场情况	平台大部分很正规	鱼龙混杂，有很多不合格的平台
审核方式	采用技术驱动，自动化审核，大大降低运营成本	大部分是人工审核	征信体系	完善	相对落后
借款人审核	十分严格，并且对于信用好的人会采用"主动营销"	相对宽松	缘起背景	通过缩短产业链，提高运营效率，最终实现降低借款成本的目的	信贷市场一边倒，银行体系普遍倾向于将资金投向有抵押有担保的大企业，P2P 由此诞生
周边产业	具有类似专门投资的公司 LCAdvisor 以及一系列与之围绕的服务项目	基本没有专门为P2P平台服务并从中盈利的公司或项目	盈利模式	借贷息差1%—6%；服务费；管理费	大部分平台是借贷息差，少部分收取服务费，基本没有平台收取管理费

2. 点融网主要的投资产品是什么？纯线上无抵押无担保借贷模式有哪些利弊

(1) 点融网最主要的投资产品

点融网最主要的投资产品就是"团团赚"系列产品。这个产品系列根据不同的收益率、起投金额、期限等细化分类以满足不同类型投资者的投资需求。"团团赚"系列产品具体有如下优势。

第一，投资海量且分散。投资者在投资"团团赚"系列产品之后，点融网会根据投资者的投资需求，将其资金投入上万个不同的融资项目中，从而使资金高度分散化，大大降低了投资者的投资风险。

第二，本息自动复投。当投资者匹配的借贷款项目到期的时候，点融网系统会立即自动匹配新的项目，极大缩短资金空闲时间，提高资金利用率，从而最大化投资收益。

第三，可随时发起债权转让。一旦投资人需要资金的时候，其可以随时发起债权转让，成功之后，本息将自动转入投资人账户，使投资人资金的利用十分灵活。

由于这些优点，越来越多的投资者选择在点融网通过"团团赚"系列产品进行投资。

(2) 点融网的点融模式

其具体的运作模式有：

①纯线上模式

纯线上模式，是指 P2P 网贷平台作为单纯的网络中介，负责制定交易规则和提供交易平台，从用户开发、信用审核、合同签订到贷款催收等整个业务主要在线上完成，不仅信用审核等风险控制手段主要在线上完成，用户开发、产品销售等环节均不涉及线下行为，不涉及资金的对接，风险也由投资者自行承担。这样的操作模式无疑与"明确信息中介定位"的监管措施更相吻合。

②无担保模式

无担保模式保留了 P2P 网贷模式的原始面貌，平台仅发挥信用认定和信息撮合的功能，提供的所有借款均为无担保的信用贷款，由出借人根据自己的借款期限和风险承受能力自主选择借款金额和借款期限。点融网虽然进行本金保障承诺，但本金保障制度适用范围窄，未能使投资者有效规避风险，也未设立专门的风险准备金以弥补出借人可能发生的损失。

点融网没有引入担保，而直接采用国外 P2P 模式，即无担保无抵押的纯信用模式，被称为纯粹的 P2P。平台只是扮演撮合成交的信息中介作用，不承担担保责任，只提供风险审查和信用管理服务，风险由借款人自行承担。这种模式的初衷是非常好的，也符合金融脱媒的趋势，也将成为 P2P 发展的方向。只是在国内信用制度和投资人专业素质现状下，难免会遭遇市场尴尬。

这种纯信用模式能在美国发展起来有其原因。美国是个信用市场高度发达的国家，各类征信措施非常明确，风险定价体系也比较完善。

③无担保模式与担保模式的区别

无担保模式平台仅发挥信用认定和信息撮合的功能，出借人需要自行衡量风向并承担风险，平台不参与借贷。

担保模式是基于中国国情衍生出的 P2P 网贷新模式，但不管是第三方担保模式还是平台担保模式，都只是转移了风险，而不能降低风险。如果没有一个良好的机制来约束借款人，增加其违约成本，P2P 网贷的逾期率和坏账率依然较高，不会从根本上提高其运营效益。

(3) 点融网的优劣势

①纯线上无抵押无担保借贷模式的优势

a. 提供了低门槛、方便高效的投融资渠道。

无抵押无担保意味着一些小微企业可以免去一些证明信用情况的复杂手续，也不用将重要资产抵押，同时可以省去寻找担保人的费用。在小微企业或个人急需融资时，这种借贷模式可以提供更加方便高效的服务。

b. 作为约定利率的借贷产品，网贷投资的收益是比较稳定的，整体的收益率水平大约在 20%。

c. 点融模式是间接融资，P2P 平台只充当中介机构，是真正意义上的 P2P 模式。

由于本金保证计划等措施不能完全承担借款人的信用风险，大部分信用风险仍由贷款人承担，故借款人付出的利息归贷款人所有，平台公司的风险补偿由贷款费用承担。这会造成不同贷款的利率不一样——实际上是将借款人、贷款人分别作了市场细分，高风险承受能力的贷款人对应信用不佳的借款人和风险较高的贷款，低风险承受能力的贷款人对应信用优良的借款人和风险较低的贷款，这有助于提高整个平台的效率。

②点融网的纯线上无抵押无担保借贷模式的不足

a. 担保服务与居间业务都由平台公司提供，这有可能使平台公司在经营上处于两难。

如果偏重业务，则风险准备金账户很可能被用罄，最终影响到业务的发展。如果偏重风险控制，则有可能增加借款人的融资成本，最终也会影响到业务——实际上，此种模式将本属于两个企业提供的服务整合为由一个企业提供，对平台企业的定价能力、内部控制都提出更高要求。

b. 无担保模式为了与担保模式竞争，多数引入了本金保障计划机制。为了业务发展，部分 P2P 平台机构展业比较激进，对不良类贷款实行通融赔付，大大超过自身的承受能力。甚至部分没有本金保障计划机制的平台，也对不良类贷款进行赔付。赔付的增多让平台机构进一步铤而走险，这些都加重了平台的运营风险。如优易贷、安泰卓越、众贷网、城乡贷、众贷网一批平台机构轰然倒下。

c. 在我国征信体制还不完善的现状下，这种纯线上无抵押无担保模式的 P2P 模式具有更大的风险。

对借贷者的监管约束力不强，容易滋生信用缺失、金融诈骗等消极情况。让投资者风险自担，在中国的互联网环境下本身就是一件风险很大的事情。由于借贷款的限制条件不多，过于宽松自由的投融资环境容易产生坏账，无法保障投资者的本金和盈利。这样会抑制投资热情，不利于 P2P 平台的发展和理念的推广。

3. 比较点融网和陆金所两个 P2P 平台运营模式的不同

（1）陆金所

陆金所于 2012 年 3 月正式上线运营，由于背靠平安集团这棵大树，陆金所成为 P2P 理财行业中绝对的"高富帅"形象。陆金所具有国资背景，平安银行背书的金字招牌，等于平安银行直接担保，安全有保障。

陆金所属银行系 P2P 网贷平台，投资人并不需要直接选择借款人，而是通过系统匹配完成。银行系资金的用途是十分明确的。理财产品预期年化收益在 8%，是理财平台中比较低的，加上 1 万元的最低起投限制，对于"小白"来说，每月的还款本金如果无法重复投进平台获得复式收益，最终实际年收益率大概为 4.6%。

（2）点融网

点融网于 2012 年在上海创立。点融网的项目主要有散标和"团团赚"两种。"团团赚"中，其他理财产品年化收益率在 4.5%—10%，收益中等，期限大部分在半年以上。散标大部分期限在 4 个月，收益在 7.8% 左右。点融网实力雄厚，所有资金问题都由阳光财险作担保，为投资"团团赚"项目的用户提供本金保障，其中"团团赚"还能分散投资风险。但点融网在信息披露方面不够透明，对投资人不利。

(3) 两个平台的比较分析

①平台背景

点融网由 Lending Club 的联合创始人、前技术总裁苏海德（Soul Htite）与上海知名律师、私募基金合伙人郭宇航共同创立，总部位于上海，注册资金 2 亿元，2013 年 3 月上线，2018 年初在全国有 28 个网点，2600 多名员工。

陆金所隶属于上海陆家嘴国际金融资产交易市场股份有限公司，是中国平安保险（集团）股份有限公司旗下成员，2012 年 1 月上线，注册资金 83667 万元。

②投资项目及预期年化收益

点融网上的项目类型有车贷、个人信用贷、债权流转三类，理财产品有"团团赚"、散标两种，而主要以"团团赚"理财产品为主，历史年化收益率为 4.5%—10%。

陆金所有稳盈—安 e、稳盈—安 e+、稳盈—e 保以及赎楼 E 等理财项目，历史年化收益率为 2.80%—8.40%。

③融资情况

点融网已完成 C 轮融资，由渣打银行和中国互联网金融科技基金领投，渤海租赁参投，之前两轮的投资方也进行了跟投，金额为 2.07 亿美元。

陆金所已完成 B 轮融资，2016 年 1 月获得国泰君安、腾讯和民生银行 12.16 亿元融资。

④安全保障

点融网有用户资金存管，存管机构为恒丰银行，没有风险准备金，保障模式为风险互助准备金机制。

陆金所没有银行存管和风险准备金，保障模式为融资性担保公司，由平安融资担保（天津）有限公司承保 2 亿元。

⑤提现规则

在点融网，每月超过 3 次提现，从第 4 笔起每笔需支付 2 元提现手续费，1—2 个工作日到账。

在陆金所，提现是免费的，到账时间视具体发起时间而定，发起时间为 2：00—22：00，则预计要 3.5 小时到账；发起时间为 22：00—次日 2：00，则预计要 6 小时到账。

总之，点融网完成了 C 轮融资，陆金所则没有；点融网有银行存管，陆金所暂时没有；点融网收益略高于陆金所，但是提现体验没有陆金所好，且有可能收手续费。平台大的一般来说利率就会很低，安全度高；小平台利率会稍微高一些，但是安全性就会低一些。点融网和陆金所都有各自的优势和不足。

4. 点融网受到的质疑也是中国许多 P2P 平台所面临的，P2P 网上借贷平台要想合规、长期发展，风险控制是必须要重视的。那么，我国 P2P 平台面临哪些风险，可以采用哪些风险控制措施？试结合最近中国 P2P 监管措施，谈谈点融网的未来

（1）中国 P2P 平台面临的风险

①安全性风险

中国一些互联网金融企业存在安全性技术不足的问题如经常遭受黑客攻击或者敲诈，甚至因黑客攻击导致系统瘫痪。一些 P2P 平台只重视获客、流量，或是吸引眼球，在安全性方面重视不够。甚至一些小的 P2P 平台由于实力有限，没有防火墙和足够的人力进行安全维护。

②信用风险

信用风险是 P2P 平台最主要的风险。由于某些 P2P 平台的资金成本较高，利率为 8%—12%，有些甚至更高。P2P 资产端的贷款利率往往在 15%—18%。因此，相对于银行而言，P2P 资产端的客户风险较高，信用风险较大。

③流动性风险

许多 P2P 平台并不是贷款方和借款方一一对应、完全匹配的，缺乏专业的资产负债管理，资金来源与资产端不能较好匹配，缺乏保证金，因此，P2P 平台存在较大的流动性风险。解决 P2P 平台流动性风险的根本办法就是 P2P 平台专注于信息中介和借贷双方交易的撮合者。

④运营成本风险

P2P 网站的开发及正常运营产生成本，包括工资成本、店铺租赁成本、营销成本等，运营成本风险较大。

国内 P2P 的日常运营主要依赖 IT 团队、理财团队、放贷团队、贷款审核风险控制团队、线上品牌和网站推广团队以及行政人事支持团队六大团队，其经营支出构成了日常营运支出。大部分平台事实上拥有庞大的员工团队，背离了轻资产属性并带来了高昂的运营成本。如微贷网是一家以汽车抵押为主的网贷网站，拥有 9000 名员工，导致较高的运营成本风险。

⑤政策性合规风险

2016 年 8 月 24 日公安部、工信部、互联网信息办等部委联合发布了《网络借贷中介机构业务活动管理暂行办法》（以下简称"《暂行办法》"）。《暂行办法》明确了 P2P 为金融信息中介性质，禁止 P2P 公司为自身融资、禁止直接或变相为出借人提供担保或者承诺保本保息。

《暂行办法》第 28 条规定：网络借贷信息中介机构应当实行自身资金与出借人和借款人资金的隔离管理，选择符合条件的银行业金融机构作为出借人与借款人的资金存管机构。而据 2016 年 7 月 12 日盈灿咨询发布的调查，真正与银行完成资金存管系统对接的 P2P 平台只有 48 家，仅占 P2P 平台总量的 2.04%。

(2) P2P 平台的风险控制手段

①风险准备金

P2P 平台从借款项目抽取一定比例的借款金额留存于准备金账户，用于偿付逾期款项。这种风险控制方式的主要问题在于，资金账户规模未必拥有充足的偿付能力。一些平台单个借款项目金额超过 1000 万元，但是风险准备金规模却只有 200 万元。

②创新信审体系

除要求借款人提供身份证、户口本、结婚证、学历证明等信息外，一些平台将借款人的网络社区、朋友圈、网络活跃度等指标纳入信审体系，综合评估借款人的信用程度，并以此拟定借款利率。

③担保机构担保

担保机构为平台提供担保也是一种重要的风险控制方式。在征信欠发达的环境中，许多投资者认为，机构担保为资金提供了更高的安全保障，但其实担保公司的资质和实力良莠不齐，机构担保这种风险控制方式也暗藏风险。许多平台虽然声称担保由多家机构联合提供，但并未向投资者披露充分信息证明担保实力。例如，一些平台放贷规模达数十亿元，但是担保机构的担保规模却只有一亿元左右。

④资产抵押担保

借款项目需由特定形式资产估值抵押，如房产、车辆等。抵押担保模式是较为传统的风险控制方式。由于使用资产抵押进行的贷款门槛较高，相当一部分不合资质的借款人被拒之门外，因此也成为各种风险控制措施中安全性最高的一种。尽管如此，抵押资产的质量同样会影响风险控制方式的安全性。一些平台未对抵押资产设置明确要求，导致逾期发生时，抵押资产无法变现或足额偿付；另一些平台则明确要求抵押房产在一线城市，借款人拥有注册企业，可获授信额度为资产估价的70%。

⑤分期还款

一些平台要求借款人按月还本付息，借款人还款压力较小，一定程度上控制了资金风险。

⑥提升系统安全

风险控制应该从网贷系统入手。要做P2P网贷，首要任务即解除系统故障之忧，从根本上为P2P平台保驾护航。需仔细甄别网贷系统服务商，选择那些能防止黑客攻击、账户资料泄露、资金盗取等系统漏洞问题的网贷系统。

⑦客户评级

客户的违约风险包括还款意愿和还款能力。还款能力审核主要通过可验证的个人可支配收入和每月还款金额的比较来进行，还款意愿的影响因素包括年龄、行业、婚姻状况、租房还是自有房、学历等因素。根据个人的不同行为特征等数据来建立评分卡，判断其还款概率，是风险控制的核心内容。决定还款意愿的主要因素是客户的违约成本。

(3) 中国对P2P平台的监管措施

①准入监管

第一，建立基本准入标准。P2P平台的董事、监事和高管要具有一定的金融知识和从业经验，要通过一定的背景审查（比如，具有良好的职业道德，没有不良记录）。P2P平台要具备基本的经营条件。比如，在IT基础设施方面要有条件管理和存放客户资料和交易记录，要有能力建立风险管理体系。

第二，建立"谁批设机构，谁负责监管和风险处置"的机制——这也是国务院办公厅2013年《关于加强影子银行监管有关问题的通知》的精神之一。

②运营监管

第一，P2P平台仅限于从事金融信息服务业务，为投资者和借款者建立直接对应的借贷关系，但P2P平台本身不能直接参与借贷活动，不得因为技术手段的改进而超范围经营。

第二，如果P2P平台通过风险储备池等方式承担了贷款的信用风险，必须遵从与银行不良资产拨备、资本相当的监管标准，确保风险储备池有足够的损失吸收能力。这个要求的核心目标是使P2P平台业务规模与风险承担能力相适应，保障持续经营能力。

第三，P2P平台必须严格隔离自有资金与客户资金，客户资金由第三方账户管理（比如，与中国人民银行核准的第三方支付机构合作），P2P平台不得以任何方式挪用客户资金。

第四，P2P平台要了解自己的客户，采取有效手段对客户身份进行识别和认证，防范不法分子进行交易欺诈、融资诈骗、违规套现等活动。

第五，P2P平台要建立合格投资者制度，确保投资者有足够的金融知识、风险识别和承受能力投资于P2P网络贷款（比如，要求投资者满足一定的收入和财产门槛）。

第六，P2P平台不得进行虚假宣传、误导性陈述。

③信息监管

第一，P2P平台必须完整地保存客户资料（包括申请和信用评估资料）、借贷双方匹配信息以及客户借贷、还款等交易信息，以备事后追责。

第二，P2P平台不得虚构债权或篡改借贷信息，P2P平台的股东或工作人员如果在自家平台上融资，要如实披露信息，防止利益冲突和关联交易。

第三，P2P平台要充分履行风险告知义务，确保投资者和借款者明确自身的权利义务（包括借贷金额、期限、利率、服务费率、还款方式等），保障客户的知情权和选择权。

第四，P2P平台要如实披露经营信息，包括公司治理情况（比如，

"三会一层"构成)、平台运营模式(比如,信用评估方法、借贷双方匹配机制、客户资金管理制度、是否提供担保等)、业务数据(比如,交易额、累计用户数、平均单笔借款金额、投资人收益情况、不良贷款指标等),供客户参考。

第五,P2P平台要保障客户信息安全,防止客户信息的灭失、损毁和泄露,不利用客户信息从事超出法律许可和未经客户授权的活动。

(4) 点融网及P2P的未来发展趋势

①点融网坚持不做资金池的原则,且非常重视风险控制,其触犯法律红线的可能较小

点融网应继续完善运营模式,不断更新投融资产品,以满足不同消费者的需要,尤其注重降低坏账风险,并持续加大风险控制力度。在借鉴Lending Club运营模式的同时,也要不断创新自身的技术,并与中国实际国情联系起来,争取创造出更贴合中国国情的新模式。

②中国P2P平台的发展趋势

a. 去担保化。现在P2P平台主要的风险控制手段是不动产抵押或轿车质押,这导致P2P贷款缺乏创新的动机和动力。P2P要获得更高的收益,只有创新业务才能够在借贷市场上继续发展,而去担保化,是主要方向。

b. 社区化。借贷行为基于出借人认可借款人的信用。中国征信系统的数据主要来自国有银行和其他股份制银行,而银行和P2P平台具有竞争关系,银行没有足够的意愿和P2P平台分享这些数据和信息。P2P平台可以向管理机构付费以共享资源,或者推动P2P贷款的社区化,比如可以通过网络上的一些社交平台,以社交思维为导向进行流程的改造。

c. 平台化。中国大部分的P2P网贷其实不具备平台化的架构。它们以平台自身为借款人提供担保,或者以同一实际控制人的另一家公司为借款人提供担保,甚至仅以公司股东经营的其他企业提供资金,导致公司没有足够的风险控制能力。目前中国真正意义平台化P2P公司数量极少,如人人聚财等实现了平台化架构,并且有足够的业绩规模,但是在合作性的融资型担保公司和小贷公司的筛选上,并没有收取足够的风险备付金。

d. 微型化。未来的P2P平台发展有可能出现两个极端:要么是建立足够大的平台,要么是个性化的微型平台。现在网络金融的发展,使一些

平台当中出现了大量的个人品牌或者一些自媒体人,它们实现了商业化的延伸和自身品牌变现。未来,人们对网络的运用会更加广泛,可以在网上的社区中利用品牌效应或个人效应从小圈子中进行资金的借贷。

(四) 关键要点

(1) 关键点:本案例结合点融网发展历程,了解点融网向 Lending Club 学习的原因。通过对点融网运营模式的介绍,了解 P2P 平台运营的基本情况。从点融网遭遇的质疑中总结出经验,帮助 P2P 平台做好风险控制和信用体制改革。

(2) 关键知识点:P2P 的网上借贷模式、Lending Club 的先进技术和经验、纯线上无抵押无担保模式的利弊、省略资金池的资金直接配置方式、互联网中介、互联网金融风险控制等。

(3) 能力点:分析与综合能力、理论联系实际的能力、查阅资料的能力、筛选数据的能力、归纳总结的能力。

【参考文献】

曹兴华:《英国 P2P 网贷〈运营准则(2015)〉及其借鉴》,《金融法苑》2017 年第 1 期。

高振翔:《P2P 网贷纠纷的司法困境及其改进路径——以点融网案为例》,《互联网金融法律评论》2015 年第 1 期。

廖理、李梦然、王正位:《聪明的投资者:非完全市场化利率与风险识别——来自 P2P 网络借贷的证据》,《经济研究》2014 年第 7 期。

罗斯丹、王苒:《我国加强 P2P 风险的监管研究》,《经济纵横》2014 年第 9 期。

缪莲英、陈金龙:《P2P 网络借贷中社会资本对借款者违约风险的影响——以 Prosper 为例》,《金融论坛》2014 年第 3 期。

叶文辉:《网络借贷平台风险与监管研究——对近期 P2P 平台集中爆发风险事件的思考》,《金融发展评论》2019 年第 4 期。

张兵、展昊、何飞:《中国 P2P 网贷平台的担保机制与中介性质》,《南大商学评论》2018 年第 4 期。

张心雨:《从点融网谈 P2P 风险准备金变装秀》,《金融法苑》2019 年第 1 期。

郑岩:《互联网技术促 P2P 行业健康发展——访点融网创始人、联合首席执行官郭宇航》,《金融电子化》2015 年第 12 期。

案例 4　小蚁也有大梦想：小蚁（NEO）ICO 众筹

一　案例介绍

达鸿飞，昵称达叔，中国区块链代表人物，中国比特币社区的早期参与者，连续创业者，会用汇编语言编写病毒的文科生。

（一）扬帆启航

2013 年达鸿飞撸起袖子干，先后联系了一群区块链方面的专家和志同道合的朋友，组成一个团队——"比特创业营"，一起从事区块链技术创新及数字货币社区工作。

1. 整装待发

经过一段时间的准备和沉淀，达鸿飞带着他的团队成立了小蚁（Antshares），并在 2014 年开始小蚁项目。这是中国第一个区块链项目，并且是中国唯一实时开源的公有链项目，每一步都走得稳健而谨慎。2015 年 9 月官网上线，发布官方白皮书，10 月公布众筹方案，10 月 20 日晚上，小蚁众筹如期而至。

小蚁股本总量恒定 1 亿股，本次众筹以 1000 股为一份，每份 0.14 BTC。前 24 小时抢滩期进行众筹的用户可享受 15% 额外奖励，并能成为推荐人。抢滩期结束后开始投资的用户，如果填写了推荐人，就能获得自己投资额 5% 的圈内人奖励。同时，这名推荐人可以获得该用户投资额 10% 的推荐人奖励。

2. 牛刀小试

抢滩期从 20 日晚 9 点开始，小蚁项目负责人达鸿飞和团队里两位技术人员整个晚上都待在办公室，生怕出现类似服务器超载这样的意外情况。这是他们准备了近两年的项目，如果众筹顺利，将打响中国区块链加密数字货币第一枪。

9 点整，众筹准时开始。5 分钟内就完成了大约 10% 的投资额，1 小时内完成了约 25%，24 小时后完成了 40%。在抢滩期最后 15 分钟的时候，进度条刚好在 39.99%。

3. "小蚁社群"

小蚁 QQ 群——"小蚁社群"是圈内为数不多的活跃群之一。群内的 500 多人过去 1 个多月来的聊天记录已经达到 7.3 万行，其中不乏关于共识机制、股权众筹、经济模型、区块链未来的讨论。

小蚁众筹在微天使网站进行。微天使是自购的独立服务器，并托管在电信机房。众筹之前，达鸿飞主张用云主机就好，但 CTO 张铮文坚持用自购服务器。现在看来，这个选择无疑是明智的，一是性能优良，二是保证了服务器上钱包的物理安全性。

抢滩期的表现不仅符合甚至还超出了预期。数字货币社区这两年多少有些低迷，而小蚁的众筹金额应该说并不低。

4. 完美收官

截至 21 日晚上 9 点，24 小时的抢滩期结束，小蚁已募得 840.7 BTC，完成了最低目标 1400 BTC 的 60.05%，最高目标 2100 BTC 的 40.03%。接下来的是 30 天众筹期，11 月 20 日截止。抢滩期共有 141 笔投资，来自 119 个账户。投资最集中的就是开始 1 小时，和抢滩期结束前 1 小时。

此外，在抢滩期投资的用户作为推荐人，可以获得额外 5% 的众筹份额。小蚁团队为抢滩期投资做了数据分析。图 4-1 为抢滩期投资分布，Y 轴是每笔投资的 BTC 数，微天使限额单笔不得超过 70 BTC。

此次小蚁 ICO 众筹的成功，给达鸿飞团队带来了极大的信心，并给予了他们继续前行的动力，并开始准备第二次资金募集。

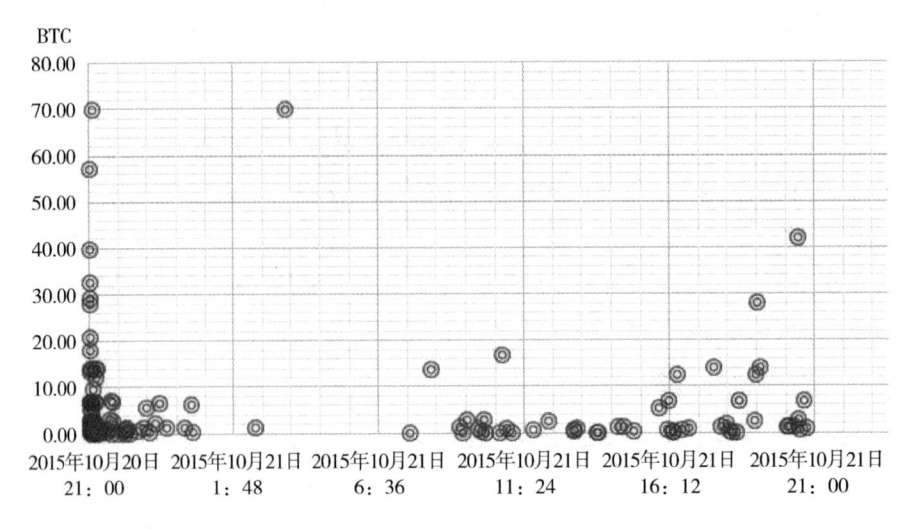

图 4-1　小蚁抢滩期投资分布

资料来源：根据微天使（www.weitianshi.cn）的资料整理得到。

（二）独辟蹊径

小蚁 ICO 二期（以下简称"ICO2"）在众筹之前就已经放出风声——此次 ICO 不设上限，实行可退回机制。在 ICO 众筹上实行可退回机制，达鸿飞是行业第一人。以往的 ICO 众筹中，参与者自愿出资、风险自担，前脚投资后脚亏本的例子屡见不鲜，风险极大。

可退回机制的大致规则是：小蚁众筹参与者自众筹结束到小蚁主网上线之前的这段时间里，可以根据 ICO 总体参与资金进行判断并选择是否继续参与，或在主网上线 30 天后退回。参与者如果判断总体 ICO 资金估值过高，具有一定风险的话，可以选择一次性退出；当然参与者也可以选择维持现状继续参与 ICO。

可退回机制在某些程度上可以打消不少投资人对于此次 ICO 不设上限的顾虑。有些人在经历了 The DAO 被黑事件之后投资变得更加谨慎，所以小蚁在设计 ICO 规则时充分考虑了如何保护投资人权益，给投资人更大的选择空间。尽管决定退出的投资人要在小蚁主网上线后才能撤回比特币，但是小蚁首创的可退出机制会给他们充足的时间考虑，完全可以先投资，后观望。这无形之中降低了投资风险，更加强了投资者的信心，更是为未来进行 ICO 的区块链项目提供了参考。

除了首创退回机制,多重签名担保也是此次 ICO 流程设计上的亮点。考虑到 The DAO 和 Bitfinex 被盗事件,小蚁团队对此次 ICO 的资金安全有了更深入的考虑。为了避免众筹发起方自取自投作弊,并且保障众筹退回机制的安全运行,至小蚁区块链正式版发布之前,众筹所得资金将由 DACA 区块链协会、HaoBTC 以及小蚁团队通过 2—of—3 多重签名形式进行保管,地址公开透明,任何人都可随时查看地址内资金情况。"可退回机制""多重签名担保",这是一次新的尝试,前无古人,没有借鉴。

(三)千呼万唤始出来

2016 年初,神秘面纱终于揭开。小蚁团队开始以 Onchain 公司的身份露面,Onchain 是小蚁的运营主体,主要业务是负责小蚁系统的开发和运营,同时为其他金融机构提供区块链定制服务。

小蚁和 Onchain 在 2016 年开始了真正的"大动作"。4 月,小蚁发布了共识算法白皮书,提出了一种改进的拜占庭容错算法——dBFT。5 月,Onchain 宣布正式加入超级账本(Hyper Ledger)项目,成为该项目第一个来自中国的区块链技术公司,正在申请小蚁作为全球第三个超级账本的技术实现。

在 6 月 23 日的区块链国际峰会上,Onchain 宣布跟微软达成技术合作。6 月 28 日,主办超级账本首次中国见面会。8 月 16 日,Onchain 与微软、法大大联合打造的国内首个法律+区块链联盟——"法链"举行了产品发布会。在 ICO 进行期间,小蚁还宣布了首批数字确权合作方币区势和庄游。

小蚁是一个非营利的社区化的区块链项目,Onchain 是小蚁团队成立的用于推广小蚁和丰富小蚁生态的营利性公司,Onchain 和小蚁有技术和人员上的联系,在资金上完全独立。不可否认的是,二者相辅相成,小蚁是 Onchain 运营的明星项目,而 Onchain 公司也自然是小蚁生态的一部分。

(四)趁热打铁

1. 聚沙成塔

借着 ICO1 的余热,ICO2 也随之而来。2016 年,小蚁创始人达鸿飞在北京举办的区块链国际峰会上宣布小蚁即将进行 ICO2。这个消息让许多目睹小蚁 ICO1 成功的投资者跃跃欲试。7 月 1 日,小蚁正式公布了

ICO2 细则。

成功的数字货币和区块链公有链项目无一不是社区项目。小蚁的诞生和发展也充分发挥了社区力量。ICO2 前夕,在投资者教育、投资人沟通互动、收集听取社区反馈意见方面,小蚁团队都投入了不少精力。

2016 年 7 月,在原定 ICO2 开始时间前不久,小蚁对项目自身进行了重新定位和 ICO2 时间调整。ICO2 时间调整为 8 月 8 日,并强调小蚁会更专注于国内外社区,小蚁团队也需要更好地拥抱社区。定位调整更清晰之后,小蚁的社群建设成效显著。众筹开始前,小蚁开展了志愿者招募活动,共召集了 60 多位志愿者,有十几位志愿者众筹结束后依然每天活跃在社区各个微信和 QQ 群,其中还专门设置了分管运营、媒体、粉丝、翻译等方向的志愿者小组。

小蚁 ICO2 面向全球,但 2016 年之前并未在海外市场发力。随着 ICO2 日期临近,从 2016 年 7 月开始,小蚁团队在海外社区建设上付出了相当多的精力。小蚁的海外市场参照了 Lisk、Wings 等知名 ICO 项目的做法。最主要的精力放在了 bitcointalk 的论坛维护工作上,目前在 btt 上的 [ANN] 帖子已经有 5 万多次浏览和 78 页回复。除此以外,小蚁和海外媒体资源以及众筹平台也有合作,包括 ICO Countdown 和 Smith + Crown。社交媒体如 LinkedIn、Twitter 也在不断发送新闻和粉丝互动,Twitter 目前关注者已经超过 1800 人。

海外社区下一步的计划是开通 Slack 并邀请海外社区粉丝加入。海外市场负责人杨文涛认为,海外社区潜力依然很大。截至 2016 年 9 月 5 日,海外社区投资者人数已超一半。

2. 厚积薄发

小蚁 ICO2 于北京时间 2016 年 8 月 8 日 20 点开始,为期 31 天,北京时间 2016 年 9 月 7 日 20 点结束。官方 ICO 页面显示,已筹比特币 5748.98 个,折合人民币 2333 万元,参与人数 1424 人。小蚁市值达 1 亿元。是不是太贵了?

小蚁的流通市值其实只有 5000 万元,因为小蚁团队持有的 50% 是 1 年后才能流通的,而且也只能用于小蚁的开发和生态建设。

那么,5000 万元是不是太贵了?答案是否定的。如果打开 coinmarketcap.com 查看一下,5000 万元的流通市值其实只能勉强挤进前 30 名。

这前 30 名里诸如 Xaurum、Bitcrystals、Emercoin 的数字货币其实就连行内人都闻所未闻。那么，中国的标杆性区块链项目小蚁的潜力至少应该是排名前 10 甚至前 5。横向比较来看，5000 万元并没有想象中的"贵"。

除了横向比较，估值的另一个模型是重置成本，即花多少钱才能重造一个类似的项目。区块链开发人员是极端稀缺的，更不用提拥有架构设计能力的底层协议开发者。小蚁团队既有像张铮文这样的核心协议开发者，又有像李俊这样的拥有 15 年金融 IT 经验的架构师，还有一帮来自摩根士丹利、道富银行的金融科技人才。ICO2 完成后，小蚁团队将持有超过 2000 万元的开发经费。有人、有钱、有社区，这就是一个不可复制的资源和壁垒。

（五）大功告成

1. 成绩优异

小蚁针对 ICO2 的信息披露准备充足。在小蚁官网的博客上可以看到，从 6 月对外宣布 ICO2 以来，小蚁团队陆续发布了几个版本的众筹细则，更新了小蚁团队及 ICO2 准备的最新进展，发布了从 2015 年 10 月 ICO1 之后的财务概况，以及 ICO2 筹得资金的使用计划。

ICO2 总指挥陶荣祺对小蚁 ICO 一直有着十足的信心和明确的目标——做国际水准的 ICO。国际水准的 ICO 意味着很多，大方向来说分为三块：小蚁本身的技术和设计、ICO 的流程细节，还有小蚁 ICO 的 PR。

而从实现结果来看，有超过 5000 个比特币的已筹资金和一半海外投资者用真金白银表示的认可，有自发自建自运营模式的小蚁志愿者组织，也有从零到一构建小蚁生态的宝贵经验。资金、团队、人气，小蚁的收获应该远超最初目标，下一步发展就看代码硬不硬，商业应用能否真正落地了。

小蚁 ICO2 完成后的开发计划和时间安排：2017 年第三季度上线主网、第四季度完成 Web 客户端开发、多语种 SDK，2017 年智能合约的 IDE 开发环境、SM2/SM3、加法同态加密，以及一种新型的公有链协议。

回顾 2015 年，行业低潮期，小蚁 10 天筹得 2100 个比特币，折合人民币不到 500 万元尚且让人唏嘘不已，行业整体飞速发展一年，2016 年短时间募集超过 5000 个比特币，价值 2000 多万元，却已是在意料之中了。

2. 来日可期

英国《经济学人》把区块链技术比作"一台制造信任的机器"。区块链技术将让这个世界变得更美好,人们可以像蚂蚁群落一样平等地协作、创造、分享。当人人合作,未来充满无限可能。这也正是该项目取名为"小蚁"的原因。

蚂蚁是最勤劳且有协作精神的。就像《圣经》箴言中描述的:懒惰人哪,你去观察蚂蚁的动作,就可得智慧。蚂蚁没有元帅,没有官长,没有君王,尚且在夏天预备食物,在收割时聚敛粮食。

小蚁的愿景是"你我的数字资产",在系统底层实现对多种数字资产的支持,用户可以直接在区块链上创建自己的资产类型,并用智能合约来控制它的发行和交易逻辑。

【思考题】

(1)区块链是什么?小蚁作为中国第一个区块链项目,是怎样运作的?

(2)众筹一般有哪些形式?什么是 ICO 众筹?ICO 众筹和 IPO 有什么区别?

(3)小蚁 ICO2 有哪些创新之处?中国政府如何进行监管?ICO 出现了怎么的创新和新的形态?

(4)ICO 对宏观经济有何影响?当前监管机构如何进行监管?这些监管面临怎么样的挑战?

二 案例分析

本案例通过对小蚁(NEO)两次 ICO 众筹的过程进行介绍和分析,以该案例的众筹运作方式、特点和成功因素为分析对象,力图展示 ICO 众筹的含义、运作模式以及风险。该案例以小蚁 ICO 众筹(特别是 ICO2)的特殊之处为重点,与普通 ICO 众筹进行比较,指出 ICO 的新机制与创新,以求对今后的 ICO 众筹模式能提供有益的启示和借鉴。

(一)理论依据

(1)数字区块链和 ICO 的关系。

(2)ICO 众筹融资方式。

(3)ICO 众筹的风险和创新防范机制。

（二）分析思路

（1）了解区块链的概念和特点，了解通过区块链进行筹资的详细过程。

（2）熟悉小蚁众筹的过程，了解各种众筹方式的特点和异同，明确 ICO 和 IPO 的异同，这对深入了解 ICO 非常重要。

（3）结合小蚁 ICO2 的创新思路，分析在监管机构出台监管措施之后，ICO 出现了怎样的演化。

（4）深入分析 ICO 对宏观经济的影响，比较分析各国对 ICO 态度的差异，分析监管机构面临的问题和挑战。

（三）具体分析

1. 区块链是什么？它是怎样运作的

（1）区块链的定义及特征

区块链是一个分布式账本，一种通过去中心化、去信任的方式集体维护一个可靠数据库的技术方案。

从数据的角度来看，区块链是一种几乎不可能被更改的分布式数据库。这里的"分布式"不仅体现为数据的分布式存储，也体现为数据的分布式记录（即由系统参与者共同维护）。

从技术的角度来看，区块链并不是一种单一的技术，而是多种技术整合的结果。这些技术以新的结构组合在一起，形成了一种新的数据记录、存储和表达的方式。区块链主要有以下五大特征。

①去中心化

由于使用分布式核算和存储，不存在中心化的硬件或管理机构，任意节点的权利和义务都是均等的，系统中的数据块由整个系统中具有维护功能的节点来共同维护。

②开放性

系统是开放的，除交易各方的私有信息被加密外，区块链的数据对所有人公开，任何人都可以通过公开的接口查询区块链数据和开发的相关应用，因此整个系统信息高度透明。

③自治性

区块链采用基于协商一致的规范和协议（比如一套公开透明的算法）使整个系统中的所有节点能够在去中介信任的环境下自由安全地交换数

据，使对人的信任改成了对机器的信任，任何人为的干预都不起作用。

④信息不可篡改

一旦信息经过验证并添加至区块链，就会永久地存储起来，除非能够同时控制住系统中超过51%的节点，否则单个节点上对数据库的修改是无效的，因此区块链的数据稳定性和可靠性极高。

⑤匿名性

由于节点之间的交换遵循固定的算法，其数据交互是无须中介信任的（区块链中的程序规则会自行判断活动是否有效），因此交易对手无须通过公开身份的方式让对方对自己产生信任，对信用的累积非常有帮助。

（2）区块链的种类和运行方式

目前区块链分为公有链、私有链和联盟链三类，其中联盟链和私有链可以被认为是广义的私链。本案例则是典型的公有链项目。其第一个具体运用是比特币。

①比特币具体进行方式

任何机器都可以运行一个完整的比特币节点，一个完整的比特币节点包括如下功能（见图4-2）。

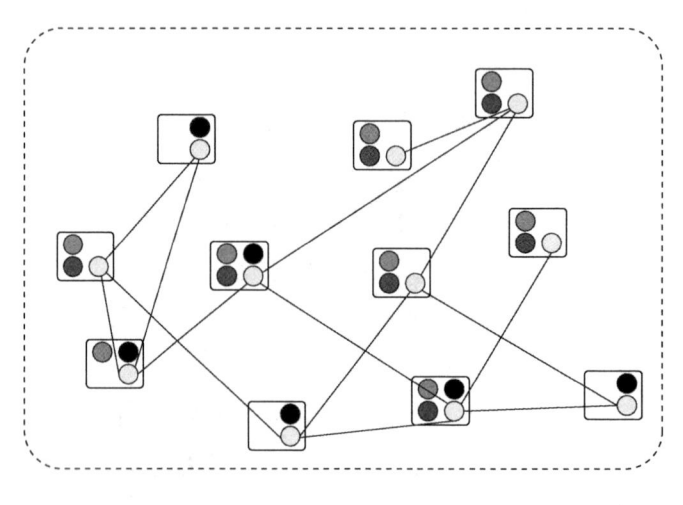

● 钱包功能　　● 安全合法的交易记录功能
● 挖矿功能　　○ 路由功能

图4-2　比特币具体进行方式

A. 钱包功能：允许用户在区块链网络上进行交易；

B. 安全合法的交易记录功能：完整区块链记录了所有交易历史，通过特殊的结构保证历史交易的安全性，并且用来验证新交易的合法性；

C. 挖矿功能：矿工通过记录交易及解密数学题来生成新区块，如果成功可以赚取奖励；

D. 路由功能：把其他节点传送过来的交易数据等信息再传送给更多的节点。

②交易过程

比特币交易过程分为五步（见图4-3）。

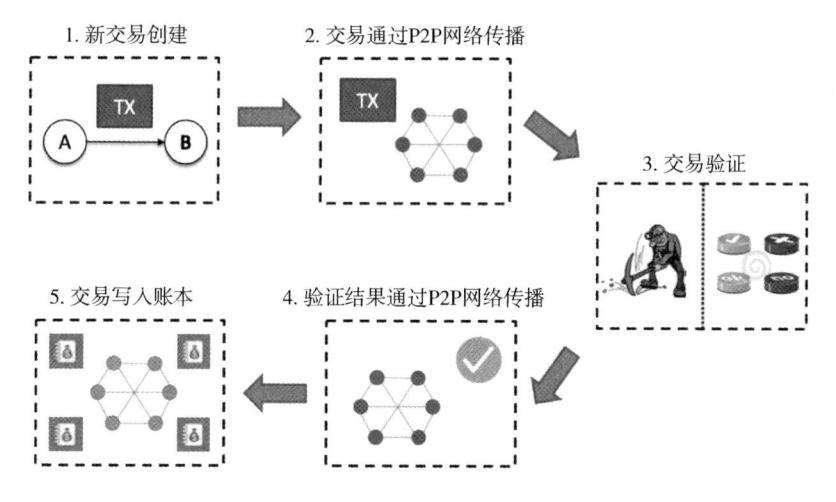

图4-3 比特币交易过程

第1步：新交易创建。

所有者A利用他的私钥对前一次交易（比特币来源）和下一位所有者B签署一个数字签名，并将这个签名附加在这枚货币的末尾，制作成交易单。

要点：B以公钥作为接收方地址。

第2步：交易通过P2P网络传播。

A将交易单广播至全网，比特币就发送给了B，每个节点都将收到的交易信息纳入一个区块中。

要点：对B而言，该枚比特币会即时显示在比特币钱包中，但直到区块确认成功后才可用。目前一笔比特币从支付到最终确认成功，需要得到 6 个区块的确认。

第 3 步：交易验证。

每个节点通过解一道数学难题，从而获得创建新区块的权利，并争取得到比特币的奖励（新比特币会在此过程中产生）。

要点：节点反复尝试寻找一个数值，使得将该数值、区块链中最后一个区块的 Hash 值以及交易单三部分送入 SHA256 算法后，能计算出散列值 X（256 位）满足一定条件（比如前 20 位均为 0），即找到数学难题的解。由此可见，答案并不唯一。

第 4 步：验证结束通过 P2P 网络传播。

当一个节点找到解时，它就向全网广播该区块记录的所有盖时间戳的交易，并由全网其他节点核对。

要点：时间戳用来证实特定区块于某特定时间是的确存在的。比特币网络采取从 5 个以上节点获取时间，然后取中间值的方式作为时间戳。

第 5 步：交易写入账本。

全网其他节点核对该区块记账的正确性，确认没有错误后它们将在该合法区块之后竞争下一个区块，这样就形成了一个合法记账的区块链。

要点：每个区块的创建时间大约在 10 分钟。每个区块的产生时间会随算力增强而缩短、随算力减弱而延长。其原理是根据最近产生的 2016 年区块的时间差（约两周时间），自动调整每个区块的生成难度（比如减少或增加目标值中 0 的个数），使得每个区块的生成时间是 10 分钟。

2. 众筹一般有哪些形式？什么是 ICO 众筹？ICO 众筹与 IPO 有什么区别

（1）众筹及其形式

众筹就是集资，也就是项目发起人通过众筹平台向投资人展示自己的产品以寻求资金援助，并在项目成功后向支持者发放回报。目前国内的众筹可按照回报的不同分为回报式众筹、股权式众筹、债权式众筹和捐赠式众筹四种。

①回报式众筹

即投资者投资该项目，项目发起人承诺项目成功后会向支持者发放产品或者服务，属于有偿服务的一种。这种回报方式是根据参与金额的多少，给众筹参与者更加超额的实物，大多数以实物产品、签名海报、支持者名单等为主。

②股权式众筹

即公司出售股份来筹资，投资者通过购买该公司的股份来进行投资，从中获得一定比例的股权，可享受该公司的未来权益等。股权式众筹的回报通常以股份、分红或者利润等为主，而很多公司会通过占股情况进行年底分红，给投资者以回报。

③债权式众筹

这种众筹模式跟股权式众筹类似，投资者对项目或公司进行投资，获得其一定比例的债权，未来获取利息收益并收回本金。债权式众筹对投资者的回报是按照约定的比例给予的利息，届时投资者可以收回本金，还可以得到承诺的收益。

④捐赠式众筹

这种众筹主要是发起者通过平台发起公益项目来进行资金或者实物筹资，投资者对项目进行无偿捐赠。捐赠式众筹（或公益众筹）发挥了众筹的优势，让公益捐款变得更加有效、更加便捷，也让捐款人对自己的捐款会落到实处更有信心。

（2）什么是 ICO 众筹

ICO 众筹，英文全称"Initial Coin Offering"，即首次代币发行。其方式是将融资人持有的一部分资产（实体资产、智力资产、软件、虚拟资产等）进行代币化（tokenization）。其过程类似于资产证券化，但更为灵活。

ICO 众筹借助区块链技术不可更改账簿的属性，能有效保证代币发行的公开透明，并可以借助智能合约技术实现自动分红和自动执行功能。更重要的一点是，资产代币化为参与众筹的资金提供了灵活退出机制，只要有交易所或者通过 OTC 即可出售代币。

本质上而言，ICO 也是一种"公开发行"，只是把所发行的标的物由证券变成了加密数字货币。

（3）ICO 分类

参考瑞士金融市场监督管理局最新的监管指引，可按照经济功能和用途将 ICO 分为三类。

第一，功能（应用）代币类。该类 ICO 发行的代币旨在为应用程序或服务提供数字使用权限，并在使用中逐渐被消耗。从法律性质来看，该类 ICO 项目类似产品众筹。

第二，资产代币类。该类 ICO 所发行代币代表某种资产。就其经济功能而言，此类代币类似股权、债券或相关衍生品。在实践中，资产代币还可细分为收益权凭证类（"基础资产"收益权）、基金份额类、股权类等。

第三，支付代币类。该类代币等同于加密货币，功能相对单一，主要作为一种支付手段被接受。

（4）ICO 和 IPO 的异同

①融资的出资形式不同

ICO 认购的是发行人发行的数字代币，即基于先进的加密技术进行验证并生成的代币，有一定的稀缺性（根据区块链理论，其供应量应是确定的）。IPO 认购的是发行人的股权，IPO 的融资资金为法定货币（央行等中央机构享有货币发行权，法定货币的供应量应是稳定，而不是确定的）。

与 IPO 相比，ICO 创造性地把使用权和货币功能合二为一。投资人用现金或等值的比特币、以太币等数字货币买入项目 ICO 发行的项目代币，就表明投资人拥有了一定比例的该项目的使用权。项目发行方通过这种方式融资，推动项目发展，项目代币的价格也会随着项目的升值而水涨船高。代币拥有者可以选择消费代币即使用项目服务，也可以通过现有的虚拟币交易所，转让项目代币获得差价盈利。代币天生具有虚拟货币属性，交易流通性和便利性远大于 IPO。

②融资发生的行业和发行主体不同

ICO 主要发生在区块链行业，发行主体不一定为实体法人，也可能是非实体企业的团队乃至个人；IPO 的发行主体来自各个行业，且必须为经过股份制改革的法人主体。

③监管定位和投资主体不同

ICO 的法律定位尚不明确，监管处于空白；IPO 已有相应成熟的监管法律法规。相应地，法律尚没有限定 ICO 的投资主体范围或者适格性；

IPO虽也面向大众，但在监管上对投资者提出了相关限制。在ICO过程中，目前没有证监会或者类似机构的监管，不需要IPO上市审批排队，发行后没有持有禁售期。ICO从开始到结束，所有发行环节一步到位，非常高效便捷。

④是否存在中介服务机构

目前ICO没有相关服务中介机构，而是在去中心化的网络上开展，而IPO依赖于证券经纪商、会计师事务所、律师事务所等中介机构。

⑤投资者参与的目的不同

ICO参与者本身并不在意股权，而在意参与ICO之后数字资产或者虚拟货币的增值，具备较大的投机性；IPO是强调股权的获得，以及在二级市场上股票的溢价转让。

⑥决策权不同

投资者认购ICO发出的代币后，对项目没有决策权，最多有进行反馈信息的权利；投资者认购IPO股份后，根据股份比例享有一定的决策权力。这是因为，IPO发行的系股权，即企业的所有权，ICO发行的项目代币代表的是项目的使用权。从所有权到使用权的转变，体现了人们在数字化社会中越来越重视使用权而忽略所有权的趋势。

ICO作为一个新的融资模式容易上手，不需要专业的投资经历，周期短，投资者很容易就被其超高的收益所吸引。ICO中的发行方快速发行代币，交易平台赚取交易佣金和引流，推广团队获得酬劳，普通投资者认购获得溢价收益，使ICO霎时间火热起来。相对于IPO的昂贵而漫长的历程，以及合规化缴纳的成本，ICO高效而便捷的优点不言而喻。ICO无疑是技术创新驱动融资方式变革的有益探索。

3. 小蚁ICO2有哪些创新之处？中国政府如何进行监管？ICO出现了哪些创新和新的形态

（1）创新之处

①实行可退回机制

为了降低众筹参与者的投资风险，小蚁在ICO2众筹中特别设置了可退回机制，这也是全球首个可退回众筹。小蚁众筹参与者自众筹结束直到小蚁正式版发布之前，可以根据ICO总体参与资金进行判断并选择继续参与或者退出。参与者如果判断总体 ICO 资金估值过高，具有一定风险的话，可以选择一次性退出；当然参与者也可以选择维持现状继续参与 ICO。

②多重签名机制

多重签名机制可以实现多方共同管理资产，也可以用于第三方交易担保。多重签名最多支持三方共同管理一个地址的资产。按照 wiki 上比特币的表述方式，一般有 1 of 1、1 of 2、1 of 3、2 of 3、3 of 3 几种模式。通常情况下，多应用于 N = 3 的情形。

1 of 3：三个管理者中，任何一方都可以单独处理该地址的资产。

2 of 3：三个管理者中，必须有两方共同签署才能处理该地址的资产。

3 of 3：三个管理者必须都签署才能处理该地址的资产。

小蚁采用的就是 2 of 3 模式。

③专设 Onchain 公司负责小蚁系统的开发和运营

Onchain 是小蚁团队成立的用于推广小蚁和丰富小蚁生态的营利性公司，此外，Onchain 还通过自身区块链技术为企业提供服务。公司用小蚁来管理众多股东的股权，用小蚁提供的去中心化交易机制进行股权交易。公司获得了市场估值、股权流动性，而用户获得了退出机制。通过将股权登记在小蚁区块链上，公司能够以"区块链 IPO"的方式获得资金。小蚁则通过 Onchain 进行推广和营利，提高专业性并获得资金，双方互惠互利。

④自发自建自运营的社区组织模式

小蚁志愿者组织按照不同的职能分为运营组、媒体组、粉丝组、设计组、技术组和翻译组，并根据不同发展时期的需要不断设立新的分组。每个小组设立组长，组长会根据内部机制给自己的组员分配任务并计分。组员根据自己的喜好，可以加入不同的分组，根据自己的时间安排去做自己喜欢的任务，完成任务可以增加自己的影响力得分。小蚁志愿者组织内部有一个社区影响力排行榜，上排行榜的优秀志愿者可以获得奖励并给下一期的志愿者打分。这也是将来小蚁主网（mainnet）上线以后小蚁社区使用的一种"社区影响力"模式。

（2）监管

为保护投资者合法权益，防范化解金融风险，中国人民银行等七部委联合发布《关于防范代币发行融资风险的公告》，此后的清理整治工作取得了显著的成效。

(3) 演化

为规避监管，虚拟货币社区又演化出首次分叉发行代币（Initial Fork Offerings，IFO）、以矿机为核心发行（Initial Miner Offerings，IMO）、资产代币化（Asset Base Tokens，ABT）等衍生模式，其实质与 ICO 类似，引起了各方关注。

①首次分叉发行代币（IFO）

即通过分叉既有区块链生成新的代币。IFO 和一般理解的 ICO 不同之处在于底层资产的差异，ICO 筹资后一般投向全新的区块链项目，即从"创世区块"开始便与比特币和以太币等初始虚拟币分离；而 IFO 投资的则是从某一既有虚拟币体系"半路出家"的虚拟货币即分叉币。

②以矿机为核心发行（IMO）

IMO 是演化出的另一种发行虚拟货币的方式，即发行一种专用矿机，通过挖矿来产生新的虚拟货币。IMO 相比 ICO 和 IFO，后两者先有加密代币，再利用矿机挖币；然而 IMO 是先有矿机，再通过矿机获得新币。尽管从发行加密资产类别上看，IMO 的模式在 ICO 基础上有所演化，但其融资属性相同，涉及的风险本质类似。

③资产代币化（ABT）

类似资产证券化（ABS），ABT 一方面为权益确立后的数字化资产流转、交易甚至拆分、组合再融资提供了可能，另一方面让资产在交易、登记等确权活动上不依赖于中心化机构，无疑将给金融监管带来较大的挑战。

4. ICO 对宏观经济有何影响？当前监管机构如何进行监管？这些监管面临怎样的挑战

(1) ICO 对宏观经济影响

①对融资机制和货币体系的潜在影响

ICO 融资主体不限于传统融资结构中的企业法人。任何个人、组织、项目均可根据自身的技能、资源、禀赋在区块链等特定技术支持进行融资，且融资过程不需要中介服务机构的介入。低门槛和去中介化使 ICO

呈现出高度"自金融"的特征，使个体的信用得到延展，获得的金融资源可能超乎人们的想象。这也可能影响传统的融资模式，带来进一步的金融脱媒。

ICO 变种翻新形成的以实物为底层资产的 ABT，一方面，会带来实物资产的拆分、流转，增强其金融属性和相应的金融风险；另一方面，以实物资产为支撑的数字资产交易也将在一定范围内衍生出某种交易媒介，甚至可能具有某些货币属性。

②虚拟代币交易对经济、社会的影响

对经济金融的影响：一是去中心化发行的虚拟代币有可能削弱中央银行控制货币供应和宏观调控的能力；二是虚拟代币的投机炒作会带来资金空转、脱实向虚，不利于实体经济发展。对社会治理的影响：大多数虚拟货币因为具有匿名性，一开始就极易被非法交易或灰色交易运用，成为恐怖活动融资、洗钱等犯罪活动的工具，或用来绕开资本管制。

（2）ICO 的国际监管态势

自中国 2017 年 9 月的清理整治开始，美、欧、日等国也纷纷结合各自的金融发展需求和国家竞争战略进行了不同的监管实践与探索。

美国等主要按照功能监管的理念，以现行法律穿透式判定各类涉及虚拟货币活动的金融本质。对于 ICO 的属性界定，美国证券交易委员会（SEC）指出，仅仅强调代币的实用功能并不能否定其证券的本质，整合了营销活动的代币及代币发行行为，具有从企业经营活动中获取利润的特征，符合证券的本质，必须受到证券法的监管。

欧盟金融监管部门也开始对 ICO 及虚拟货币给予重视，部分认可虚拟货币的功能，同时期望将其纳入监管。比如，法国金融市场管理局正在考虑启动 ICO 监管，并且敦促欧盟也尽快启动相应监管。法国和德国还在 2018 年 3 月的 G20 峰会上提出加强"加密资产"监管的建议。瑞士金融市场管理局于 2018 年 2 月 16 日发布 ICO 活动相关指南，对 2017 年发布的关于 ICO 的指导意见进行了补充。新颁布的 ICO 活动指南中，瑞士金融市场管理局表示要重点关注 ICO 发布代币的经济功能和用途，并据此将 ICO 代币分为支付代币、功能代币和资产代币，同时指出存在混合形式代币的可能。

日本对ICO及虚拟货币采取较为开放的态度，日本金融服务局（FSA）已向16家公司颁发数字货币交易所牌照。2016年5月，日本国会通过了《资金结算法》修正案，承认虚拟货币为合法支付手段并将其纳入法律规制体系之内。

（3）原因探析与启示

目前，各国对ICO以至整个金融科技发展的态度不尽相同，这与其发展阶段、竞争战略和金融监管体系等诸多因素相关。

第一，从监管体系看，美国、欧盟等金融发展较成熟的经济体的监管规则相对严格，其尺度在2007年美国次贷危机后进一步收紧，抑制了创新，甚至形成了某种程度的金融排斥。同时，危机后的几年恰逢各类新技术蓬勃发展。面对虚拟货币活动以及整个金融科技等新兴业态，这些国家做出的适应性调整，反映出其金融监管的自我修复与反思，力求实现创新与风险的再平衡。

第二，从竞争战略看，瑞士、英国、日本等对ICO的态度较美国等积极主动，主要是因为其经济发展更多依赖金融服务和第三产业，需要谋求工业社会向信息社会更替之际新一轮的金融主导地位和国际规则话语权。

第三，从宏观政策看，中国等发展中国家遵循了与自身相适应的监管策略，对ICO及相关虚拟货币活动无序发展带来的风险进行了及时必要的防范。一是考虑各国金融市场发展程度的不同。国外发达经济体的金融监管框架、市场运作机制以及投资者的理性程度较为成熟，虚拟代币的影响和渗透领域有限，相关金融风险相对可控。二是外汇管理政策不同。部分发达经济体已基本实现了资本账户开放，境内外货币可自由兑换，且反洗钱制度落实严苛，使利用虚拟代币实施大规模跨境资金流动、规避监管的可行性较小。三是我国正处于经济结构转型升级、供给侧改革的关键时期，需要金融对实体经济的有效支持，而虚拟代币的投机炒作带来资金空转，使实体经济严重脱实向虚，对实体经济无益。

总的来说，各国对ICO及整个金融科技的监管态度因遵循各自的现实需要而有所差异，但也存在共同的特征。从底层监管逻辑看，各国认为各类新兴金融科技本质上仍是金融，同样应该取得金融从业许可和授权，接受与之相匹配的监管和规范。从监管目标看，各国金融科技监管力求实现创新与风险的再平衡，主要侧重于维护金融稳定和防范系统性风险，兼顾服务实体经济发展等考量。

（四）关键要点

（1）关键点：本案例结合 ICO 众筹的相关理论，通过小蚁（NEO）融资过程，对一种特殊的融资方式——ICO 众筹进行了详细的解析。通过本案例的学习，可以了解 ICO 众筹的定义、特点、创新机制等一系列知识点，掌握 ICO 众筹的具体方式、风险和防范措施。

（2）关键知识点：本案例所涉及的知识点主要包括 ICO 众筹的概念、特点、运作方式、风险和防范风险的创新举措，以及 ICO 众筹和区块链紧密联系的相关知识点。

（3）能力点：分析与综合能力、理论联系实际的能力。

【参考文献】

陈贵：《解构 ICO 融资：区块链数字货币何去何从——兼析〈关于防范代币发行融资风险的公告〉》，《互联网金融法律评论》2017 年第 4 期。

陈一稀、魏博文：《ICO 新政影响、本质问题和政策建议》，《金融发展评论》2017 年第 10 期。

何隽铭：《ICO 商业模式的法律性质分析及监管模式优化——基于九国 ICO 监管现状》，《上海金融》2018 年第 2 期。

伦贝：《ICO 监管的国际经验与我国的路径选择》，《金融发展研究》2018 年第 8 期。

《NEO 白皮书》，2018 年 7 月 20 日，http://docs.neo.org/zh-cn/index.html。

孙国峰、陈实：《论 ICO 的证券属性与法律规制》，《管理世界》2019 年第 12 期。

孙国峰、邓婕、尹航：《电子货币对信用货币体系的影响——基于自由竞争市场》，《金融研究》2014 年第 10 期。

汪涛、赵彦云：《统计区块链的理论与架构设计》，《统计与决策》2019 年第 18 期。

伍旭川、郑蕾、管宇晶：《ICO 的发展、风险与监管》，《中国金融》2017 年第 18 期。

《小蚁公布二期 ICO 细则：设立退回机制成全球首个可退回众筹》，共享财经，2016 年 7 月 1 日，http://www.zaih.com/mentor/84761251/topic/29861187/。

曾燕妮、张浩：《ICO 发展现状及其监管问题研究》，《金融与经济》2018 年第 3 期。

第三部分

资本市场

案例5 走在上市之路的蚂蚁金服

一 案例介绍

2016年5月23日,杭州莫干山郡安里君澜酒店,蚂蚁金服的高管业务务虚会正在这个绿树环绕、风景优美的地方举行。这是时隔三年后,蚂蚁金服的核心高管再次齐聚莫干山。他们达成了一个重要的共识:蚂蚁金服将"进一步开放"定为战略重点,而且开放的步子要比现在迈得更大。同年10月,马云在杭州云栖大会上提出了五个新概念,即"新零售、新制造、新金融、新技术、新资源",并把这五个"新"与"公平创业的环境和竞争的环境"称为新时代的"五通·平"。在马云眼中,这将为中国和世界带来新气象。

近年来蚂蚁金服动作频频,先是完成重组,期间不断发展壮大,目前已涉足支付、微贷、基金、保险、理财、征信等多个业务板块,同时加速引进战略投资者,多次投资布局海外市场收获颇丰,联手中国建设银行探索合作新模式,携手合伙人设立脱贫基金。这一连串动作引起了股市投资者丰富的联想:曾说过要将蚂蚁金服推上资本市场的马云,是在为此事运作铺路吗?

(一)蚂蚁金服的诞生与发展

1. 给他一个支点,他翘起了蚂蚁金服

根据阿里巴巴递交给美国证券交易委员会(the U. S. Securities and Exchange Commission,SEC)的文件,截至2017年5月,杭州君瀚股权投资合伙人公司（以下简称"杭州君瀚"）持有蚂蚁金服42.28%股权（见图5-1），杭州君澳股权投资合伙人公司（以下简称"杭州君澳"）持有34.15%股权，其他股东持有23.57%股权。也就是说，杭州君瀚和杭州君澳两大股权投资合伙人公司仍是蚂蚁金服最大的两个股东，且股权占比合计为76.43%，对蚂蚁金服拥有绝对的控制权。这两个公司的公开信息显示，杭州君澳的股权结构中，可以看到杭州云铂投资咨询有限公司（以下简称"杭州云铂"）出资500万元，占0.49%，但未见马云踪迹。杭州君瀚的股权结构中，又看到了杭州云铂，出资依然是500万元，占0.54%；马云是股东之一，出资2000万元，占2.17%，但马云出不出这2000万元与股权杠杆的关系不大。实际控制蚂蚁金服的杭州君瀚和杭州君澳均有一个共同的合伙人杭州云铂。

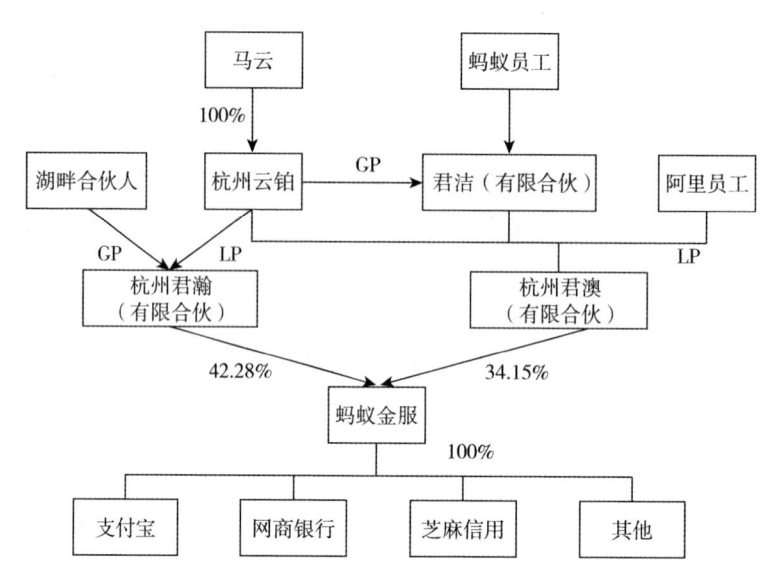

图5-1 蚂蚁金服国内股权结构

杭州云铂唯一的法定代表人为马云，出资1000万元；马云通过该公司分别投了500万元入股杭州君澳和杭州君瀚，分别占股0.49%和0.54%，但作为普通合伙人（General Partner, GP）或实际上的GP，控制了两家股权投资有限合伙企业20多亿元的资金。然后让两家公司分别投入4.98亿元和6.17亿元到蚂蚁金服，占股76.43%。马云正是这样，投入1000万元，通过股权杠杆,控制了 14.59 亿元的资金,杠杆倍数高达 145.9 倍。蚂蚁金服的估值 2016 年约为 700 亿美元,控制如此庞大的公司,马云只用了 1000 万元,实在让人叹为观止。这正是股权杠杆的魅力所在。

2. 蚂蚁金服背后的女人

彭蕾曾经是中国最大独角兽蚂蚁金服的掌门人,控制着 750 亿美元的财富王国。从一名教师,到阿里巴巴创业十八罗汉之一,她对马云的追随和认定,奠定了此后的人生基准方向。她曾任首席人才官(CPO)十余年之久,管理过 2 万名员工,可以说掌握了阿里巴巴的核心命脉,任职期间她一眼看中了前台小妹童文红(曾任阿里巴巴首席运营官),把王坚(曾任阿里巴巴首席技术官)"忽悠"过来成为技术中坚力量。也正是在 HR 部门的多年历练,让她对用户需求洞察入微,接管支付宝之后,开发出了让消费者备感贴心的服务:线上生活缴费(含水、电、燃气费)、信用卡还款等功能。支付宝从支付拓展到生活方方面面的场景,成为亿万用户不可或缺的超级应用,彭蕾功不可没。

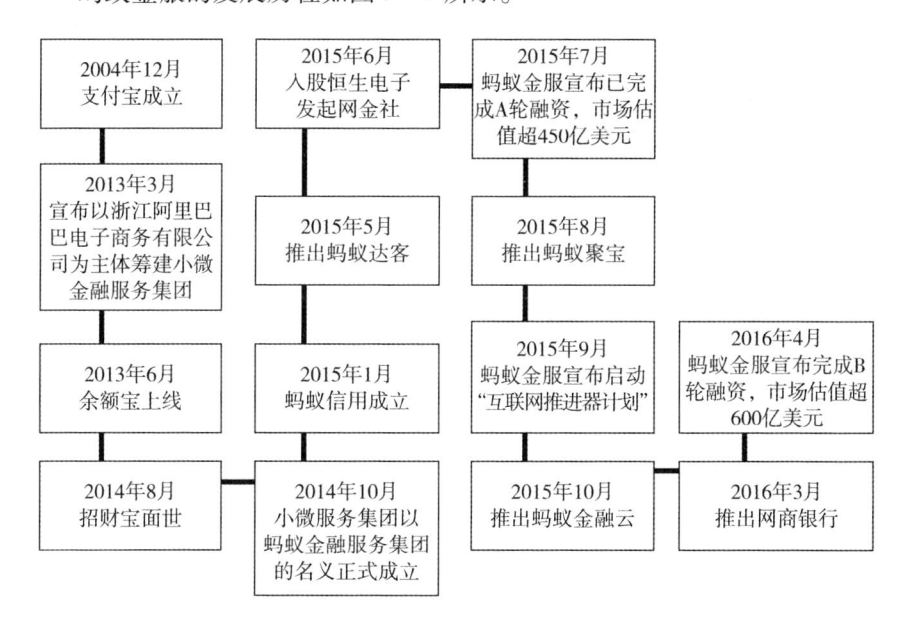

3. 蚂蚁金服的发展历程

蚂蚁金服的发展历程如图 5-2 所示。

图 5-2 蚂蚁金服的发展历程

(二) 蚂蚁金服凭什么上市

1. 庞大的金融帝国

(1) 蚂蚁金服"+"——三头并进

蚂蚁金服"+"的步伐在不断加快,支付、理财、融资三个子平台齐头并进。在支付领域,支付宝和超过200家银行成为合作伙伴,帮助银行实现物理网点替代以及无纸化交易进程,降低了银行的经营成本。在理财方面,蚂蚁聚宝上有超过90家基金公司和招财宝上有70余家金融机构,通过开放市场、技术、数据,支付宝实名客户达4亿人。在融资领域,通过"招财宝平台+保险"的模式,已有20家财险公司加入"互联网推进器计划",累计承保标的价值为1500亿元。

(2) 跨界合作

目前,蚂蚁金服已经与众多金融机构达成合作,包括200多家银行、60多家保险公司、90多家基金公司、20多家财产保险公司以及70多家金融机构等。举例来说,招商银行为蚂蚁金服的智慧供应链金融提供信用贷款,浦发银行与光大银行为蚂蚁金服提供信用贷款,平安银行则为阿里汽车线上车贷业务提供信用贷款,而北京银行与芝麻信用达成战略合作等。据兴业银行企业金融管理总部副总裁林榕辉介绍,蚂蚁金服与兴业银行的合作将是深层次、全方位的合作,双方将优势互补,兴业银行提供专业的金融服务,包括资金清分、管理、资产增值、金融产品服务等,蚂蚁金服则提供专业的互联网服务,包括结算渠道、数据、平台、产品的流转等。

(3) 模式与价值

从业务模式上来看,蚂蚁金服涉足支付、微贷、基金、保险、理财、征信等多个业务领域,旗下更是拥有支付宝、余额宝、招财宝、小贷业务、众安保险等多个强势品牌。与此同时,网商银行、芝麻信用等新兴互联网业态,自2015年初以来也陆续筹备、测试和落地。其中,支付宝作为蚂蚁金服最为闪耀的资产,经过10年发展之后业务模式更加成熟和完善,成为其旗下最值钱的业务。支付宝前母公司阿里巴巴集团的招股书披露的信息显示,2012—2014年三个会计年度,支付宝支付给阿里巴巴集团的税前利润分别为2700万元、2.77亿元和17.64亿元,按照49.9%利润抽成比计算,则支付宝在相应会计年度,税前利润分别为5411万元、5.55亿元和35.35亿元。2013年"双11",支付宝全天完成交易1.88亿笔,峰值达每秒1.5万笔。而到了2014年的"双11",仅移动支付成交数就达到了1.97亿笔,最近几年的数据更是让人叹为观止,2016年支付宝实现支付总计10.5亿笔,峰值达到每秒12万笔,2017年的"双11",支付峰值达到每秒25.6万笔。这种嬗变式的增长,凸显出的正是金融融合和互联网技术蜕变的魅力。以支付宝等产品为代表的蚂蚁金服充当的,则是一个引路人的角色,从支付本身开始,蚂蚁金服和其他金融机构共同开启了互联网金融的繁荣时代。随着支付宝实现规模盈利,不断拓展新的金融业态,其市场估值也一路水涨船高。投行机构太平洋皇冠证券(Pacific Crest Securities)2016年12月披露的一份报告显示,支付宝估值大约在600亿美元,而整个蚂蚁金服估值大约为700亿美元。

2. 两轮融资助力蚂蚁金服上市

(1) A轮融资估值约450亿美元

2015年7月,蚂蚁金服完成A轮融资,融资前注册资本为12.288亿元,融资后为13.526亿元,此次融资引入了全国社保基金、国开金融、国内大型保险公司等八家战略投资者,其中全国社保基金持股比例最高,为5%(这也是全国社保基金第一次以直接投资的方式投资一家民营企业);国开金融与四家保险公司(中国人寿、中国人保、中国太保与新华人寿)各投资约9亿元,每家持股约占0.5%;此外还包括春华基金和国资背景的上海金浦产业基金两家PE机构。蚂蚁金服的A轮融资项目代号为"起航"(voyage),蚂蚁金服A轮融资后,估值450亿美元。

在2014年"双11"期间,马云谈及支付宝上市时曾说:上市的主要目的不是为了钱,而是让更多的参与者能够分享。首先能够分享蚂蚁金服上市成果的利益相关人,当属阿里巴巴的境外投资人。根据阿里巴巴招股说明书,阿里巴巴、软银、雅虎及小微金服达成协议,阿里巴巴每年将获得37.5%的小微金服税前利润。同时约定,小微金服IPO时的估值需超过250亿美元,融资金额超过20亿美元,这是蚂蚁金服首轮融资估值的直接参照系。

其次,能够分享蚂蚁金服上市成果的利益相关人,当属阿里巴巴的境内投资人。蚂蚁金服A轮融资是纯国内融资。在中国,一直存在国资、民资和混合制企业的区分,"国字头"背景的全国社保基金等的介入,让蚂蚁金服有了不一样的身份。而且"国字头"与高风险的互联网企业命运相连,有利于降低互联网金融与信息风险,有利于提高企业社会责任。

最后能够分享蚂蚁金服上市成果的利益相关人,当属广大普通投资人和客户。长期以来,投资人无缘在国内资本市场分享互联网高速发展带来的红利,已成为了人们的一块心病。蚂蚁金服目前的内资结构,让人们看到其在境内上市的希望。但对各方来说,这也是一个挑战。对于广大普通投资人及资本市场来说,在分享互联网金融企业上市的高利润的同时,也需要提出化解其中高风险的思路及对策。

(2) B 轮融资估值约 600 亿美元

2016 年 4 月 26 日,蚂蚁金服对外宣布,公司已完成 B 轮融资,融资额为 45 亿美元。

沸沸扬扬传了一个多月的消息就此尘埃落定——45 亿美元,这是全球互联网行业迄今为止最大的单笔私募融资,意味着互联网金融的中国模式已经处于世界领先地位。此轮融资完成后,蚂蚁金服的估值已经达到 600 亿美元(约 3895 亿元)。据《财富》杂志发布的 2016 年全球独角兽榜,全球最大的未上市独角兽公司是 UBER,其估值约为 625 亿美元,蚂蚁金服距离 UBER 仅有一步之遥。蚂蚁金服 B 轮融资项目代号是"加速器"(Booster),蚂蚁金服启动 B 轮时,恰逢国家出台普惠金融战略规划,而蚂蚁金服对自己的定位正是"互联网金融的推进器"。项目取名"加速器"也是希望公司能抓住机遇,加速推进。从启动到最后公布,蚂蚁金服用了近 100 天。

此次蚂蚁金服 B 轮的融资团队不仅豪华,而且继续保持了偏好"国字头"背景的作风。据官方消息,本轮融资,由新增战略投资者中投海外(即中国投资有限责任公司的子公司)和建信信托(即中国建设银行下属子公司)这两家国企领投,中国人寿等四家保险公司、中邮集团(邮储银行母公司)、国开金融以及春华资本等在内的 A 轮战略投资者跟投。

(三)蚂蚁金服上市该何去何从

1. 国内 A 股上市

马云曾经公开表示过阿里巴巴由于一些原因没能在 A 股上市的遗憾,

希望蚂蚁金服能够弥补。目前在国内 A 股上市的互联网企业主要有乐视网、苏宁云商、暴风科技等，它们的市值都曾高达千亿元，甚至创造了连续涨停板的奇迹。这说明中国的证券市场对于互联网企业还是相当欢迎的，A 股亟须蚂蚁金服之类优秀的互联网金融企业"新鲜血液"的加入。

蚂蚁金服在本土上市，有明显的社会环境优势：不需要面临海外上市的语言、法律、监管的差异；蚂蚁金服在 A 股上市更容易被投资者了解和熟悉，获得更高的认知度，对于股价稳定更加有利；国内上市后的维护成本较低，而国外每年的审计费、律师费都要高很多；由于蚂蚁金服被国民熟悉，股票价值不易被低估，能够真正显示出其实力，有利于进一步提高其知名度和之后的发展。

蚂蚁金服选择在国内上市虽然对其后续发展大有裨益，但值得注意的是，国内 A 股企业上市需要经历漫长的审核过程，上市时间大概要长达三年；企业在 A 股 IPO 时，如果股东超过 200 位，那么就会受到证监会的规则限制；蚂蚁金服将 40% 的股权用来激励员工，存在着同股不同权的情况，而 A 股要求所有股票期权提前归属，所以蚂蚁金服还需要获得中国证券监管部门的特别豁免权，是否能获得这个特别豁免权也是一个未知数。

2. 香港交易所上市

香港是阿里巴巴上市的首选地点，但由于香港证监会要求同股同权，而阿里巴巴的合伙人制度并不符合同股同权的要求，最终阿里巴巴选择在纽约证券交易所上市。

香港是国际公认的金融中心，并且没有外汇管制，蚂蚁金服若在香港上市，资金流出流入不受限制，有利于蚂蚁金服建立国际化运作平台，更好地实施"走出去"战略，提升全球知名度；香港许多国际投资者对投资内地公司都有十足的兴趣，对于蚂蚁金服来说，它在香港也有一定的业务，具有熟悉的市场环境，所以在香港上市是不错的选择；阿里巴巴 B2B 业务早在 2007 年 11 月曾经在香港成功上市，与阿里巴巴关联性极强的蚂蚁金服对于香港的上市流程应当十分熟悉。

蚂蚁金服在香港上市最大的阻碍就是香港的上市规制较为严格，所以香港在吸纳科技公司方面比较落后。特别是从之前阿里巴巴在香港上市破灭转而在美国上市来看,香港同股同权对于蚂蚁金服来说还是一大障碍,所以蚂蚁金服想要在香港上市,首先需要的是香港证监会对蚂蚁金服合伙人制度的认同。如果香港能够认可蚂蚁金服同股不同权的情况,相信香港将是蚂蚁金服上市最佳选择市场。

3. 美国纽约证券交易所上市

蚂蚁金服的美国上市之路,同样是机遇与挑战并存。

美国纽约证券交易所(以下简称"纽交所")是美国证券交易市场上发展历史最为悠久的一个证券交易市场,作为一个更大的平台,能够最大限度地提升蚂蚁金服的世界知名度;近年来纽交所强势进入电子交易领域迎战纳斯达克证券交易所,蚂蚁金服这类新兴互联网企业,很受纽交所的欢迎;美国股票市场属于有效资本市场,美国股民具有很强的投资意识,这有利于反映蚂蚁金服的真实股价;阿里巴巴成功在纽交所上市,在上市流程等方面积累了丰富的经验,可以为蚂蚁金服的上市提供借鉴,避免走不少弯路。

蚂蚁金服在纽交所上市也将面临严峻的挑战。首先,纽交所的监管严格,上市公司必须定期将真实的财务报告呈报证券监管机构,而且有对设立独立董事和独立审计委员会、提供中期报告、股东对交易活动的批准等方面的要求;其次,中国企业在美国获得的认可度有限,股票价值往往被低估;最后,在纽交所上市的成本相对较高,在纽交所上市的费用是在纳斯达克证券交易所上市的 7 倍。

虽然蚂蚁金服从阿里巴巴分离出来了,但实际控制人是马云,所以阿里巴巴的发展对于蚂蚁金服来说是很有借鉴意义的。美国投资者对于中国的情况不了解,认为阿里巴巴净利润过大,有造假的嫌疑,对于阿里巴巴的认可度不高,而且由于美国证券市场监管严格,一旦阿里巴巴在中国出现纠纷,就会造成股价的动荡。阿里巴巴在美国上市的情况不算糟糕,但也并没有达到阿里巴巴的理想水平。我们可以设想,如果阿里巴巴在国内 A 股或者香港上市,其目前的股价,也许不止现在在美国的水平。

(四)蚂蚁金服上市之路维艰

尽管蚂蚁金服已经走过了十几年的创业历程,但是前方依然有很多挑战,尤其是当这家互联网起家的公司进入金融领域之后,更要直面互联网和金融两种不同文化所带来的冲突和张力。

1. 财付通异军突起，支付宝份额持续下滑

目前，蚂蚁金服的大部分估值是由支付宝支撑的，但支付宝的市场地位正面临微信支付的挑战。Analysys易观数据显示，2015年全年中国第三方移动支付市场份额中，支付宝占据68.4%，稳居龙头地位，第二名财付通只有20.6%。但在2016年第二季度，支付宝的市场份额下滑至55.4%，第二名财付通增长至32.1%。在国内市场，微信提升了腾讯在数字支付市场的份额，从2014年的15%增长到2017年的33%。微信支付因其用户活跃度高、场景全覆盖的优势，使得支付宝与财付通的市场份额呈现此消彼长的趋势，支付宝龙头地位受到挑战。

2. 蚂蚁金服不是死磕社交，是死磕用支付宝做社交

支付宝做社交一直被业界人士和用户不看好，不管是"到位"还是"圈子"，都不能走出其社交痛点的阴影。最终，"圈子"无疾而终，但支付宝做社交这把火一直不曾熄灭。比如支付宝又在蚂蚁森林上打起了主意，给3个好友浇水，树宝宝就会变身为圣诞树，套用了QQ空间偷菜浇水的套路，走起"复古路线"了。

3. 业务规模越大，风险也随之增加

虽然阿里巴巴并不持有蚂蚁金服的股份，但有权分享其37.5%的利润，或者在蚂蚁金服获准上市时，获得33%的股份。两家公司有很多共同的合资公司和高管，他们互相支付费用，存在利益冲突的风险。同时，蚂蚁金服旗下平台招财宝踩雷，陷入侨兴电讯旗下两笔债券兑付风波。该事件一出，广大投资者也开始警惕蚂蚁金服的风险，虽说招财宝自称只提供相关法律咨询服务，但还是暴露了蚂蚁金服自身的问题：风险提示不到位、信息披露不完整等。

蚂蚁金服上市传闻已久，2017年也被看作其"准备年"。为什么两次的投资者都选择了"国家队"？蚂蚁金服上市之前是否还有C轮融资、D轮融资呢？走在上市之路的蚂蚁金服将如何迈过那些障碍？在前方又会遇到什么新的困难？它在什么时候上市，在哪儿上市等这些问题引发了无数人的思考。伴随着这些疑问，让我们一起展望蚂蚁金服的上市之路吧！

【思考题】

（1）结合国内外情形，讨论企业常见的融资方式有哪些，蚂蚁金服两轮融资运用了哪些融资方式。

（2）2017年被看作是蚂蚁金服上市的"准备年"，根据相关材料比较各交易所的区别，分析蚂蚁金服最有可能在哪里上市。

（3）奇虎360回归A股选择借壳上市，而蚂蚁金融想进行IPO上市，那么借壳上市和IPO上市有何区别？蚂蚁金融为什么希望选择IPO上市而不是借壳上市？

二 案例分析

本案例首先通过对蚂蚁金服的业务结构、股权结构和财务数据等方面的介绍描述企业的发展历程，让我们对蚂蚁金服有了初步的了解；其次分别对它的两轮融资进行分析，通过两轮融资的金额、特点以及股权结构的变化来推测蚂蚁金服未来的发展方向；最后通过对比分析蚂蚁金服在中国内地、香港和美国上市的优缺点来预测其目标上市地点，并联系当今国内公司上市情况，总结蚂蚁金服上市需要解决的问题和未来发展的前景，这也能够给我国同类企业在选择上市时提供借鉴。

（一）理论依据

（1）IPO。

（2）借壳上市。

（3）交易制度。

（4）市场微观结构理论。

（二）分析思路

（1）在开始分析案例之前，可以先收集相关的国内外常见的融资方式，比较不同融资方式的优缺点，进而能够更加深入地分析蚂蚁金服所采用的融资方式。

（2）在收集相关资料的基础上，对蚂蚁金服在各地上市的优缺点进行讨论。结合案例介绍，探讨蚂蚁金服可能的上市方式和蚂蚁金服在哪个证券交易所上市的可能性较大。

（3）结合理论分析借壳上市与 IPO 上市的不同之处，以及蚂蚁金服为什么会选择 IPO 上市而不是借壳上市。特别是，近年来 IPO 正式重启、逐渐走向常态化之后，借壳上市的优势开始逐渐减弱，分析近几年来 IPO 上市和借壳上市的程序变化和政府监管的变化。

（三）具体分析

1. 结合国内外情形，讨论企业常见的融资方式有哪些，蚂蚁金服两轮融资运用了哪些融资方式

（1）企业常见的融资方式

第一，银行贷款。银行是企业最主要的融资渠道。按资金性质，分为流动资金贷款、固定资产贷款和专项贷款三类。流动资金贷款是为满足生产经营者在生产经营过程中的短期资金需求，保证生产经营活动正常进行而发放的贷款。固定资产贷款能充分发挥银行促进经济发展和高科技开发运用的杠杆作用，对推动国民经济发展和加速现代化建设具有重大的作用。专项贷款通常有特定的用途，其贷款利率一般比较优惠。

第二，股票筹资。股票具有永久性、无到期日、不需归还、没有还本付息的压力等特点，因而筹资风险较小。股票市场可促进企业转换经营机制，真正成为自主经营、自负盈亏、自我发展、自我约束的法人实体和市场竞争主体。同时，股票市场为资产重组提供了广阔的舞台，能够优化企业组织结构，提高企业的整合能力。

第三，债券融资。企业债券，也称公司债券，是企业依照法定程序发行、约定在一定期限内还本付息的有价证券，表示发债企业和投资人之间是一种债权债务关系。债券持有人不参与企业的经营管理，但有权按期收回约定的本息。在企业破产清算时，债权人优先于股东享有对企业剩余财产的索取权。企业债券与股票一样，同属有价证券，可以自由转让。

第四，融资租赁。融资租赁是融资与融物的结合，兼具金融与贸易的双重职能，对提高企业的筹资融资效益，推动与促进企业的技术进步，有着十分明显的作用。融资租赁有直接购买租赁、售出后回租以及杠杆租赁。融资租赁业务为企业技术改造开辟了一条新的融资渠道，通过采取融资融物相结合的新形式，提高了生产设备和技术的引进速度，还可以节约资金，提高资金利用率。

第五，海外融资。企业可供利用的海外融资方式包括国际商业银行贷款、国际金融机构贷款和企业在海外各主要资本市场上的债券、股票融资业务。大多数的境外公司均无外汇及资本流通的管制，租税规定宽松，而且有足够的法律条例保障，金融业发达，政治及经济较为稳定，因此海外融资是一种很好的融资方式。

（2）蚂蚁金服运用的融资方式

第一，股票筹资。蚂蚁金服 A 轮融资估值约 450 亿美元，B 轮融资估值约 600 亿美元。两轮融资令其跻身全球最有价值的未上市科技公司行列，且继续保持了偏好"国字头"背景的作风。两轮融资的具体情况如表 5－1 所示。

表 5－1　　　　　　　　　蚂蚁金服融资轮次

融资轮次	投资者	投后持股比例	投资规模（估计）
A 轮	全国社会保障基金理事会	5%	70 亿元左右
	国开金融有限公司	0.5%	9 亿元
	苏州工业园区国开鑫元投资中心（有限合伙）	0.5%	9 亿元
B 轮	中投海外	B 轮领投，约 3%	100 亿元左右
	建信信托	B 轮领投	—
	中国人寿保险公司	跟投	—
	中邮集团	跟投	—
	国开金融有限公司	跟投	—
	春华景信（天津）投资中心（有限合伙）	跟投	—

第二，蚂蚁金服运用了债券融资及海外融资两种融资方式。蚂蚁金服在 2017 年 5 月完成接近 35 亿美元的债券融资，此轮债券融资得到的是美元而非人民币，蚂蚁金服可用其进行积极的全球性扩张。蚂蚁金服已将业务扩张至中国以外的市场，例如欧洲和亚洲其他地区。在欧洲，蚂蚁金服已与法国巴黎银行等主要金融机构达成协议，帮助越来越多的当地商家接受支付宝，这主要是为服务在外旅游的中国人。

2. 2017年被看作蚂蚁金服上市的"准备年",根据相关材料比较各交易所的区别,分析蚂蚁金服最有可能在哪里上市

内地新三板及A股、港股和纽交所在审批难度、上市准备时间等方面存在差异(见表5-2),影响企业上市决策。蚂蚁金服到底会选择在哪里上市一直备受市场关注。就目前情况来看,香港和内地都在为吸引蚂蚁金服这类科技公司来自己的市场上市做着不懈的努力。

表5-2　　　　　　　　　　　四个股票市场的比较

	新三板	A股	港股	纽交所
审批难度	注册制,难度小	核准制—政府主导型,难度大	注册制—市场主导型,难度小	注册审批制,难度大
上市准备时间	总体需要6—10个月,提交材料后需要一个半到两个月的时间,才能进入审查程序进行反馈	总体需要12—24个月,时间较长。目前申请上市排队的公司较多,证监会审核通常需要6—9个月,审批时间不确定性大,较难把握	总体需要6—9个月,其中香港联交所审批时间为10—14周。香港上市流程类似美股,过程相对比较透明和市场化	需要1年以上,要求证券在公开发行之前必须向美国证监会注册登记,并且向大众投资人提供一份详尽的招股书
营业记录	存续期须满两年,主营业务须突出,必须具有稳定、持续经营的能力	须具备三年业务记录,持续经营时间应当在3年以上(有限公司按原账面净资产值折股,整体变更为股份公司,可连续计算)	须具备三年业务记录,至少前三个财年的管理层维持不变,最少最近一个经审计财年所有权和控制权维持不变	须具备三年业务记录,发行人最近三年主要业务和管理层没有发生重大变化,实际控制人没有发生变更,采用美国会计准则
盈利要求	无限制	最近三个会计年度经营活动产生的现金流量净额累计超过5000万元,或最近三个会计年度营业收入累计超过3亿元	最近三个会计年度归属母公司的净利润不低于5000万港币(最近一年净利润不低于2000万港币,且前两年累计净利润不低于3000万港币);且上市时市值不低于2亿港元或其他	三年盈利,每年税前收益达到200万美元,最近一年税前收益达到250万美元;或三年累计税前收益达到650万美元,最近一年达到450万美元;或最近一年总市值不低于5亿美元且收入达到2亿美元的公司,三年总收益合计2500万美元以上

续表

	新三板	A股	港股	纽交所
上市费用	改制费为30万元；推荐费为70万—100万元；审计费用为10万—15万元；律师费用为5万—10万元	承销费用为集资总额的3%—8%；审计费用为80万—100万元；律师费用为100万元左右；总上市费用与香港上市相近，但有不确定性	上市费用为融资额的2.5%—5%，保荐人另收取50万—100万美元的保荐费；发行人承担承销商律师费；审计费用为40万—80万美元；律师费用为100万—150万美元；按美国证券法144A条例发行，则需额外费用	中介机构费用一般占发行数额的8%—12%

(1) 国内上市分析

中国新三板目前溢价不高，且上市企业太多，不是理想的选择。

A股市场为一些科技公司IPO上市提供更快的审批流程，奇虎360的回归就是证明，中国证监会将提供上市捷径，相当于直接为这些高估值的科技公司开辟了新的"绿色通道"。

在国内上市不需要面临海外上市的语言、法律、监管的差异；蚂蚁金服在A股上市更容易被投资者了解和熟悉，获得更高的认知度，对于股价稳定更加有利；国内上市后的维护成本较低，而国外每年的审计费、律师费价格都要高很多；由于蚂蚁金服被国民熟悉，股票价值不易被低估，能够真正显示出其实力。

(2) 香港上市分析

香港证监会于2017年"新板"引进"同股不同权"等不同投票权架构。香港是国际公认的金融中心，并且没有外汇管制，蚂蚁金服在香港上市，资金流出流入不受限制；有利于蚂蚁金服建立国际化运作平台，更好地实施"走出去"战略，对于其提升全球知名度比在A股上市更有优势；香港许多国际投资者对投资内地公司都有十足的兴趣，对于蚂蚁金服来说，它在香港也有一定的业务，具有熟悉的市场环境，所以在香港上市是不错的选择。

(3) 美国上市分析

纽交所是一个更大的平台，能够提升蚂蚁金服的世界知名度；纽交所强势进入电子交易领域迎战纳斯达克，蚂蚁金服这类新兴互联网企业，很受纽交所的欢迎。

但是纽交所的监管严格，必须定期将真实财务情况呈报证券监管机构，而且提出设立独立董事和独立审计委员会、提供中期报告、股东对交易活动的批准等方面的要求；中国企业在美国获得的认可度有限，股票价值往往被低估。

总的来说，蚂蚁金服究竟会选择哪个市场仍不可知。香港已经允许同股不同权，香港会是蚂蚁金服上市市场的最佳选择；如果国内证监会能够给蚂蚁金服特别豁免权以及插队上市的机会，国内 A 股也是蚂蚁金服上市市场的不错选择；如果上述两个市场，蚂蚁金服都不能得到特殊待遇，纽交所将是蚂蚁金服的选择；纳斯达克并不是蚂蚁金服上市市场的最佳选择地点。

但如果其选择在 A 股市场上市，一是因为阿里巴巴的名气，二是加上内地人对蚂蚁金服的了解，三是 A 股相对于其他市场具有更高的溢价，则蚂蚁金服肯定从中"受益匪浅"。最好的结果是，蚂蚁金服最终会选择 A＋H 股上市。

3. 奇虎 360 回归 A 股借壳上市，而蚂蚁金服想进行 IPO 上市，那么借壳上市和 IPO 上市有何区别？蚂蚁金服为什么希望选择 IPO 上市而不是借壳上市

首先要了解一下 IPO 上市和借壳上市的基本概念。IPO（Initial Public Offerings）即首次公开募股，是指一家企业或公司（股份有限公司）第一次将它的股份向公众出售。通常，上市公司的股份是根据相应证券会出具的招股书或登记声明中约定的条款通过经纪商或做市商进行销售。一般来说，一旦 IPO 完成后，这家公司就可以申请到证券交易所或报价系统挂牌交易。有限责任公司在申请 IPO 之前，应先变更为股份有限公司。

借壳上市或借壳重组是指《上市公司重大资产重组管理办法》（2016 年修订）（以下简称"《重组办法》"）第十二条规定的重大资产重组，即上市公司控制权发生变更之日起，上市公司在重大资产重组中累计向收购人购买的资产总额（含上市公司控制权变更的同时，上市公司

向收购人购买资产的交易行为),占控制权发生变更的前一个会计年度经审计的合并财务会计报告期末资产总额的比例累计首次达到50%以上。

现阶段条件下,中概股回归的路径主要包括三种:一是产业并购与重组上市(借壳);二是在沪深交易所直接IPO;三是挂牌"新三板"或借道"老三板"后静候制度红利。对于资产规模和盈利规模较大、质地相对优秀、期待更高流动性溢价和估值的中概股公司而言,通常会选择前两条路径,两手准备并从中权衡选择。

根据《重组办法》借壳上市将会受到更加严格的监管。本次修改旨在扎紧制度与标准的"篱笆",给"炒壳"降温,促进市场估值体系的理性修复,继续支持通过并购重组提升上市公司质量,引导更多资金投向实体经济。自IPO正式重启之后,借壳上市的优势也开始逐渐减弱,主要原因也在于借壳重组的标准与IPO趋同,意思是证监会按照《重组办法》审核借壳重组,同时参照《首次公开发行股票并上市管理办法》的相关规定(见表5-3)。

表5-3　　　　　　　　借壳上市的审核规定

审核要点	审核要求
持续经营	上市公司拟购买的资产应当已在上市公司收购人控制下连续三年持续经营,且在此期间主营业务未发生重大变化(上市公司重大资产重组信息披露工作备忘录第七号)。经营实体应当是依法设立且合法存续的有限责任公司或股份有限公司
盈利能力	最近两个会计年度净利润均为正数且累计超过2000万元。从审核实践看,借壳上市的资产盈利情况和盈利能力方面远远高于上述标准
重组后持续经营能力	注入资产的业务经营和盈利能力具有一定的可持续性,能够为上市公司可持续发展带来空间
标的资产合规经营	与IPO类似,要求标的资产经营合规,不存在出资不实等不规范经营现象
资产权属	资产权属清晰,资产过户或者转移不存在法律障碍,相关债权债务处理合法
符合国家产业政策	拟借壳上市资产发展符合国家产业政策,对于不符合国家产业政策,或者限制发展的行业不适合借壳上市,如房地产业等

续表

审核要点	审核要求
独立性	业务、资产、财务、人员、机构等方面独立于控股股东、实际控制人及其控制的其他企业
同业竞争、关联交易	借壳上市完成后，上市公司与新的控股股东、实际控制人（重组方）不存在同业竞争及潜在同业竞争，尽量减少关联交易，规范关联交易

因此，从借壳上市审核标准看，拟借壳公司在主体资格、规范运作、独立性等方面已与 IPO 审核标准趋同。公司在进行借壳上市运作时，必须按照上述审核标准规范本公司的运作，达到上述审核要求。

随着监管的变化以及市场生态的变化和演进，直接 IPO 的优势日渐明显。与 IPO 提速并且逐步走向常态化相比，借壳上市的一些弊端开始显现出来。在私有化项目推进的过程中，容易出现借中概股回归的机会对 A 股壳资源进行炒作的现象。一方面，借壳上市易滋生内幕交易。由于借壳上市导致壳公司的股价大幅度飙升，知道内幕消息的人可能会在借壳之前购入壳公司股票牟利，构成内幕交易。另一方面，高价"壳资源"扰乱估值基础。经营不善的公司可能被借壳，由于借壳升值期望扭曲了市场对公司的估值，一些经营不善公司的市值依然很高，甚至部分应该退市的公司可能被借壳并购。这些做法，会使市场操作者对中小投资者的利益造成损害。

因此，选择 IPO 上市的优点主要有两个。

第一，审核、发行双提速，IPO 逐步走向常态化，此前隔阻中概股回归的时间成本大幅降低。随着 A 股市场从异常波动到趋于稳定，新股市场稳步回暖，IPO"堰塞湖"初步得到疏解。

第二，与 IPO 提速形成鲜明对比的是借壳监管全面趋严。从修订《重组办法》，到限制中概股借壳回归和上市公司跨界定增，并购重组和借壳市场遭遇监管的持续"紧盯"。具体到中概股方面，虽然借壳回归客观上有利于提高部分存量上市公司的盈利水平和质量，但也导致了壳公司被爆炒而扰乱 A 股估值体系、增大了内幕交易和寻租空间，甚至影响到中国外汇储备等一系列问题。

综上所述，对奇虎 360 而言，其借壳上市在当时是最好的选择。但是对蚂蚁金服而言，IPO 则是比较好的选择。

（四）关键要点

（1）关键点：本案例结合公司上市和投融资的相关理论对上市地点以及途径选择进行了详细的解析。通过对本案例的学习，可以了解公司上市、融资等资本运作的基本要素，学习结构设计、融资对象选择、估值理论、融资安排等一系列的知识点。

（2）关键知识点：本案例所涉及的知识点主要包括融资方式的安排、公司上市地点选择及其对相关行业的借鉴意义。

（3）能力点：分析与综合能力、理论联系实际的能力。

【参考文献】

《2017 年蚂蚁金服最新股权架构，马云如何控制，合伙人 115 亿元出资哪里来？》，2018 年 5 月 18 日，https://www.163.com/dy/article/DI3E64D00519TGT7.html。

郭净、胡小宇、隋逸凡：《服务主导逻辑：互联网金融创新的基本框架——基于蚂蚁金服的案例分析》，《湖南财政经济学院学报》2018 年第 3 期。

纪崴、井贤栋：《未来将进入新金融时代——访蚂蚁金服总裁井贤栋》，《中国金融》2016 年第 15 期。

姜婷：《新股询价配给规则与 IPO 价格形成的进化博弈分析》，《中国管理科学》2014 年第 6 期。

孔令艺、肖慧娟、任颋：《股权结构、上市地点选择与 IPO 绩效——以中国创业企业为例》，《当代经济科学》2014 年第 4 期。

李健元：《中美股市股本及其影响因素比较与发展趋势研究》，硕士学位论文，东北财经大学，2011 年。

李明、赵梅：《投资者保护、寻租与 IPO 资源配置效率》，《经济科学》2014 年第 5 期。

马骁：《中美两国证券监管制度比较研究》，硕士学位论文，东北师范大学，2013 年。

《蚂蚁科技集团股份有限公司》，https://baike.baidu.com。

《彭蕾卸任蚂蚁金服董事长，彭蕾与蚂蚁的几个瞬间》，2018 年 4 月 9 日，https://www.sohu.com/a/227663292_115207。

田利辉、张伟：《政治关联和我国股票发行抑价："政企不分"如何影响证券市场？》，《财经研究》2014 年第 6 期。

杨敏利、党兴华：《风险投资机构的网络位置对 IPO 期限的影响》，《中国管理科学》2014 年第 7 期。

于译博、樊懋、李文森等：《基于交易大数据的平台型企业金融业务研究——以蚂蚁金服、苏宁金融、京东金融为例》，《科技视界》2020 年第 6 期。

案例6 途家融资之旅

一 案例介绍

2017年10月10日一早,途家线上平台完成3亿美元E轮融资,估值超过15亿美元。途家此次的融资再次搅动短租行业风云。这是途家线上线下业务拆分后的首轮独立融资。一石激起千层浪,资本市场对途家的再次加码,也进一步夯实了途家在短租市场独角兽俱乐部的地位。

短租市场的竞争十分激烈,为何资本市场只对途家格外青睐,不断加码?到底是什么让途家在如此之短的时间里迅速崛起,并让投资者趋之若鹜呢?

(一)"独角兽"的诞生

1. "新星"的出现

"分享空闲房源"的模式在海外悄然兴起。2011年,欧美这种业务模式的市场销售额大约有850亿美元。可见,这个市场有巨大的发展潜力,而这种模式是可以被复制的。2011年6月,美国的假日房屋租赁在线服务提供商HomeAway上市,市值高达32亿美元。

中国恰好就是空置房最多,旅游人口最多、增速也最快的国家,这两个特征说明中国短租市场极具潜力。于是,罗军决定把国外这种"分享空闲房源"的模式引入国内,再加上独特的管家式服务,让闲置的优质房源发挥它的价值,也让中国中产阶级在旅游过程中能够享受到家一般的体验。

2011年8月，罗军辞去中国房产信息集团联席总裁的第二天，就飞赴三亚。在之后的两个月，罗军在三亚开始一家家敲门揽生意。就这样，从他亲自挑选房源，到谈成了第一家个人业主的房源，从他亲自安排布草，包揽所有能干的粗活重活，到他招收了途家的第一个员工，途家网应运而生。

2011年12月1日，国内首家中高端度假公寓预定平台——途家网正式上线。第一次，罗军只用了400套房源来试水，直到途家树立了一定的口碑，市场供不应求才开始拓展全国市场。在开拓市场的过程中，罗军觉得与业主一个个地谈太耗时耗力，凭借此前在乐居积累的地产开发商优势，开始与开发商频繁牵手。罗军选择了"O2O+B2C"的模式：在房源端，选择与有实力的房地产开发商达成战略合作，这样，在房屋出售前，就可以保证此房源未来能够进入短租市场，并有专业化公司帮助维护；在客户端，罗军选择引进酒店管理服务对度假公寓进行统一管理维护。罗军将此称为"如家+携程"模式，但又有创新。为了给途家"引流"，罗军引入携程作为大股东，2011年12月7日，途家网与携程网战略合作正式上线。

2. 群雄逐鹿

短租，爱外出旅游的朋友应该对这个名词都不会陌生，短租发展至今已经被大众普遍接受。2011年末，共享房屋的经济模式传入中国，国内诞生了第一家短租平台。此后，新的短租平台相继成立。2016年，来自美国的短租鼻祖Airbnb大举进入中国，改名"爱彼迎"迎合国人需求和习惯。而途家、小猪、蚂蚁、住百家、木鸟短租等国内短租平台亦纷纷登台唱戏，中国的短租事业蒸蒸日上。各平台房源数量从零到现在的几十万套，房东和房客数量从零到现在的百万级，用户对短租的接受度和忠诚度与日俱增，整个短租行业也在稳步向前发展。

2011年12月1日平台正式上线，到2016年底途家已覆盖国内345个目的地和海外1037个目的地，在线房源超过65万套。但是在房源数量方面，其竞争对手都紧随其后，途家的优势并不突出，比如木鸟短租，在2016年底该平台房源数量已经达到了60万套，其中国内房源有近40万套，遍布396个城市，海外45个国家和地区有近20万套房源。另外，小猪短租公布的 2017 年业务数据显示，小猪平台房源增幅达 350%，总计拥有超过 20 余万套房源，同时平台整体订单量增幅也超过 320%。2016 年，Airbnb 加紧布局中国短租市场，从 C2C 切入，令途家以及其他短租平台压力倍增。

中国市场短租行业整合大战正式拉开序幕。

一方面，共享经济的鼻祖之一 Airbnb 在不断搅动着中国市场。2017 年 9 月，Airbnb 官网显示正在扩充中国团队；10 月，Airbnb 先后与中国旅游研究院、上海自由贸易试验区世博管理局以及广州市政府达成合作；11 月，其与小猪的"绯闻"传出。可以看出，尽管其中国区负责人迟迟没有确定人选，但从 2017 年开始，Airbnb 的本地化速度明显加快。

另一方面，中国的短租行业玩家已经在进行整合，这意味着短租市场第一阶段的厮杀基本告一段落，行业格局基本确定，途家、小猪成为本土品牌代表。更加激烈的竞争，将全方位考验行业幸存玩家的运营、资本和团队实力。

（二）"独角兽"的成长

1. "天使"降临

2011 年 12 月 1 日，途家正式上线。

在房源和流量的双重压力下，途家举步维艰。在解决房源问题的同时，罗军也在考虑流量和用户问题。公司该如何发展下去？该怎样获得资金？到底是选择银行贷款、私募，还是其他融资方式呢？

凭借多年的从业经验，罗军决定通过私募获取资金。之后他找到了携程、艺龙、去哪儿等 OTA 平台，并与之合作。很快，携程对途家进行了天使轮投资，为其导流。

2012 年 5 月 16 日，上线仅 5 个月的途家网宣布首轮融资已完成。携程、光速创投、全球度假公寓行业巨头 HomeAway 和鼎晖投资参与 A 轮融资，其中携程投资 1460 万美元。

这一次融资十分重要，选了四家企业。第一个是携程，有携程的背书，它有流量；第二个是光速创投，它有很多成功的经验，尽管它不是中国最大的 VC，但是最有冲劲；第三个是 HomeAway，HomeAway 是全球旅游产业的代表，此后很长的一段时间途家海外业务都是代理 HomeAway 的房源；第四个是很有名的鼎晖投资。此轮融资将主要用于其全国业务的拓展。同时，公司也将加大研发、市场、产品、服务等方面的投入。

一端手握房源，一端引入流量，途家开始奔跑。

2. 出海之路

2012年12月5日，途家网与美国短租网站HomeAway达成战略合作，拓展海外市场，将目光锁定国内出境游的旅客。HomeAway网站拥有168个国家72万个度假租赁房源，在美国、澳大利亚、印度、新西兰、英国、德国、法国、西班牙、巴西和南美建立了分站。作为平台，HomeAway让业主和度假租赁管理者在网上展示房屋并支持预订。在中国，HomeAway选择途家作为其度假租赁服务的入口，途家将利用自身平台，为出境游旅客对接HomeAway的房源和交易。

3. B轮融资

2013年2月16日，途家网完成B轮融资，并选择华兴资本作为独家财务顾问。B轮融资历经波折，是最费力的一次，此轮途家引入了纪源资本（GGV）、宽带资本和启明光速创投三家新的投资人。但老股东鼎晖投资、光速创投、宽带资本，以及国内旅游业巨头携程网也要按比例进入，导致了新老股东因为股票份额产生冲突。华兴资本得知这一情况，一一进行协调。

此外，由于GGV是去哪儿的投资人，当时携程与去哪儿尚未合并，携程对于GGV的进入难免有所担心。GGV管理合伙人符绩勋与携程方面理性交流、沟通，同时华兴资本在中间使劲，最终达成协议。

这两轮融资，合计金额高达4亿元，携程投资3670万美元。特别是通过B轮融资，途家已与在线短租上市公司HomeAway、国内OTA巨头携程达成资本加业务合作。

4. C轮融资

一般而言，创业拿到A轮融资很简单，但大多数死在B轮、C轮。在途家C轮融资的消息传出之后，途家就受到了全球超过100多家知名投资机构的热烈追捧，其中有不少境外投资人多次专程赶到国内沟通投资意向。

2014年6月18日，途家网顺利完成1亿美元的C轮融资。不过，此轮融资途家网还是更多地钟情老投资人，前两轮的七家投资机构——纪源资本、光速创投、鼎晖投资、启明创投、宽带资本、携程网和全球度假公寓行业巨头 HomeAway 均跟进携程投资 7500 万美元。

同时，途家宣布进军 C2C 房源分享领域，进一步扩大房源规模。开展平台化合作的"途家们"战略，将与非标准住宿生态链上下游的机构和伙伴进行合作。此外，途家将进一步拓展海外业务。

（三）初露锋芒

1. D 轮及 D + 轮融资

2015 年 8 月 3 日，途家完成融资 3 亿美元，这是它的 D 轮及 D + 轮融资，途家估值超 10 亿美元。这轮融资，由全明星投资基金（All – Stars Investment）领投，全球知名公寓管理公司雅诗阁及之前的投资方等跟投。

途家的新投资人全明星投资基金为全球知名投资机构，之前领投小米并参与了滴滴打车的投资。同时，拥有超过 30 年专业经验、全球最大的国际服务公寓业主和运营商雅诗阁作为战略投资方，以及后续的更多合作，也使途家向专业化领域又迈进了一步。

D 轮及 D + 轮融资将主要用于途家线上线下平台及生态链的发展布局、提升用户体验的产品技术研发、品牌推广等。自 2015 年暑期以来，途家的订单量增长迅速，不断刷新历史纪录。从融资规模、房源覆盖、房源储备、用户数量、订单数量和用户口碑等多个维度来看，途家已进入规模化发展的通道。

2. 携程失去途家控股权

但就在这轮融资，携程失去了对途家的控股权。虽然没有了老股东携程的投资，但在 D 轮及 D + 轮融资后，途家估值超过 10 亿美元，跻身"独角兽"公司之列。这对途家来说，无疑是最好的消息，高融资额和高估值，对于途家的发展都有着积极的推动作用。

根据披露的 2015 年第三季度财务报表，携程剥离了途家业务，这一季度的净利润暴增 24 亿元。"从报表中剥离一部分业务，一种情况是出售股权，那就会产生一次性的收益，算作非经常性收益，这在当期报告和当年报告中才会体现。还有一种情况是，原来占有 51% 的股权或者说是第一大股东，在进行股份重组之后，占股不到 51% 了，那就无须合并标的公司的报表。"香颂资本执行董事沈萌表示。

合并报表的时候，标的公司的亏损就要全部计入自己的损益表中；但如果不合并报表的话，只是作为一个小股东，就只需要把标的公司亏损中的一部分，按股权比例计入自己的损益表里面。携程该季度利润暴增现象从侧面反映了途家的盈利能力堪忧的事实。

（四）"独角兽"的进化

1. "去携"联姻

百度为了进一步巩固其在在线旅游市场的主导地位，2015年10月26日，以手中所持去哪儿股份，按1∶0.725的比例与携程换股，变身携程第一大股东。携程也同时以45%的持股比例，成为去哪儿最大的机构股东。

这笔超150亿美金的交易，基本同时坐实了两个月的财经新闻。一是百度收购携程，二是"去携"合并。自携程并购去哪儿，携程系几乎拿下了国内一线OTA的全部江山。合并后的新公司市值将超越TripAdvisor，成为全球第二大OTA，仅次于合并前携程的第一大股东Priceline。

2. 途家的并购

2016年6月22日，途家与蚂蚁短租达成收购协议，后者成为途家的全资子公司，但未公布金额。这可以看作58同城用蚂蚁短租等资源对途家的一次入股，交易完成后，蚂蚁短租原控股股东58集团成为途家的新股东。途家并购蚂蚁短租的主要目的是通过股权换资产，途家用自己一部分股权向58同城换取蚂蚁短租100%控股。蚂蚁短租是国内领先的在线短租平台，在中国300多个城市及旅游目的地拓展超过30万套房源，其资产也为途家带来了更多的"分享房源"。

而后，2016年10月20日，罗军以内部信的形式宣布并购携程、去哪儿旗下的公寓民宿业务。携程及去哪儿的公寓民宿频道入口、团队和整体业务将并入途家，成为途家的一部分。

途家此次并购的形式依旧是股权置换，途家拿出一部分股权与"去携"股权进行置换，携程再次成为途家的大股东。交易完成后，途家将从携程、去哪儿导入包括库存、流量、品牌、运营等多方优势资源，用于保证用户、商户、房东持续受益。这也将加速途家房源规模、用户规模的扩大及平台交易额的快速增长。在携程重新掌握途家的控股权后，2016年相比2015年，携程对途家投资的公允价值由28.77亿元，上升到了30.82亿元，涨幅2.05亿元。

（五）途家登顶之路

1. 业务拆分与整合

先拆分后整合，背靠携程系大树。

2016年10月，途家宣布成立线上线下两大运营公司，线上平台运营公司致力于打造用户喜爱的公寓民宿交易及分享平台，线下运营公司则致力于打造中国最大的分散式不动产运营及管理平台。

2016年下半年起，途家开始整合国内各类主流在线预订平台的民宿业务。2017年3月，途家发布了2017年的整合目标：打通途家、蚂蚁短租、携程、艺龙、去哪儿、58赶集、微信酒店和芝麻信用在内的八个平台的房屋库存，既帮助经营者一键管理，也方便消费者多渠道触达途家房源。

同时，途家的发展背后一直未能离开携程系的身影。自2011年途家正式成立起，携程一直伴其左右。2011年途家上线一周后，宣布与携程达成战略合作；2014年1月，携程途家公寓频道上线；2016年10月20日，途家正式宣布与携程、去哪儿达成战略协议，携程和去哪儿的公寓民宿频道入口、团队和整体业务并入途家。携程方面也先后4次入股途家，在本次途家E轮融资中，携程前任CEO梁建章罕见地高调为途家站台，而此次，携程也是领投方。

无论是途家还是其他短租市场，似乎都能看到携程的影子，而途家每一次的动作，都与携程有着密切的联系。一手将途家品牌打造出来的罗军，在接下来的时间里，不得不面对成为携程子集的现实。并购只是调整途家发展战略的第一步，并购完成后，途家随即进行了架构调整，途家分拆的原因在于途家本身规模偏大，所以选择通过分拆来明确公司内部界限，增效减员，重新规划公司的未来发展。并购、分拆、独立融资，最终目的都是把蛋糕做大，早日进军资本市场。

在途家高调宣布线上平台完成3亿美元融资的同时，其线下部分其实也已经完成融资，但两个业务板块各自有不同的路径安排。

途家线上部分仍是 VIE 结构（Variable Interest Entities，国内称为"协议控制"），拿的是美元基金，目标是美国的资本市场；线下部分拿的是人民币基金，考虑在国内 IPO。目前两家公司已经相互独立，彼此关联不大。罗军曾表示会考虑通过私募基金的方式，也会考虑通过 IPO 的方式，但是，具体用哪种方式，还需要看具体的业务发展需求和资本管理方面的意见。

2. E 轮融资

途家进行线上线下业务拆分后，携程董事长梁建章频频出面为途家相关业务站台，资本市场中隐隐有途家的融资消息。终于，罗军于 2017 年 10 月 10 日早晨，通过内部邮件宣布，途家线上平台顺利完成 E 轮融资，融资额达 3 亿美元，估值超过 15 亿美元。其中最引人注目的是高融资额和高估值，而且此次融资是途家线上线下业务拆分后的首轮独立融资，保持着国内"分享经济领域"单轮融资最高数额，同时也夯实了途家在独角兽俱乐部的地位。

此轮投资由携程与全明星投资基金领投，华兴新经济基金、Glade Brook 资本、高街资本跟投。携程作为 OTA 的"巨头"，民宿、公寓一直都是携程的短板，而途家在短租领域却得心应手，在竞争激烈的市场中，携程不得不依靠途家，入股途家，共享途家的资源与优势。

2017 年 10 月 24 日，距离宣布途家 3 亿美元融资的第 15 天，在"2017 劲旅峰会"的现场，罗军在发表题为"中国住宿分享的起步"的演讲时，开门见山地回应了各方对于途家获得 3 亿美元融资的关注。罗军半开玩笑地表示，在 3 亿美元融资的背后，他还有很多好消息"秘而不宣"。有何好消息还有待途家之后的对外公布，但其发展却是不容小觑的。

（六）尾声

途家的融资总共经历了六轮，除了天使轮，从 2012 年 5 月的 A 轮融资，到 2013 年 2 月的 B 轮融资，再到 2014 年 6 月的 C 轮融资以及 2015 年 8 月的 D 轮及 D+轮融资，最后到 2017 年 10 月的 E 轮融资，中间还有 2016 年 10 月的并购，途家的发展都是顺风顺水，尤其在 D 轮及 D+轮融资完成后，途家正式进入代表"独角兽"互联网公司的 10 亿美元俱乐部，步入新的发展阶段。

而 E 轮融资，是途家线上线下业务拆分后的首轮独立融资，进一步夯实了途家这只"独角兽"在互联网公司 10 亿美元俱乐部的地位，尤其线上平台的融资，使其在交易量、活跃用户等核心指标上得到了提高，优化了资源配置，提高了资源的使用效率。

如今短租市场的发展势头正猛，资本市场对途家的不断加码，以及途家对线上线下市场的一系列动作，都在助推短租市场的发展，非标住宿市场这一轮洗牌会是精彩的开始。让我们拭目以待途家这只"独角兽"未来的发展！

【思考题】

（1）在本案例中，途家经历了几轮融资？如何区分这些融资？

（2）融资有许多种模式，如天使基金、VC、PE、IPO 等，在本案例中，它们分别与哪轮融资对应，有什么区别？

（3）什么是领投？什么是跟投？它们有什么联系与区别？"领投＋跟投"模式有什么优点？途家各轮融资中的领投方、跟投方分别有哪些？

（4）途家的线上线下拆分是什么形式？线上线下分别拆分成了什么模式，有什么特点？对上市有什么影响和意义？

二 案例分析

本案例以途家六轮融资历程与所融资金流向以及企业发展这一典型融资成功案例为对象，分析短租市场融资以及我国其他企业融资的相关问题，以供借鉴。

具体目标分为以下几点：

（1）了解短租市场相关背景资料，分析途家所处地位。

（2）了解股权置换，分析携程作为领投者对途家的作用。

（3）了解途家发展的战略手段，分析其在 E 轮融资里的含义。

（一）理论依据

（1）A、B、C 等不同轮次的融资。

（2）融资方式，如天使基金、VC、PE、IPO 等。

(3) 领投、跟投。

(4) 途家线上线下业务拆分。

(二) 分析思路

(1) 途家在2011年成立后，公司的资金来源主要是私募，了解私募过程中的资金来源途径。

(2) 了解途家不同轮次融资的特点，进行对比，进而区分开来。

(3) 结合途家融资过程中的投资方以及各轮次的融资数额，分析融资当中的领投者和跟投者，对领投和跟投作出区别，了解领投+跟投模式的优点。

(4) 了解线上线下业务拆分的含义，对线上线下业务拆分作出分析，在此基础上分析拆分后途家的发展。

(三) 具体分析

1. 途家经历了几轮融资？如何区分这些融资

途家采用了私募股权投资的方式来筹集资金。途家自成立起经历了六轮融资，分别是天使轮、A轮、B轮、C轮、D及D+轮、E轮融资；其中A轮按照前期和后期，分为Pre-A轮和A轮。而这些不同轮次的融资按照规模，分为天使投资、风险投资（VC）、私募投资（PE）和IPO阶段等（见图6-1）。

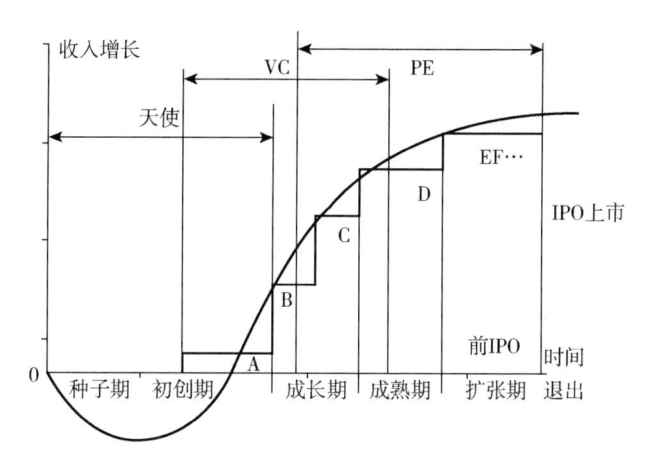

图6-1 不同轮次融资的对应关系

(1) 天使轮融资

天使轮融资通常针对初创企业,涉及资金数目较小,很多初创企业把天使轮融资作为创业启动资金。如果把企业比作一颗种子,天使投资就相当于为其浇水施肥,使种子发芽并渐渐长大。

天使轮融资即为途家的初始资金,主要由携程提供战略合作和支持。

(2) A 轮融资

当企业发展到一定规模并产生影响力后,开始进行继天使轮融资后的 A 轮融资,使企业继续发展壮大。A 轮融资涉及资金数目更大,有些企业会根据实际情况分为前后两期融资。这时,第一期融资为 Pre-A 轮,第二期为 A 轮。

途家在 A 轮融资中,选了四家公司作为融资者,分别是携程、光速创投、HomeAway、鼎晖创投,也是因为该轮融资,途家的业务得到了拓展。

(3) B 轮融资

企业 A 轮融资成功并获得了更大的发展空间,规模和影响力都再次产生突破后,需要更多资金来满足未来发展需要,这时开始进行下一轮融资,即 B 轮融资。企业若将此次融资分为两期进行,同样也分为 Pre-B 轮和 B 轮。

途家在该轮融资中也只选择了一期,但是与 A 轮不同的是,B 轮融资引入了纪源资本、宽带资本和启明创投三家新的投资人,A、B 两轮的融资金额达 4 亿美元。

(4) C 轮融资

据统计,大约只有 10% 的公司能够拿到 C 轮融资,业内称为"C 轮死"。拿到 C 轮融资的企业,通常通过了残酷的市场竞争,有足够的市场占有率和竞争力,此时的融资数量通常都比较大。

在该轮融资时,途家的发展已经有了一定的基础,业务、公司管理等方面也在不断发展,C 轮融资依旧面向不同的投资者进行融资,而且 C 轮的单轮融资额达到了 1 亿美元。

(5) C 轮融资后(D 轮及 D+轮、E 轮)

进行 C 轮融资后,如需更多资金支持未来发展,融资仍要继续,也许会产生 D 轮、E 轮、F 轮甚至更多轮融资。直至公司进入成熟稳定期,完成 IPO 上市或被并购。

途家在 C 轮融资之后，公司进入快速发展阶段，D 轮及 D+轮、E 轮的单轮融资达 3 亿美元，融资额大幅增加，且在这两轮融资中，由于单轮融资额的增加，途家的估值大幅提高，公司的发展也进入扩张期。

此外，在天使轮融资之前，有时还有种子轮融资。种子轮融资时创业者只有一个概念，项目方向还不清晰。

2. 融资有许多种模式，如天使基金、VC、PE、IPO 等，在本案例中，它们分别与哪轮融资对应，有什么区别

（1）天使基金

天使基金即天使投资，是指富有的个人出资协助具有专门技术或独特概念的原创项目或小型初创企业，进行一次性的前期投资。它是风险投资的一种形式。

天使投资人通常是创业企业家的朋友、亲戚或商业伙伴，由于他们对该企业家的能力和创意深信不疑，因而愿意在业务远未开展之前就向该企业家投入大笔资金，一笔典型的天使投资往往只是几十万美元，是风险资本家随后可能投入资金的零头。在本案例中，途家的天使投资者是携程。

通常 10—20 倍的回报才足够吸引天使投资人。这是因为，他们决定投资时，往往在一个行业同时投资 10 个项目，最终只有一两个项目可能获得成功，只有用这种方式，天使投资人才能分担风险。其特征如下：

第一，天使投资的金额一般较小，而且是一次性投入，它对风险企业的审查也并不严格。它更多的是基于投资人的主观判断或者是由个人的好恶所决定的。通常天使投资是由一个人投资，并且是见好就收，是个体或者小型的商业行为。

第二，很多天使投资人本身是企业家，了解创业者面对的难处。天使投资人是起步公司的最佳融资对象。

第三，他们不一定是百万富翁或高收入人士。天使投资人可能是您的邻居、家庭成员、朋友、公司伙伴、供货商或任何愿意投资公司的人士。

第四，天使投资人不但可以带来资金，同时也带来联系网络。如果他

们是知名人士,也可提高公司的信誉。

天使投资往往是一种参与性投资,也被称为增值型投资。投资后,天使投资人往往积极参与被投资企业的战略决策和战略设计;为被投资企业提供咨询服务;帮助被投资企业招聘管理人员;协助公关;设计推出渠道和组织企业推出;等等。然而,不同的天使投资人对投资后管理的态度不同。一些天使投资人积极参与投资后管理,而另一些天使投资人则不然。

(2) 风险投资(VC)

风险投资是把资本投向蕴藏着失败风险的高新技术及其产品的研究开发领域,旨在促使高新技术成果尽快商品化、产业化,以取得高资本收益的一种投资过程。

风险投资有以下特征:

第一,投资对象多为处于创业期的中小型企业,而且多为高新技术企业。

第二,投资期限3—5年以上,投资方式一般为股权投资,通常占被投资企业的30%左右股权,不要求控股权,也不需要任何担保或抵押。

第三,投资决策建立在高度专业化和程序化的基础之上。

第四,风险投资人一般积极参与被投资企业的经营管理,提供增值服务;风险投资人一般也对被投资企业以后各发展阶段的融资需求予以满足。

第五,由于投资目的是追求超额回报,当被投资企业增值后,风险投资人会通过上市、收购兼并或其他股权转让方式撤出资本,实现增值。

途家在成立一年后,就获得了VC,即A轮融资,相继的还有B轮、C轮和D轮,因为在这四轮融资中,途家还处于创业期,且融资对象皆是股权投资,投资人和途家所发展的业务有紧密的联系,投资的年限和规模也在逐渐加大。

(3) 私募股权投资(PE)

私募股权投资,是通过私募形式募集资金,对私有企业非上市企业进行的权益性投资,从而推动非上市企业价值增长,最终通过上市、并购、管理层回购、股权置换等方式出售持股套现退出的一种投资行为。

途家的PE相对应为D+轮和E轮,正是在这两轮融资中,途家的估值快速提高,D+轮结束后为10亿美元的估值,E轮后达到了15亿美元的估值,在这两轮融资中,途家这家非上市公司的企业价值增长,尤其在E轮融资之后有上市的迹象。

(4) 首次公开募股(IPO)

首次公开募股,是指一家企业或公司第一次将它的股份向公众出售。也就是我们经常说的公司上市。

在本案例中,途家并没有进行 IPO,因为它还没有上市,没有向公众出售股份。

3. 什么是领投?什么是跟投?它们有什么联系与区别?"领投+跟投"模式有什么优点?途家各轮融资中的领投方、跟投方分别有哪些

(1) 领投

领投是熟悉股权投资领域,经验丰富,能协助项目方进行投后管理的符合相关法律法规的专业机构投资者或个人投资者。由于领投能运用其知识和素养对项目进行专业分析,很大程度上降低了其他投资者投资的专业门槛。这意味着跟投哪怕不具备那么多的专业知识和判断力,只要选对领投,也能获得较好的投资收益。

(2) 跟投

跟投是指具有合格投资者认证,通过出资投资创业公司,获得未来收益,但并不对投资项目承担管理义务的投资人。跟投不直接对项目拥有管理权,但可对创业项目提供必要的资源支持。一般来说,普通投资者即跟投。

(3) 领投和跟投的联系

领投就是在投资的有限合伙企业里担任普通合伙人的投资者,跟投就是有限合伙人。普通合伙人要承担责任、履行义务,对创业企业进行尽职调查和投资谈判,确定投资条款、拟定投资协议并参与创业企业的管理工作,是本轮投资的代表,行使本轮投资的监督与投后管理职责;跟投的有限合伙人严格意义上是财务投资,但是享有投资标的知情权,同时通过领投反馈对投资标的的意见、建议和资源对接。

(4) 领投和跟投的区别

领投与跟投的区别如表 6-1 所示。

表 6-1　　　　　　　　　　领投和跟投的区别

	领投	跟投
申请条件	1. 领投必须是符合我国法律法规的相关规定的专业机构投资者或者专业个人投资者； 2. 领投熟悉股权投资领域，经验丰富，能协助项目方进行投后管理	1. 跟投是经审核的合格投资者； 2. 跟投对众投项目的内容和存在风险有清楚的认识
规则	1. 一般一个众投项目只有一个领投方，领投人认投项目须经平台和项目方确认后方可有效； 2. 领投方对单个项目领投最低额度有硬性要求	1. 一个众投项目可以有多个跟投人； 2. 投资额度只需满足认购起点
优点	1. 领投代表跟投人对项目进行投后管理，出席项目方的董事会； 2. 项目退出时领投获得收益的额外分成	1. 跟投只出资，投前、投后、退出的相关程序均由领投牵头办理，跟投方只需配合即可； 2. 由经验丰富的专业投资者作为领投参与项目，使投资风险更可控

（5）"领投+跟投"模式的优点

"领投+跟投"模式是指一个股权投融资项目由项目所在领域有相对丰富经验的投资人作为领投，带领多名跟投一同对企业进行投资的投资模式。领投参与项目尽调、风险把控、项目管理和项目退出等环节，使投资风险更可控；跟投只出资，不参与公司运营管理；领投定期向跟投披露项目方的运营状况；投前、投后、退出的相关程序均由领投牵头办理，跟投只需配合即可。"领投+跟投"模式优点有以下几方面。

第一，对于跟投来说，股权众筹采取"领投+跟投"模式，可以让跟投参与领投组织的联合投资体。跟投在每个投资项目中只需要投资一小笔资金，就可以借助联合投资体，充分利用领投在挑选投资项目和投后管理上的丰富经验。

第二，对于领投来说，则可以通过这种方式撬动众多跟投的资金，还能额外获得投资收益的分成。通常情况下，领投通过联合投资模式可以撬动的资金，是他自己投入资金的5—10倍。这使领投得以参与投资和领投更多的项目，包括参与那些投资门槛较高的项目。此外，领投汇集更多的资金去投资，也有利于领投代表所有投资人在投资项目中争取更多的权利。除此之外，通过联合投资，领投还可以借机融入跟投的社会关系，这些社会关系将为领投及其投资项目带来更多的附加价值。

第三，"领投+跟投"模式对创业企业也有好处。创业企业不需要一一面对每个跟投，不会陷入投资人众多的纠缠和麻烦中去。它只需要面对一个领投，就可以获得超出领投投资金额5—10倍的投资额，还能获得跟投在社会关系上对企业的帮助。

（6）途家各轮融资中的领投方和跟投方

2012年5月16日，上线仅5个月的途家网宣布首轮融资已完成，A轮的领投方为光速创投，跟投方为鼎晖资本、携程以及全球度假公寓行业巨头HomeAway。

2013年2月16日，途家完成B轮融资，融资方主要来自纪源资本、光速创投、鼎晖投资、启明创投和宽带资本，以及携程和全球度假公寓行业巨头HomeAway。未透露具体领投方、跟投方。

2014年6月18日，度假租赁平台途家网宣布已完成1亿美元C轮融资。此次途家网C轮融资有超过100多家投资机构共同投资，前两轮的7家投资机构，包括纪源资本、光速安振、鼎晖投资、启明创投和宽带资本，以及携程、HomeAway均跟进投资。未透露具体领投方、跟投方。

2015年8月3日，途家已完成D轮及D+轮融资，融资3亿美元，此轮投资由全明星投资基金领投，全球知名公寓管理公司雅诗阁及之前的投资方等跟投。

2017年10月10日，罗军宣布途家线上平台顺利完成E轮融资，融资额达3亿美元，此轮投资由携程与全明星投资基金领投，华兴新经济基金、Glade Brook资本、高街资本跟投。

4. 途家的线上线下业务拆分是什么形式？线上线下业务分别拆分成了什么模式，有什么特点？对上市有什么影响和意义

途家宣布并购携程、去哪儿旗下公寓及民宿业务后，由后两者为途家导入库存、流量等，途家同时加速完善产业链服务并开展线上平台和线下业务分拆，途家同时开启了第二个五年计划。

（1）如何拆分

途家拆分为"线上"和"线下"业务，成立"一大机构、两大运营

公司"。两大运营公司之一是新成立的平台运营公司,致力于打造用户喜爱的公寓民宿交易及分享平台,由罗军本人兼任 CEO,去哪儿前高级副总裁兼大住宿事业部副总经理杨昌乐为平台运营公司 COO。

另一个新成立的则是线下运营公司,致力于打造中国最大的分散式不动产运营及管理平台,同样由罗军兼任线下运营公司 CEO,原舍野精品酒店投资管理公司创始人丁小亮出任总裁一职。

一大机构则是新成立的途家控股管理机构,将负责集团未来的战略规划、资本运作、资源统筹及经营协同,为各业务板块提供服务与支持,原途家高级副总裁庄海出任控股管理机构总裁,向罗军汇报。

(2)拆分的意义

通过此次调整与布局,途家将加速组织结构模块化及人才机制建设,进一步提升快速晋升、淘汰、选拔、培养等进程,吸引更多行业人才,并培养更多有激情、有潜力的内部年轻人才。

线上线下业务拆分最重要的是,两个业务板块各自有不同的路径安排,线上的融资就高达 3 亿美元,两个业务板块的分开可以为途家的融资带来机遇。而且,途家线上部分仍是 VIE 结构,拿的是美元基金;线下部分拿的是人民币基金。两个业务板块的模式不同,以后所要上市的地点也是不同的,线上部分会选择美国资本市场,而线下部分会选择国内的 IPO。

两家公司已经相互独立,彼此关联不大。线上线下的拆分除了对库存、流量等进行合理安排、高效利用,更多的是为途家之后的上市做准备。

(3)什么是 VIE 结构

VIE 结构,即可变利益实体(Variable Interest Entities,VIEs),也称为"协议控制",即不通过股权控制实际运营公司而是通过签订各种协议的方式实现对实际运营公司的控制及财务的合并。

VIE 架构现在主要被运用于中国企业海外上市、融资以及外国投资者规避对外资产业准入限制的情况下。VIE 架构存在已久,但是其一直处于一个"灰色"地带,虽然在一些部门规章中已经有一些关于 VIE 架构相关内容的规定,但是现行有效的中国法律并未对 VIE 架构定性。

通俗来讲,VIE 架构实际上是拟上市公司为了实现在海外上市,在国外设立一个平行的离岸公司作为未来上市或融资的主体,其股权结构反映了拟上市公司真实的股权结构,而国内的拟上市公司本身则并不一定反映这一股权架构。然后,这个离岸公司经过一系列眼花缭乱的投资活动,最终在国内落地为一家外商投资企业(WFOE),WFOE 与拟上市公司签订一系列的协议,并把自己利润的大部分输送给 WFOE,这样最顶层的离岸公司就成了拟上市公司的影子公司,就可以此去登陆国外资本市场,即相当于红筹架构里的造壳上市。

(4)什么是 IPO

IPO 即首次公开募股,指一家股份有限公司第一次将它的股份向公众出售。

海外 IPO,即直接以国内公司的名义向境外证券主管部门申请发行股票(或其他衍生金融工具),向当地证券交易所申请挂牌上市交易,即通常说的 N 股、S 股等。

直接上市方式路径安全、相对简单,其优点是可以直接进入外国资本市场,节省信息传递成本,企业可以获得大量的外汇资金和较高的国际知名度。但是,直接上市面临的境内外法律不同,同时对公司的管理、股票发行和交易的要求也不同。更为重要的是,海外直接上市财务门槛较高。无疑将众多民营企业尤其是高新技术类、互联网类企业排除在大门之外。因此,这一模式主要适用于大型国有企业。

造壳上市是间接上市的一种,间接上市又称为红筹模式。造壳上市是指境内公司将境内资产以换股等形式转移至在境外注册的公司,通过境外公司来持有境内资产或股权,然后以境外注册的公司名义上市。造壳上市的主要特点是融资来源和退出机制都在境外实现,即"海外曲线 IPO"。造壳上市模式下,私人股权投资基金对中国的投资和退出,都将发生在管制宽松的离岸。

造壳上市是海外红筹上市方式中最具可操作性的。这种方式可以使国内企业构造出比较满意的壳公司,并且可以减少支付给壳公司的成本和降低收购失败的风险,上市环节的费用相对较低。与此同时,又可以避开海外直接 IPO 上市中遇到的问题。

由于直接 IPO 财务门槛高,因此,红筹模式中的造壳上市方式成为首选,尤其是民营企业上市潮的出现,使造壳模式成为 2006 年以前中国企业海外上市的通行模式。

(四) 关键要点

(1) 关键点:本案例结合短租市场、分享经济等相关理论,对融资方式进行了分析,通过本案例的学习,可以了解途家发展的特点,以及如何区分融资的不同轮次。

(2) 关键知识点:本案例所涉及的知识点主要包括融资的概念、特点、类型、模式,以及 VC、PE、IPO 的区分。

(3) 能力点:分析与综合能力、理论联系实际的能力。

【参考文献】

郭朝飞:《从不被认可到成为"独角兽",罗军却说途家的成长期尚未到来》,中国企业家网,2016 年 8 月 25 日,http://www.iceo.com.cn/,2019 年 2 月 4 日。

李姚矿、姚倩、江竹青:《我国天使投资运作模式的探索》,《合肥工业大学学报》(社会科学版) 2011 年第 2 期。

李曜、张子炜:《私募股权、天使资本对创业板市场 IPO 抑价的不同影响》,《财经研究》2011 年第 8 期。

裴秋亚、王峥:《欧洲发展天使投资网络的经验与启示》,《科技管理研究》2019 年第 12 期。

乔芊:《途家完成 3 亿美元 E 轮融资,大股东携程再增持》,36 氪网,2017 年 10 月 10 日。

谈毅、陆海天、高大胜:《风险投资参与对中小企业板上市公司的影响》,《证券市场导报》2009 年第 5 期。

汪洋:《产业结构、文化因素与我国风险投资"保险化"》,《上海财经大学学报》2013 年第 4 期。

王佳妮、刘曼红:《天使投资的行为、组织与政策研究综述》,《经济问题探索》2014 年第 11 期。

王魏:《私募股权投资对创业板 IPO 定价效率影响的实证研究》,硕士学位论文,兰州大学,2016 年。

武亮:《共享经济下短租商业模式创新策略研究——基于途家短租模式的分析》,《价格理论与实践》2019 年第 1 期。

徐燕、戴菲:《分享经济下在线短租商业模式画布创新研究——基于小猪短租商业模式与途家短租比较分析》，《价格理论与实践》2019年第6期。

颜卉、敦帅、尹学锋：《分享经济：开启服务场景与用户体验新时代——以Airbnb、途家、小猪短租为例》，《清华管理评论》2018年第9期。

燕志雄、张敬卫、费方域：《代理问题、风险基金性质与中小高科技企业融资》，《经济研究》2016年第9期。

案例7 英雄互娱和华谊的19亿元豪赌

一 案例介绍

中国手游集团2014财年第一季度财报显示，净营业收入为2.147亿元（约合3450万美元），环比增长46.7%，同比增长488.2%。[①] 但2014年6月19日中国手游集团发布内部通告，免去集团总裁应书岭等9人的职务，自发文之日起，停止以上人员在中国手游集团的所有工作，并于发文之日三天内完成全部工作及办公用品的移交。交接完毕后，待集团另行安排通知方可到公司工作。

财务业绩不错，高管集体却换将，这应书岭何许人？

（一）其人其事

1. 名校辍学

应书岭，1981年6月16日生于中国上海，国内手游发行业先导者、2014—2016年中国杯帆船赛分组总冠军Hero船队船长。

应书岭曾就读于上海华东师范大学地理系，经历了三个月的大学生涯后选择退学创业，赚得第一桶金。后就职于渣打银行从事投资，成为渣打银行金牌销售，后加入CMGE中国手游担任集团总裁。2013年，中国手游任命应书岭为集团总裁。

[①] 资料来源：同花顺。本案例中华谊兄弟、英雄互娱财务数据也来源于此。

2. 移动电竞之父

2014年，世界电子竞技大赛（World Cyber Games，WCG）停办，PC端电子竞技大赛落幕，移动电子竞技崛起，全球游戏竞赛及文化活动组织AGN与全球移动游戏联盟（Global Mobile Game Confederation，GMGC）联合创办全球电子竞技大赛（World e-Sports Championship Games，WECG）。应书岭首次提出"移动电竞"概念，奠定了整个移动电竞发展的趋势，被业内称为"移动电竞之父"。

（二）自主创业

1. 移动电竞第一股

离开中国手游集团后，2015年6月16日应书岭在全国中小企业股份转让系统（新三板）借北京塞尔瑟斯仪表科技股份有限公司（以下简称"塞尔瑟斯"）发布公告，成立北京英雄互娱科技股份有限公司（以下简称"英雄互娱"），英雄互娱借壳塞尔瑟斯在新三板成功上市，这是应书岭在辞任中国手游集团首席运营官（COO）之后创立的手游公司。

红杉资本、真格基金这两家国内风险投资基金（VC）以及由华兴资本发起的基金华晟资本联合领投英雄互娱。其中红杉资本全球执行合伙人沈南鹏、华兴资本创始人包凡、真格基金创始人徐小平分别进入英雄互娱董事会和监事会。彼时，英雄互娱估值已达200亿元。

黄胜利、吴旦分别出任英雄互娱的首席财务官（CFO）和首席信息官（CIO），与应书岭共同创业。黄胜利为华兴资本前董事、总经理，在互联网和新媒体行业有丰富的创业和管理经验，曾成功帮助滴滴打车、京东、陌陌、昆仑万维等公司募集超过8亿美元的私募融资，并主导第七大道、银汉科技等资产重组。CIO吴旦曾任真格基金副总裁，代表真格基金投资了《影之刃》《超级英雄》《全民枪战》《MT外传》等游戏，包括苹果iPhone6发布会上推荐的手机游戏《虚荣》。

此外，监事王信文则是莉莉丝游戏创始人，主导了《刀塔传奇》的开发。杜鑫歆和王昆都为跟随应书岭多年的业务线高管，分别负责英雄互娱北京和上海的研运中心。

2. 经营有道

2015年7月24日，应书岭坚持公司"研运一体"战略，以9.6亿元买入明星产品全球首款 FPS 电竞手游《全民枪战》及全球首款音舞类手游《一起来跳舞》，并以发行股份及现金交易的方式支付转让价款，这两款产品正是后来英雄互娱的主力产品。以此为契机，英雄互娱开始发力多款移动电竞手游的研运。

2015 年 9 月 11 日，应书岭将组织运营了一年多的移动电竞线上赛事"英雄联赛"开展到线下，开打全中国历史上第一个线下移动电竞赛事——"HPL—英雄联赛"北京站。

2015 年 10 月，英雄互娱携 16 家游戏公司宣布成立"中国移动电竞联盟"，王思聪担任第一届联盟轮值主席，昆仑万维、完美世界、巨人网络、莉莉丝以及奇虎 360、百度、小米、UC、熊猫 TV 等参与，这显然是除腾讯、网易之外行业的最强联盟。

2015 年前三季度，英雄互娱实现归属于挂牌公司股东的净利润约 3.69 亿元。

（三）豪华对赌

2015 年 11 月 19 日，知名综合性民营娱乐集团华谊兄弟公告，华谊兄弟拟向英雄互娱投资 19 亿元，认购其新增股份的 2772 万股，投资完成后华谊兄弟将持有其 20% 的股份，成为英雄互娱第二大股东。对于这家成立于 2015 年 6 月 16 日还不足半年的游戏公司来说，究竟是什么让它吸引了华谊兄弟？

1. 华谊兄弟

华谊兄弟由王中军、王中磊兄弟在 1994 年创立，1998 年投资冯小刚导演的影片《没完没了》、姜文导演的影片《鬼子来了》正式进入电影行业。后因每年投资冯小刚的贺岁片而声名鹊起，不久便全面进入传媒产业，投资及运营电影、电视剧、艺人经纪、唱片、娱乐营销等领域，在这些领域都取得了不错的成绩，并且在 2005 年成立华谊兄弟传媒集团。2009 年 9 月 27 日，证监会创业板发行审核委员会公告，华谊兄弟（首发）获得通过，这意味着华谊兄弟成为首家获准公开发行股票的娱乐公司，也迈出了其境内上市至关重要的一步。

过去二十多年，华谊兄弟无疑是中国影视业的龙头老大，公司与冯小刚、成龙、徐克等华语市场最具号召力和专业实力的成熟导演建立稳定合作。作为民营电影公司，华谊兄弟不但创造了多个票房奇迹，也多次获得国际、国内各大电影奖项，先后推出了百余部深受观众喜爱的优秀电影作品，其中包括曾领先国内票房的《画皮2》《十二生肖》《西游降魔篇》《老炮儿》等。

华谊兄弟投资及运营三大业务板块：以电影、电视剧、艺人经纪等业务为代表的影视娱乐板块；以电影公社、文化城、主题公园等业务为代表的品牌授权与实景娱乐板块；以游戏、新媒体、粉丝社区等业务为代表的互联网娱乐板块。2014年，阿里巴巴、腾讯公司、中国平安宣布入股华谊兄弟，成为华谊兄弟突破行业边界限制的强大后盾。

2. 业绩下滑

2014年，华谊兄弟让出票房冠军宝座。在2014年年报中，华谊兄弟的电影、电视剧、艺人经纪三项业务全线下滑，电影业务更是下滑68.67%。尽管华谊兄弟在2014年净利润为11.79亿元，较上年同期增长63.22%，归属于上市公司股东的净利润为8.97亿元，较上年同期增长51.93%，但其电影及衍生业务收入仅为12.01亿元，较上年同期下降38.87%。华谊兄弟在电影方面的这份成绩单明显与2014年中国电影市场大爆发的整体背景不符，也与2012年和2013年华谊兄弟的电影票房收入不符。

3. 开辟新路

2010年华谊兄弟入股掌趣科技成为其第二大股东，2012年掌趣科技上市后为华谊兄弟带来不菲回报，但是该笔投资并不成功。2013年五六月华谊兄弟先后多次减持之前持有的掌趣科技的股份，累计套现3.78亿元之多。之后华谊兄弟合并手游领域内市场占有率仅次于腾讯的银汉科技，并结合自身优势娱乐资源助推其手游新作上市推广，以银汉科技为代表的手游业务已成为华谊兄弟新的业绩增长点。随着华谊兄弟在游戏领域的投资增加，游戏对华谊兄弟的业绩贡献率不断上升。

4. 对赌承诺

自本次增资完成之日起至2018年12月31日止，2016年度承诺的业绩为目标公司当年经审计的税后净利润不低于5亿元；自2017年度起，每个年度的业绩为在上一个年度承诺的净利润目标基础上增长20%。若未能完成年度的业绩目标，则实际控制方按协议的约定向投资方进行补偿。本次增资完成后，投资方有权向目标公司委派董事 1 人。根据协议的约定，投资方享有回购权、反稀释权、最优惠条款等相关权利。（《上海证券报》2015 年 12 月 17 日）

自投资之日起至持有目标公司股权比例低于 5% 之日期间，华谊兄弟享有以下权利：目标公司应将其开发或经营的任何一款电竞类游戏产品改编成电影、电视剧、网络剧或其他舞台艺术作品等，依照市场公允价格在同等条件下优先授权或转让给公司享有；如子公司在其实景娱乐项目中开发电竞类游戏产品的，则目标公司同意安排华谊兄弟子公司，在同等条件下优先与目标公司依照市场公允价值进行合作。（《上海证券报》2015 年 12 月 17 日）

（四）运筹帷幄

签订对赌协议后，英雄互娱开始不断发力。

产品运营方面，英雄互娱展现稳定的长线运营能力。以运营两年的《全民枪战》系列、《一起来跳舞》为例，《一起来跳舞》与迪士尼互娱、旺旺集团、春秋航空、DQ 等知名企业展开跨界合作，由华谊兄弟旗下艺人魏晨代言，拥有注册用户 8000 万人；全球首款 FPS 移动电竞手游《全民枪战》系列自上线以来，多次占据各大下载、畅销榜单首位。英雄互娱的长线运营能力有效延长了游戏的生命周期，在产品上线超过 20 个月后仍保持着稳健增长的高流水收入和玩家活跃度，确保企业营业收入稳步提升。

赛事方面，英雄互娱发起成立的移动电竞赛事英雄联赛（HPL），是全球第一个开打的移动电竞赛事，也是第一个开打移动电竞职业联赛的赛事，已成功运营两年，赛事注册用户达 4 亿人。

渠道方面，英雄互娱在移动游戏研发与运营过程中，一直重视与国内外重要游戏平台之间的合作，与 App Store、硬核联盟、应用宝、阿里游戏、百度游戏、360 游戏、小米互娱等均建立了良好的合作关系，并通过这些平台为玩家提供游戏下载、升级、充值等服务。目前与英雄互娱合作的移动游戏渠道超过 200 家。

国际化方面，2016 年英雄互娱全面发挥海外发行领域的优势，同时拓宽移动电竞游戏品类布局。目前，英雄互娱在港澳台及东南亚地区已收获注册用户 7000 万人，每日活跃用户达 400 万人。

（五）一波三折

2016 年 3 月，英雄互娱举办的英雄联赛（HPL）赛季全球总决赛在上海开战，据报道现场座无虚席，线上全平台的观看人数超过 500 万人，创下移动电竞赛事的直播观看史。全球众多队伍角逐四项比赛项目冠军，冠军奖金为 10 千克黄金。官方称此场赛事耗费将近 4000 万元。HPL 总决赛的现场，英雄互娱又发布了《巅峰战舰》《装甲联盟》《影之刃 2》等多款实力移动电竞手游产品。

2016 年 6 月，英雄互娱以发行股份及支付现金的方式，收购深圳市中国手游集团网络科技有限公司及深圳市豆悦网络科技有限公司持有的深圳市奇乐无限软件开发有限公司 100% 的股权。在英雄互娱经过多次收购之后，市场给予英雄互娱的估值甚至达到了 200 亿元。

2016 年 11 月，游戏《影之刃 2》上线，获得苹果全品类推荐。

2016 年 11 月 30 日至 12 月 3 日，由英雄互娱和英雄体育主办的 2016HPL 全球总决赛 H2 在深圳罗湖体育馆举行，来自 15 个国家和地区的 28 支战队参加了比赛，产生了《全民枪战 2》《一起来跳舞》《巅峰战舰》《弹弹岛 2》共 4 个比赛项目的冠军。本次总决赛覆盖 30 多家国内外直播平台和视频网站，总决赛单日在线同时观看人数（PCU）突破 700 万人，总观看累计达 5000 万人次。

2017 年 3 月 23 日，英雄互娱发布了其 2016 年年度报告，报告显示：英雄互娱 2016 年营业收入约 9.36 亿元；归属挂牌公司股东净利润约 5.32 亿元，顺利完成了对赌协议中 2016 年达到 5 亿元净利润的目标。

2017 年英雄互娱实现营业收入 10.36 亿元，较上年同期增长 10.65%；营业利润 10.74 亿元，较上年同期增长 90.32%；利润总额 10.52 亿元，较上年同期增长 85.61%；归属于挂牌公司股东的净利润 9.11 亿元，较上年同期增长 71.25%；归属于挂牌公司股东的扣除非经常性损益的净利润 4.06 亿元，较上年同期减少 23.57%。

2018 年 4 月 17 日，英雄互娱召开第三届董事会第四次会议，审议通过《关于出售公司子公司天津量子体育管理有限公司部分股权的议案》，对出售资产进行了补充审议，该信息于 2018 年 4 月 18 日在《英雄互娱科技股份有限公司第三届董事会第四次会议决议公告》（公告编号 2018—025）中披露。英雄互娱因未及时对上述出售资产进行披露，给予补发《英雄互娱科技股份有限公司出售子公司部分股权的公告》（2018—032），并对出售资产未及时审议及披露给投资者带来的不便深表歉意。

事后显示，应书岭是在 2017 年 12 月 28 日，即距离年报基准日仅有 3 天的时间点，向延安英雄互联网文娱基金投资合伙企业（英雄互娱自己的关联公司，2017 年 8 月 18 日英雄互娱以 2 亿元入股 20%）转让了 14.35% 的天津量子体育管理有限公司的股份。但是天津量子体育管理有限公司的评估价值为 12.25 亿元，对应 14.35% 股份的评估价值为 1.76 亿元，而实际交易价格为 5.27 亿元。（《证券日报》2018 年 5 月 21 日）

2018 年，英雄互娱逐渐在海外市场上发力，陆续在全球上线和发行了包括《新三国志》、《王牌战争：代号英雄》（海外版为 *Hopeless Land*）、《奇迹 MU：觉醒》以及《创造与魔法》在内的多款游戏产品，并分别取得了不错的成绩。

最终，2018 年英雄互娱全年营业收入为 11.92 亿元，增幅为 15.12%。利润方面，归属于挂牌公司股东的净利润为 7.28 亿元，下降 20.47%；归属于挂牌公司股东的扣除非经常性损益后的净利润为 3.53 亿元，下降了 11.92%。

【思考题】

（1）华谊兄弟通过对赌协议斥 19 亿元巨资收购英雄互娱 20% 的股份，那什么是对赌协议？为什么选择对赌协议？

（2）对一个企业进行资产评估的方法有哪些？为何华谊兄弟会以 795 倍高溢价收购英雄互娱 20% 的股份？

（3）签订这份对赌协议之后，英雄互娱和华谊兄弟面临的风险有哪些？

（4）结合其他对赌协议的案例，谈谈你对对赌协议的看法。

二 案例分析

对赌协议是一种带有附加条件的价值评估方式，是企业的一种融资安排。对赌协议本身并无恶意与善意之分,区别在于是更加维护投资方利益还是更加有利于企业。英雄互娱通过娴熟的资本运作手段快速借壳新三板上市,引来各资本巨头纷纷投资,其中最引人注目的便是其与华谊兄弟高达19亿元的对赌协议。

华谊兄弟是如何对当时刚刚成立不到半年的英雄互娱进行资产评估的?两家公司身处外界的流言蜚语的旋涡之中又应该如何进行风险预防?对赌协议本身争议重重,为对赌双方公司增添了诸多不确定性,从英雄互娱和华谊兄弟的对赌协议出发,结合以往的经典对赌案例,我们将会对对赌协议有一个客观的认识与判断。

(一) 理论依据

(1) 对赌理论。

(2) 价值评估理论。

(3) 战略决策理论。

(4) 风险控制理论。

(二) 分析思路

(1) 理解什么是对赌协议,以及投资者选择对赌协议的一般原因。

(2) 回顾各种不同资产评估方法,比较分析不同资产评估方法的差异及其原因,从而明白高溢价的由来。

(3) 学会用全面的、一分为二的方法思考问题,对赌有好的一面,但是也有不利的一面。合理利用对赌,非常重要。

(4) 对赌有成功的案例,也有失败的案例,结合上述分析思路,认识资本的逐利性和投资机构的逐利本质,客观看待对赌及其结果。

(三) 具体分析

1. 华谊兄弟通过对赌协议斥19亿元巨资收购英雄互娱20%的股份,那什么是对赌协议?为什么选择对赌协议

(1) 什么是对赌协议

"Valuation Adjustment Mechanism",简称VAM,直译意思是"估值调整机制",在中国被翻译为"对赌协议",很形象地体现本意,符合中国文化,一直沿用至今,故对赌协议与赌博无关。

通过条款的设计,对赌协议可以有效保护投资人利益。对赌协议就是

收购方（包括投资方）与出让方（包括融资方）在达成并购（或者融资）协议时，对于未来不确定的情况进行一种约定。如果约定的条件出现，融资方可以行使一种权利；如果约定的条件不出现，投资方则行使一种权利。所以，对赌协议实际上就是期权的一种形式。

（2）对赌协议的意义

对赌协议是投资协议的核心组成部分，是投资方衡量企业价值的计算方式和确保机制。对赌协议产生的根源在于企业未来盈利能力的不确定性，目的是尽可能地实现投资交易的合理和公平。它既是投资方利益的保护伞，又对融资方起着一定的激励作用。所以，对赌协议实际上是一种财务工具，是对企业估值的调整，是带有附加条件的价值评估方式。

但由于多方面的原因，对赌协议在我国资本市场还没有成为一种制度设置，也没有被经常采用。但在国际企业对国内企业的投资中，对赌协议已经被广泛采纳。

（3）对赌协议的主要条款

通常目标企业未来的业绩与上市时间是对赌的主要内容，与此相对应的对赌条款主要有估值调整条款、业绩补偿条款与股权回购条款。

估值调整，是指私募股权投资（PE）机构对目标企业投资时，往往按市盈率法估值，以固定市盈率值与目标企业当年预测利润的乘积，作为目标企业的最终估值，以此估值作为私募股权投资的定价基础；私募股权投资后，当年利润达不到约定的利润标准时，按照实际实现的利润对此前的估值进行调整，退还 PE 机构的投资或增加 PE 机构的持股份额。

例如，目标企业预测当年可实现利润 5000 万元，商定按投后 8 倍市盈率估值，则投资后目标企业整体估值为 4 亿元，PE 机构拟取得 10% 的股权，则需投资 4000 万元。投资后，目标企业当年实现利润为 3000 万元，按 8 倍市盈率估值，整体估值须调整为 2.4 亿元，PE 机构拟获得 10% 的股权，投资额就调整为 2400 万元，需调整的投资部分为 4000 - 2400 = 1600 万元。

业绩补偿，是指投资时目标企业或原有股东与 PE 机构就未来一段时间内目标企业的经营业绩进行约定，如目标企业未实现约定的业绩，则需按一定标准与方式对 PE 机构进行补偿。

股权回购（又称回购），是指投资时目标企业或原有股东与PE机构就目标企业未来发展的特定事项进行约定，当约定条件成熟时，PE机构有权要求目标企业或原有股东回购PE机构所持目标公司股权。

(4) 对赌协议的对象和工具

①对赌对象

由于私募投资的估值方法通常是以利润为指向的市盈率法，所以最为常见的对赌，就是选择利润指标为杠杆，按照利润指标的达成情况，对投资方或目标公司控制人（或管理层）予以股权调整或货币补偿。

但在投融资实践活动中，尤其是境外资本市场，对赌的对象和工具都非常宽泛，对赌对象主要包括以下几个方面。

a. 利润。由于基金投资的议价通常以利润的市盈率为标准，预期的利润就成了最为常见的对赌目标，一般是经具有证券从业资格的会计师事务所审计确认的税前利润。

b. 其他财务指标。除利润指标外，根据目标公司的具体情况，投资基金也会对目标公司的销售收入、利润率等其他财务指标予以要求，并根据实际达成情况调整投资条款。

c. 战略投资人的引进。在具体的私募项目中，投资人有时会要求目标公司完成新引进一定金额的战略投资作为两轮或其他后续投资的对赌条件（甚至会要求某一个或多个指定的战略投资人），否则会对投资条件加以调整。如果不调整投资条件的话，则不是对赌性质，而仅仅是先决条件。

d. 管理层的锁定。私募投资人也会对管理层的稳定性加以要求，除根据上市规则的一般性要求外，会对某一个或多个管理层的留任作出特殊要求，并将其作为调整投资条件的要件。

e. 生产指标。主要是对技术改造、专利权取得或高新技术企业认定等对于目标公司具有上市特殊意义的生产指标作出调整性约定，从而触发相应的投资条件调整。

f. 上市。这是一个本原的对赌对象，私募投资的终极目的就是上市，如果说其他对赌对象是过程性对赌工具，能否上市则是结果性对赌工具，私募投资人会提出一个时间节点，如果目标公司在该节点未能实现上市，则会触发退出条款和退出赔(补)偿。

g. 其他。针对目标公司的特殊性,投融资各方可以创造性设计各种合理的(可接受的即为合理的)对赌对象。

②对赌工具

对赌工具则主要包括以下几种。

a. 股权调整。即在约定条件未满足或满足时,对于当事各方的股权进行一定比例的调整,以体现对特定方的补偿。

b. 货币补偿。与前述股权补偿不同,直接根据约定的条件和约定的计算方法,给予特定方货币补偿。股权调整和货币补偿是对赌协议最为常见也是最为基本的对赌工具。

c. 可转换工具。主要包括可转换优先股和可转换债。可转换优先股是在优先股的基础上赋予投资人按事先确定的转换比例将优先股转换为普通股的选择权。转换之前的优先股在清偿顺序和收益分配顺序上先于普通股,投资人利益得到优先保护。但目前法律层面的优先股、可转换股这些准股权,仅在十部委的《创业投资企业管理暂行办法》中有所体现,缺乏普遍的可操作性,需要加以合法的变通和改造。

可转换债兼具债权和股权的双重性质,当目标公司符合约定条件时,投资人将债权转化为股权投资,债权出资目前已经有了明确的操作规程,为可转换债的实施铺平了制度道路。

d. 优先权。包括投资人的股东利润分配优先权和公司清算时的剩余财产分配优先权。

e. 股权回购。在约定条件未能满足时,投资人有权要求按照约定条件进行股权回购。

f. 投票权。在对赌条件实现之前或者实现之后,对投资人或者目标公司实际控制人的全部或部分投票权给予特别优待或限制。

g. 新股认购权及价格。符合约定条件时,投资人对于增发的新股具有约定的认购权,并提前锁定认购价格。

h. 公司治理席位。符合约定条件时,投资人将会对目标公司的董事、监事和其他高管加以调整,转变公司治理结构。

i. 反稀释条款。广义的反稀释包括增资(或股权转让)认购权,狭义的反稀释则是对投资时股权价值的保证，甚至有的反稀释还要求对投资人的持股比例给予静态保证。

增资认购权是结构性防摊薄条款，即在股权结构上防止股票价值被摊薄，保证风险投资人能够获得至少与其原有股权比例相应的新股，以使其在企业中的股份比例不致因新股发行而降低。这一情况也可能在发生股权转让时，投资人具有按比例优先购买的权利。

后续融资价格约定是对后续融资的反摊薄保护权，即按后期融资的最低价格转股或者按股份的加权平均价格转股，防止在后续融资过程中股票价值被摊薄。

j. 其他工具。对赌各方在具体的投资保障协议中还可以设计出其他直接或变相的对赌工具，例如其他有关公司控制权、股东权益的因素，甚至有的会约定将对目标公司进行拆分或者改变控制架构、体系安排以及股权的捆绑转让作为对赌工具。

（5）为什么选择对赌协议

一般来说，对赌协议就是双方企业在达成融资协议时，对于未来不确定的情况进行一种约定。如果约定的条件出现，投资人可以针对目标企业采取措施；如果约定的条件未出现，融资方获得高额投资。对赌协议是一把"双刃剑"，对投融资双方来讲，既是一种双赢的选择，又是一种风险和未知的挑战。华谊兄弟向来看好英雄互娱这个刚起步的游戏公司，为了激励其能够在游戏界发出光芒，只投资略显简单，增加一个对赌协议也是对英雄互娱的一大肯定。双赢是大家都希望看到的。

2. 对企业进行资产评估的方法有哪些？为何华谊兄弟会以795倍高溢价收购英雄互娱20%的股份

资产评估作为新兴的社会经济活动，在维护社会主义市场经济秩序、保障各类产权主体合法权益的过程中发挥了不可替代的作用。资产评估方法是实现评定估算资产价值的技术手段。资产评估方法可以分为成本法、收益法和市场法三种。了解资产评估方法及其内在联系，对于选择恰当的评估方法进行高效率的评估工作具有重要的意义。

（1）三种评估方法的基本含义

市场法是通过比较被评估资产与参照交易资产，根据参照交易资产的市场价格来衡量被评估资产的价格并进行调整。市场法的思路为，在资产市场中寻找被评估资产替代品的市场价格，然后比较被评估资产替代品与被评估资产的差异，将这些差异进行比较分析，比较出两种产品的优势与劣势，调整两者之间的差异，准确地评估出被评估资产的价值。市场法是以供求价值论为基础，以市场现行价格为依据确定资产价值的方法。市场法要求充分利用类似资产成交价格信息，并以此为基础判断和估测被评估资产的价值。因为任何一个正常的投资人在购置某项资产时，他所愿意支付的价格不会高于市场上具有相同用途的替代品的现行市价。因此，市场途径是资产评估中最为直接、最具说服力的评估途径之一。

收益法是通过估测被评估资产未来预期收益的现值来判断资产价值的各种评估方法的总称。效用价值论是收益法的理论基础，即收益决定资产的价值，收益越高，资产的价值越大。一个理智的投资人在购置或投资某一资产时，他所愿意支付或投资的货币数额不会高于他所购置或投资的资产在未来能给他带来的回报。资产的收益通常表现为一定时期内的收益流，而收益有时间价值，因此为了估算资产的现时价值，需要把未来一定时期内的收益折算为现值，这就是资产的评估值。收益法服从资产评估中将利求本的思路，即采用资本化和折现的途径及其方法来判断和估算资产价值。这种方法能真实和较准确地反映企业的价值，与投资决策相结合，易为买卖双方所接受。

成本法是从现时条件下被评估资产的重置成本中扣减各项价值损耗来确定资产价值的方法。生产费用价值论是成本法的理论基础，即资产的价值是由其在构建时的成本耗费所决定的。成本途径始终贯穿着一个重建或重置被评估资产的思路。如果投资对象并非全新，投资人所愿支付的价格会在投资对象全新购建成本的基础上扣除资产的实体有形损耗；如果被评估资产的功能和技术落后，投资人所愿支付的价格会在投资对象全新的购建成本的基础上扣除资产的功能性贬值；如果被评估资产及其产品面临市场困难和外力影响，则投资人所愿支付的价格会在投资对象全新的购建成本的基础上扣除资产的经济性贬损因素。成本法是站在购买者的角度进行评估的，这种建立在"等价交换"基础上的评估思路使成本法在评估实务中有较强的适用性和直观性。

（2）公式运用

运用市场法进行评估时可以采用的具体方法有直接比较法和类比调整法。

运用收益法进行评估时可以采用利润总额法、净利润法和现金净流量法。资产评估的具体技术方法本身没有属性，它们仅仅是一种技术工具，并不天然属于哪类资产评估基本方法，它们既可以服务于某一种资产评估基本方法，也可以服务于多种资产评估基本方法，即一种资产评估的具体技术方法既可以服务于市场法，也可以服务于收益法或成本法。具体方法的发展还会随着理论和实践工作的不断进步与深入而得到进一步发掘和总结。

运用成本法进行评估时，可以采用公式：

评估值＝重置成本－实体性贬值－功能性贬值－经济性贬值

也可依据条件的不同采用公式：

评估值＝重置成本×成新率

（3）运用方式

由于思路不同，获取经济技术参数的方法不同。在运用评估方法时首先要把握好其影响因素及先决条件。

①市场法运用

运用市场法评估资产价值时，具体做法是先进行公开市场调查，收集相同或类似资产的市场基本信息资料，寻找参照物，分析整理资料并验证其准确性，将被评估资产与参照物进行比较，分析调整差异，最后得出结论。在市场上如能找到与被评估资产完全相同的参照物，就可以把参照物价格直接作为被评估资产的评估价格。当然，更多的情况下获得的是相类似的参照物的价格，需要进行价格调整。参照物与评估对象的可比性是运用市场途径及其方法评估资产价值的重要前提。选取的具有可比性的资产及交易具体体现在以下几个方面：一是参照物与评估对象在功能上具有可比性，包括用途、性能上的相同或相似；二是参照物与被评估对象面临的市场条件具有可比性，包括市场供求关系、竞争状况和交易条件等；三是参照物成交时间与评估基准日间隔时间不能过长，应在一个适度的时间范围内。市场法是资产评估中最简单、最有效的方法，能够客观反映资产目前的市场情况，其评估的参数、指标直接从市场获得，评估值更能反映市场现实价格，评估结果易于被各方面理解和接受。但是，市场法需要以公开活跃的市场作为基础，有时因缺少可对比数据而难以应用。市场法最适用于在市场上交易活跃的资产的评估，如通用设备、房地产等，不适用于专用机器设备、大部分的无形资产，以及受地区、环境等严格限制的一些资产的评估。

②收益法运用

运用收益法进行评估时服从将利求本的思路，即采用资本化和折现的途径及方法来判断和估算资产价值。资产的收益通常表现为一定时期内的收益流，而收益有时间价值，因此为了估算资产的现时价值，需要把未来一定时期内的收益折算为现值，这就是资产的评估值。具体做法：收集并验证与评估对象的未来预期收益有关的数据资料，包括经营前景、财务状况、市场形势以及经营风险等；分析测算被评估对象的未来预期收益；确定折现率或本金化率；用折现率将评估对象的未来预期收益折算成现值；最后分析确定评估结果。因此，被评估资产的预期收益、折现率或资本化率，以及被评估资产取得预期收益的持续时间成为直接影响评估结果的重要因素。能否清晰地把握这三要素就成为能否运用收益法的基本前提。但是，因其受较强的主观判断和未来不可预见因素的影响，预期收益预测难度较大。这种方法在评估中适用范围较小，一般适用于企业整体资产和可预测未来收益的单项资产评估。

③成本法运用

运用成本法，首先是估算被评估资产的重置成本，其次是确定被评估资产的使用年限，再次是估算被评估资产的损耗或贬值，最后是计算被评估资产的价值。此四方面构成了成本法运用时的基本要素。首先，资产的价值取决于资产的成本。资产的原始成本越高，资产的原始价值越大；反之则小，两者在质和量的内涵上是一致的。采用成本法对资产进行评估，必须先确定资产的重置成本即在现行市场条件下重新购建一项全新资产所支付的全部货币总额。重置成本与原始成本的内容构成是相同的，但两者反映的物价水平是不相同的，前者反映的是资产评估日期的市场物价水平，后者反映的是当初购建资产时的物价水平。在其他条件既定时，资产的重置成本越高，其重置价值也就越大。其次，资产的价值也是一个变量，随资产本身的运动和其他因素的变化而相应变化：资产投入使用后，由于使用磨损和自然力的作用，其物理性能会不断下降、价值会逐渐减少，产生实体性贬值；随着新技术的推广和运用，企业原有资产与社会上普遍推广和运用的资产相比较，在技术上明显落后、性能降低，其价值也就相应减少，发生功能性贬值；外部环境因素变化如政治因素、宏观政策因素等，也会导致资产价值降低，从而引发经济性贬值。这种方法适用于无法计算收益资产以及找不到参照物的专用资产。

总之，在评估方法的选择过程中，应注意因地制宜和因事制宜，不可机械地按某种模式或某种顺序进行选择。但是，不论选择哪种途径和方法进行评估，都应保证评估目的、评估时所依据的各种假设和前提条件与评估所使用的各种参数数据及评估结果在性质和逻辑上的一致。尤其是在运用多种途径和方法评估同一对象时，更要保证每种评估途径和方法运用中所依据的各种假设、前提条件、参数数据的可比性，以确保运用不同途径和方法所得到的评估结果的可比性和相互可验证性。如果使用这些途径和方法的前提条件同时具备，而且评估师也具备相应的专业判断能力，那么，多种途径和方法得出的结果应该趋同。

（4）华谊兄弟投资英雄互娱的原因

英雄互娱正式成立于2015年6月16日，成立时公司还保留着塞尔瑟斯的名字，而在其2015年半年度财报上，公司的一般经营项目还是技术开发、技术推广、技术转让、技术咨询、技术服务，销售仪器仪表、电子产品、通信设备、计算机软件及辅助设备，计算机系统服务，数据处理，基础软件服务、应用软件服务，货物进出口。也就是说，截至2015年6月30日的财务数据反映的仍是以仪表生产为主业的塞尔瑟斯的业绩，并没反映出英雄互娱游戏业务的真实情况。原因是英雄互娱的主体业务来自并购，相关资产置入刚刚完成，上半年经营情况还未并入财报。而华谊兄弟公告中英雄互娱的财务数据正是来自这份财报。

根据英雄互娱2016—2017年上半年的会计报告也可知，如表7-1所示，英雄互娱2016年度净利润为5.32亿元，完成了对赌协议中2016年实现净利润5亿元的目标。并且，2017年上半年英雄互娱净利润为2.93

亿元，较 2016 年同期增加 0.68 亿元，增长比例为 30.2%。若保持增长速率不变，英雄互娱 2017 下半年可实现净利润 4 亿元，英雄互娱 2017 年实现净利润 6 亿元目标的难度也不大。

同时，近几年游戏行业的市场规模也迅速增长，尤其是手游方面。中投顾问提供的数据显示，2015 年手游第三季度市场规模达到了 128.6 亿元，相较 2014 年同期增长 68%。显然，华谊兄弟本次入股英雄互娱，也源于游戏产业目前普遍盈利的现状和未来良好的发展前景。

表 7-1　　　　　　　　　　　英雄互娱净利润

	归属于挂牌公司股东的净利润（亿元）	同期净利润增减比例（%）
2016 年上半年	2.25	—
2016 年下半年	3.07	—
2017 年上半年	2.93	30.2

值得注意的是，根据华谊兄弟的公告，英雄互娱应将其开发或经营的任何一款电竞类游戏产品改编成电影、电视剧、网络剧或其他舞台艺术作品等的权利，依照市场公允价格在同等条件下优先授权或转让给华谊兄弟享有；华谊兄弟在实景娱乐项目中开发电竞类游戏产品的，同等优先与英雄互娱进行合作。这非常符合游戏圈影游联动的趋势，能够把知识产权（IP）的价值最大化，实现双赢。

3. 签订这份对赌协议之后，英雄互娱和华谊兄弟面临的风险有哪些

（1）对赌协议的四大风险

第一重风险：不切实际的业绩目标。

企业家和投资者切勿混淆了战略层面和执行层面的问题。对赌机制中如果隐含了"不切实际的业绩目标"，那么强势意志投资者的资本注入后，将会放大企业本身"不成熟的商业模式"和"错误的发展战略"，从而把企业推向困境。

第二重风险：急于获得高估值融资。

企业家急于获得高估值融资，又对自己的企业发展充满信心，而忽略了详细衡量和投资人要求的差距以及内部或者外部经济大环境的不可控变

数带来的负面影响。

第三重风险：忽略控制权的独立性。

企业家常会忽略控制权的独立性。商业协议建立在双方的尊重之上，但也不排除有投资人在资金紧张的情况下，向目标公司安排高管，插手公司的管理，甚至调整其业绩。因此，为保持企业决策的独立性，企业家还需要做好戒备。

第四重风险：业绩未达标而失去控股权。

企业家因业绩未达标失去退路而导致奉送控股权。一般来说，国内企业间的对赌协议相对较为温和，但很多国外的投资人对企业业绩要求极为严厉，企业家很可能因为业绩发展远低于预期，而奉送企业的控制权。

（2）对赌协议如何避险

对于已经签订对赌协议或者急于融资不得不签类似协议的企业，应该有效控制这类协议的"魔性"。

首先要注意推敲对方的风险规避条款。当事人在引入对赌协议时，需要有效估计企业真实的增长潜力，并充分了解博弈对手的经营管理能力。在签订对赌协议时，要注意设定合理的业绩增长幅度；最好将对赌协议设为重复博弈结构，降低当事人在博弈中的不确定性。一些合同细节也要特别注意，比如设立"保底条款"。通常情况下，对赌协议会有类似"每相差 100 万元利润，PE 值（市盈率）下降一半"的条款，如果没有保底条款，即使企业经营不错，PE 值也可能降为 0。所以在很多细节上要考虑条款对对赌双方是否公平。对于准备签订对赌协议的企业，建议合理设置对赌筹码，确定恰当的期权行权价格。对于融资企业来说，设定对赌筹码时，不能只看到赢得筹码时获得的丰厚收益，更要考虑输掉筹码时的风险是否在自己的承受范围之内。

华谊兄弟和英雄互娱都应该做好自身的本职工作，可以在出现不利局面时，申请调整对赌协议，使之更加公平。企业可以要求在对赌协议中加入更多柔性条款，比如财务绩效、赎回补偿、企业行为、股票发行和管理层等多方面指标，让协议更加均衡可控。

4. 结合其他对赌协议的案例，谈谈你对对赌协议的看法

（1）案例情况

可以参考摩根士丹利等三家国际投资机构投资蒙牛乳业（以下简称"蒙牛"），英联、摩根士丹利和高盛投资太子奶，摩根士丹利和鼎晖投资等投资中国永乐等案例。

（2）案例分析

从蒙牛、太子奶和中国永乐的案例中，我们可以看出，对赌协议其实是高风险的。这种高风险性一方面是由于赌注太大。蒙牛对赌案中赌注为6000万—7000万股的上市公司股份，太子奶案中则是对企业的控股权，中国永乐案中为4697.38万股永乐股份，因此一旦失败结果是可怕的。另一方面是国际投行巨头用这么高的股权份额作为赌注，反映出资本的逐利性，与它们的合作可谓"与狼共舞"。

对于国内企业来说，对赌协议的前半部分其实是投资方对融资企业的激励，如果融资企业完成某预定目标，则可以从投资方得到约定的股权。这其实也是投资方解决与融资方之间代理问题的一种措施，因为投资方并不参与日常的经营，而是将资金投入企业后由企业自行使用。对赌协议的后半部分则过于苛刻，因为企业一旦完成不了预定的目标则必须给予投资方对赌协议中约定的股份，这违背了对赌协议最初的目的：互利双赢。对于融资企业来说压力太大，而且这种压力很难转换成动力，这种压力实际上将双方推向了对立面，让融资企业背负着沉重的心理包袱：只许成功，不能失败。一旦失败结果就像中国永乐和太子奶一样，失去对企业的控制。投资有成功就有失败，但是无论融资企业完成目标与否，投资方的损失是微小的，因为所有的风险都已经转嫁给了融资企业。如果融资企业完成了预定目标，结果就是双赢，双方都获得相当可观的收益。但是，如果融资企业没有达到预定目标，那么投资方至少可以保证自己的投资不缩水。从上述分析可以看出资本的逐利性和剥削性，因为投资方希望自己的投资不是无功而返，而对于国际投行巨头来说，没有高收益就是无功而返。摩根士丹利、高盛等投资者不是战略投资者，它们特别崇尚短期快速获利，并十分关注其投入资本的流动性，在战略上并不关注被投资企业在商品经营领域的长期发展，难以在战略、经营上与既是管理层又是股东的

企业人员风雨同舟。

(3) 对我国企业签订对赌协议的建议

与国际投行合作确实能为企业带来发展所急需的资金支持以及服务支撑，但同时也要考虑到对赌协议的高风险性，企业必须结合自身条件和国内、国际经济环境等因素，做好充分准备。

①选择合理融资方式

从国际投行获得融资是不是最好的途径值得商榷。从目前可获得的融资方式来看，企业的融资方式和途径多种多样，企业可以优先选择风险较低的方式筹集资金，如银行借款等。与国际投行合作，确实可以得到快速的发展和实现规模的扩大，但是也要看到不利的一面。国内的企业应该首先确定自身的发展思路。另外，不要急功近利，在确定企业急需融资而又无法快速从银行或者其他途径获得时，才选择对赌协议方式融资。但即使选择了对赌协议方式融资，也需要对投资机构、投资条款、协议内容等做详尽的调查分析，以免日后出现问题时陷入进退两难的境地。

②充分认识对赌协议，做好心理准备

相对于国际投行巨头来说，国内企业对对赌协议的认识以及了解要差很多，因此国内企业要对对赌协议的条款内容做到充分理解，以防其中设有陷阱。企业对自身的状况和将来的发展前景都要有充分的了解和认识，不要过于乐观，而要对当前的经济金融形势有充分把握，做好有可能失败的心理准备。

③努力提高企业自身素质，与投资方加强合作

与投资机构相比，国内企业都比较缺乏资本运作经验和各种金融工具方面的专业知识。另外，企业自身的经营管理水平也直接关系到是否能够完成对赌协议中的约定目标。从目前的案例来看，中国企业在对赌协议中约定的盈利水平过高，这使企业的压力很大，甚至会使管理层做出高风险的非理性决策，导致企业的业绩进一步恶化。因此，提高企业管理者素质和企业经营管理水平，将会大大降低对赌协议融资的风险。

对赌协议实际上也是一种合作关系，最好的结局就是双赢。因此，作为融资方，企业应该与投资方加强合作，使投资方充分了解企业，以期在更加公平合理的基础上签订对赌协议。

（四）关键要点

（1）关键点：本案例结合对赌协议投资、资产评估等相关理论对英雄互娱借壳上市前后进行分析。通过该案例，可以了解公司借壳上市资本运作的基本要素，学习关于估值、引入战略投资者和财务投资者等一系列的知识点。

（2）关键知识点：本案例所涉及的知识点主要包括对赌协议如何订立、对赌协议的意义以及如何规避风险和资产评估的基本方法。

（3）能力点：分析与综合能力、理论联系实际的能力、财务分析技术和投资能力。

【参考文献】

邓杰、于辉：《"对赌第一案"的报童模型分析》，《管理评论》2018年第9期。

龚志文、陈金龙：《基于演化博弈的企业集团内部资本转移激励机制研究》，《中国管理科学》2017年第4期。

郭文登：《互联网公司评估高溢价研究——基于华谊兄弟投资英雄互娱的案例》，《新会计》2017年第3期。

何晓晴：《游戏催生三板"富豪潮"英雄互娱150亿市值摸底》，《21世纪经济报道》2016年11月24日第15版。

刘燕：《"对赌协议"的裁判路径及政策选择——基于PE/VC与公司对赌场景的分析》，《法学研究》2020年第2期。

刘燕：《对赌协议与公司法资本管制：美国实践及其启示》，《环球法律评论》2016年第3期。

王茵田、黄张凯、陈梦：《"不平等条约？"：我国对赌协议的风险因素分析》，《金融研究》2017年第8期。

谢海霞：《对赌协议的法律性质探析》，《法学杂志》2010年第1期。

杨明宇：《私募股权投资中对赌协议性质与合法性探析——兼评海富投资案》，《证券市场导报》2014年第2期。

于辉、邓杰：《零售商股权融资"对赌协议"的运营模型分析》，《中国管理科学》2020年第2期。

赵凯：《影视传媒公司知识产权并购行为研究》，博士学位论文，苏州大学，2017年。

第四部分

衍生品市场

案例8 夹层基金："地王制造机"
信达背后的秘密

一 案例介绍

2015年11月25日，位于上海浦东的上海土地市场内人声鼎沸，各路央企精英、金融财主齐聚一堂。

这场拍卖会的标的土地坐落在上海杨浦区新江湾的中南部，是上海市内难得的"天然绿肺"。

"44亿元！"

人群中突然爆发一阵骚动。4号牌直接在竞价43.2亿元的基础上宣布加价到44亿元！随后2号牌想也不想直接举牌加到45亿元，加价阶梯从1000万元瞬间暴涨到1亿元。

随着价格的节节攀升，拍卖进行到了白热化的阶段。

"70亿元！"

此时地块的楼板价已经直逼5万元/平方米，大部分竞买人早已败下阵来。

"71亿元！"

价格还在继续攀升，主持人不得不将竞买阶梯调整为100万元，楼板价已经基本接近周边的新房价格。出价已经到了72.98亿元，成败似乎成了定局。"倒数三个数，3，2，……"就在此时，11号牌竞买人微微一笑，再次举牌，将整场拍卖会推向了高潮。

2015年11月25日15点,新的"地王"诞生了,信达地产以72.99亿元的价格斩获了万众瞩目的杨浦区新江湾城N091104单元C1-02(D7)地块,创下了板块新高。此时大家心中都有一个疑问,信达地产究竟是何方神圣,它又是如何打败一众央企土豪夺得"地王"的呢?彼时尚名不见经传的信达地产逐渐走入了人们的视野。

(一) 千呼万唤始出来

1. 衔玉而生

信达地产的前身为青鸟天桥,之前的主营业务是软件开发。2008年底公司通过资产重组置出原有软件资产,置入信达投资下属11家房地产企业,公司更名为信达地产,成为房地产公司。在完成资产重组后,公司的实际控制者变为中国信达资产管理公司(以下简称"中国信达")。中国信达是国内首家负责收购并经营金融机构剥离的本外币不良资产的资产管理公司,其实际出资人为财政部,信达地产也成为有央企背景的地产上市公司之一。

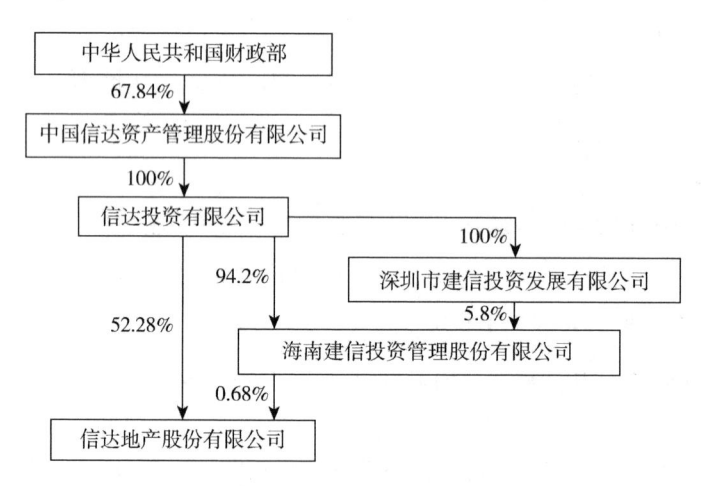

图8-1 信达地产股份有限公司股权结构

2. 始于信,达于行

信达地产股份有限公司(以下简称"信达地产")是中国信达旗下房地产开发上市公司,由信达投资有限公司控股。公司下属包括具有一级开发资质在内的房地产开发和投资企业17家,开发项目主要分布在上海、广州、深圳、重庆、宁波、合肥、青岛、沈阳、长春、杭州、乌鲁木齐、海口、太原、嘉兴、台州、绍兴等城市，在当地具有较强的市场影响力，并在扩展已进入城市发展空间的基础上，加快进行全国化战略布局。

信达地产以房地产开发为核心，以商业物业经营管理、房地产金融业务、物业服务、房地产专业服务为支持，坚持房地产主业与资本运营协调发展和良性互动的发展模式，稳健经营、稳步发展，致力于开发高性价比的宜居产品，与城市文明共发展。

自2008年上市以来，信达地产从股东利益出发，不断完善公司治理结构，提高科学决策和风险控制能力；持续推进核心能力建设，提高精细化管理水平；深入开展企业文化、人才工程建设，不断提升核心竞争力；积极顺应复杂多变的房地产政策和市场环境，保持了健康、持续的发展势头。

始于信，达于行。信达地产坚守诚信为本的理念，锐意进取，把满足股东、客户、员工、社会和环境的需求转化为自觉行动，为股东创造更大价值，为客户提供优质产品，为员工营造全面发展平台，为社会发展担当起更大的责任。

（二）金鳞岂是池中物

1. 初生牛犊不怕虎

信达地产自2015年开始大张旗鼓地买地。2015年6月，广州天河"地王"；7月，合肥滨湖"地王"；11月，上海新江湾城"地王"；12月，深圳坪山"地王"。2016年1月，杭州南星"地王"；5月，杭州滨江"地王"；6月，上海宝山"地王"。一年间，信达地产在全国各地高调夺得近10幅地块，其中7幅是"地王"，合计涉及资金超过350亿元。可是，信达地产的规模并不大，2015年全年营业收入仅为81.36亿元。信达的钱从何而来？

信达地产背后有其母公司中国信达的全力支持。中国信达隐居幕后，通过基金"输血"信达地产高价拿地，而后寻找操盘方，信达地产和中国信达同时坐拥收益，这就是信达地产所谓的"金融地产模式"。信达地产不仅扮演一个拿地的开发商的角色，更为重要的是成为母公司财务投资的工具。

(1) 放眼全国，步步为营

信达地产的布局实际以二三线城市为主，虽然土地成本低廉，项目众多，但是信达的发展速度迟缓，从2009年上市到2015年，信达曾坐拥80个以上的项目，却花费6年时间才将销售规模推至百亿。在信达地产2009年借壳上市之时，公司分布于各省市的房地产项目，集中在宁波、嘉兴、芜湖等长三角地区和中部地区的二三线城市，且项目多以中低端产品为主。

受益于市场热度，公司2015年下半年来加强一二线城市的布局，拿地果断，目前在手储备建筑面积430万平方米，一线城市占15.04%，二线城市占41%，一二线城市合计占56%左右，公司区域转型有序推进。总体而言，公司目前的项目储备结构较过往优化明显，合理的区域分布可确保公司未来销售的持续性。信达地产正在加强一二线城市布局，践行金融地产模式。

(2) 挥金如土，攻城略地

2015—2016年，信达地产在全国攻城略地，将一块块高价地收入囊中，现在这些高价地正在变成产品进入市场。表8-1显示了信达地产2015年7月至2016年6月溢价拿地的情况。

表8-1　　　　　　　　信达地产溢价拿地的情况

城市	时间	地块面积（万平方米）	总价（亿元）	溢价率（%）
合肥	2015年7月	20.90	33.60	91
上海	2015年11月	13.20	73.00	82
深圳	2015年12月	3.70	30.30	219
杭州	2016年1月	3.30	33.90	66
杭州	2016年5月	15.78	123.18	96
上海	2016年6月	10.64	58.05	303

资料来源：同花顺财经网。

如此大举买地，一方面做大了资产总额，另一方面也让公司负债骤增。与此同时，信达地产的房地产业务毛利率明显下滑。2016年公司上半年报显示，其主业中的房地产销售收入为28.1亿元，同比增加约

42%，毛利率为19.9%，同比下滑约12个百分点；物业管理及出租收入为1.13亿元，同比增加37%，毛利率仅有2.51%，同比提高0.71个百分点。

2. 颠覆者的危与机

信达地产财报数据（见表8-2）显示，2013—2016年公司经营活动现金净流量一直为负，分别为-32.05亿元、-58.32亿元、-43.46亿元和-14.91亿元。

表8-2　　　　　信达地产2013—2016年现金净流量　　　　单位：万元，%

财务指标	2016年	2015年	2014年	2013年
销售商品收到的现金	1643713.48	1042029.80	564467.17	472205.38
经营活动现金净流量	-149113.85	-434554.23	-583206.13	-320503.42
现金净流量	265970.49	341800.72	-52309.38	13781.99
销售商品收到现金与主营收入比	142.06	128.08	116.37	105.41
经营活动现金净流量与净利润比	-169.26	-505.20	-759.70	-455.33
现金净流量与净利润比	301.90	397.37	-68.14	19.58
投资活动的现金净流量	44839.31	-230584.23	11471.68	68096.98
筹资活动的现金净流量	370245.03	1006939.18	519425.07	266188.42

资料来源：巨潮资讯网。

信达地产的大手笔买地使公司负债累累。2016年底，信达地产资产总额为651.25亿元，较年初的521.84亿元增加129.41亿元；负债总额为558.07亿元，较年初的434.39亿元增加123.68亿元，为2009年其债务总额（62.9亿元）的8.9倍。2016年底，公司资产负债率为85.69%，较年初增长2.9个百分点。具体资产负债数据如表8-3所示。

表8-3　　　　　信达地产2013—2016年资产负债情况　　　　单位：万元，%

财务指标	2016年	2015年	2014年	2013年
资产总额	6512473.67	5218412.55	3771417.05	2441047.95
负债总额	5580692.46	4343949.04	2948330.81	1679996.88
流动负债	2518932.61	2434480.70	1639525.31	944222.49

续表

财务指标	2016 年	2015 年	2014 年	2013 年
货币资金	838938.13	591819.72	274534.44	289861.49
应收账款	45893.04	48618.04	39742.70	35507.91
其他应收款	131872.51	47736.65	53444.96	101516.75
资产负债率	85.69	83.24	78.18	68.82
股东权益比率	14.31	16.76	21.82	31.18
流动比率	2.31	1.96	2.17	2.37

资料来源：巨潮资讯网。

与此同时，信达地产的房地产业务毛利率明显下滑。其 2016 年度主营业务收入为 115.71 亿元，同比增加约 42.2%，销售毛利率为 24.76%，同比下滑约 4.2 个百分点。具体数据如表 8-4 所示。

表 8-4　　　信达地产 2013—2016 年利润构成与盈利能力　　单位：万元，%

财务指标	2016 年	2015 年	2014 年	2013 年
主营业务收入	1157068.20	813559.29	485049.38	447950.65
经营费用	870601.51	577918.72	311453.18	282585.66
管理费用	39776.66	39095.26	35950.95	33590.79
财务费用	71414.58	24193.88	29936.89	21015.61
营业利润	128070.96	103199.88	93710.05	79834.02
投资收益	93937.74	28603.27	53254.71	26938.41
营业外收支净额	2755.35	3018.83	9438.82	9231.31
利润总额	130826.32	106218.71	103148.86	89065.33
所得税	45539.28	24945.56	27039.88	15509.33
净利润	85287.04	81273.16	76108.99	73556.00
销售毛利率	24.76	28.96	35.79	36.92
净资产收益率	9.77	10.19	9.85	9.84

资料来源：巨潮资讯网。

而根据公司发布的 2017 年半年报，报告期内公司实现营业收入 60.49 亿元，比上年同期的 30.68 亿元增长 97.16%；实现净利润 2.61 亿元，较上年同期的 1.10 亿元增长 137.27%；归属母公司净利润为 2.45 亿元,比上年同期的1.30亿元增长88.46%。经营业绩实现近翻倍增长。

报告期业绩大涨主要归因于房地产结转面积增加,销售势头强劲。公司上半年实现房地产销售面积65.87万平方米,同比增长4%,销售合同额为105.99亿元,同比增长70%。

目前信达地产已经进入了近二十个城市,形成了一、二、三线城市的均衡布局,同时重点关注经济强市与人口导入城市,并持续深耕部分已进入的二线城市及区域中心城市。随着2017年业绩翻番增长,起飞节奏号角已鸣。

3. 夹层基金来输血

地产新星信达地产大肆买地制造"地王"离不开夹层基金的融资模式,那么夹层基金是什么,它又是如何操作的呢?

(1) 融资第一步:"区域公司+夹层基金"

2014年,信达地产成立了专门的投融资部,以探索金融地产业务模式。如何撬动巨额资金拿下"地王"成了信达地产亟待解决的难题。就在此时,信达地产依靠母公司背书融资的想法渐渐成型,通过"区域公司+夹层基金"的联合体形式,打造房地产业务的运作平台,以此撬动母公司中国信达的优先级资金。信达地产参股或控股的公司如表8-5所示。

表8-5　　　　　信达地产参股或控股公司　　　　　单位:%

序号	关联公司名称	参股关系	参股比例
1	信达(阜新)房地产开发有限公司	子公司	70.00
2	信达重庆房地产开发有限公司	子公司	100.00
3	宁波汇融沁捷股权投资合伙企业(有限合伙企业)	合营企业	70.00
4	深圳信达置业有限公司	子公司	100.00
5	北京始于信投资管理有限公司	子公司	100.00
6	浙江信达地产有限公司	子公司	100.00
7	上海信达银泰置业有限公司	子公司	100.00
8	安徽信达房地产开发有限公司	子公司	100.00
9	沈阳信达理想置业有限公司	子公司	100.00
10	上海信达立人投资管理有限公司	子公司	100.00

信达地产参与土地拍卖时，竞买主体一般分成两种情况：一种是区域公司直接拿地，常见于信达地产比较熟悉的二三线城市中，例如合肥、芜湖、宁波等；另一种是"区域公司+区域公司设立/参股的基金"联合体，针对的是有一定开发难度的项目，例如"地王"。图8－2显示了部分信达地产"区域公司+区域公司设立/参股基金"的联合体。

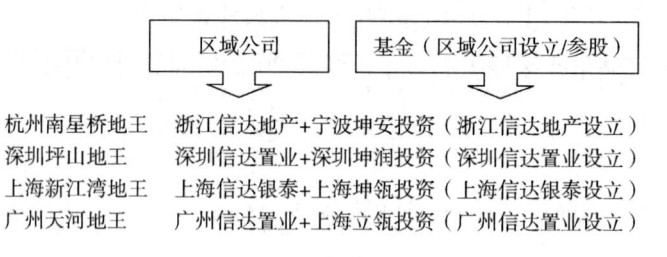

	区域公司	基金（区域公司设立/参股）
杭州南星桥地王	浙江信达地产	+宁波坤安投资（浙江信达地产设立）
深圳坪山地王	深圳信达置业	+深圳坤润投资（深圳信达置业设立）
上海新江湾地王	上海信达银泰	+上海坤瓴投资（上海信达银泰设立）
广州天河地王	广州信达置业	+上海立瓴投资（广州信达置业设立）

图8－2 信达地产"区域公司+区域公司设立/参股基金"联合体

(2) 融资第二步：关联基金持股，放大资本规模

2015年11月底，上海备受关注的新江湾巨型纯住宅地块迎来现场竞标，当时参与争夺的房企多达12家，最终信达地产以72.99亿元的价格竞得，名义楼面价4.9万元/平方米，若扣除20%的保障房面积后，实际楼面价超过6.3万元/平方米。72.99亿元相当于信达地产全年销售额的70%，是公司2015年净利润的9倍，凭借信达地产一己之力根本无法吞下这个项目。那么信达地产是如何做到以小吞大的呢？

信达地产先与子公司上海坤瓴投资组成联合体参与竞拍，投资比例为信达地产持有20%，坤瓴投资持有80%。

信达地产以72.99亿元竞拍成功后，不到两个月就公告称将在基金层面引入泰禾集团，并重新安排了出资结构。其中，信达地产的全资子公司上海信达银泰置业有限公司和上海坤瓴投资将分别出资2000万元和8000万元成立项目公司上海泰瓴置业，然后由信达地产、泰禾集团共同设立由信达地产联营公司上海信达汇融股权投资基金管理有限公司出任普通合伙人的私募基金宁波汇融沁齐股权投资合伙企业（有限合伙企业），以该基金为融资主体，对上海坤瓴投资进行增资以及对项目公司提供借款。

增资后，信达地产在上海坤瓴投资中出资875万元，占8.75%股权，泰禾集团出资1125万元，占11.25%股权，汇融沁齐基金出资8000万元，占80%股权。同时，信达地产再向汇融沁齐认缴13.75亿元基金份额，泰禾集团也在其中认缴11.25亿元的基金份额，其余大部分土地款来自汇融沁齐基金中中国信达及其他机构投资人的优先级份额出资，这些资金主要以委托贷款的方式提供给项目公司使用。

这一套组合拳打下来，信达地产的实际出资额仅为14.0375亿元，占总土地款的19%左右，并拥有项目公司30%—40%的股权，项目的大部分资金来自中国信达及其他机构投资者。

上海新江湾项目夹层基金结构如图8-3所示。

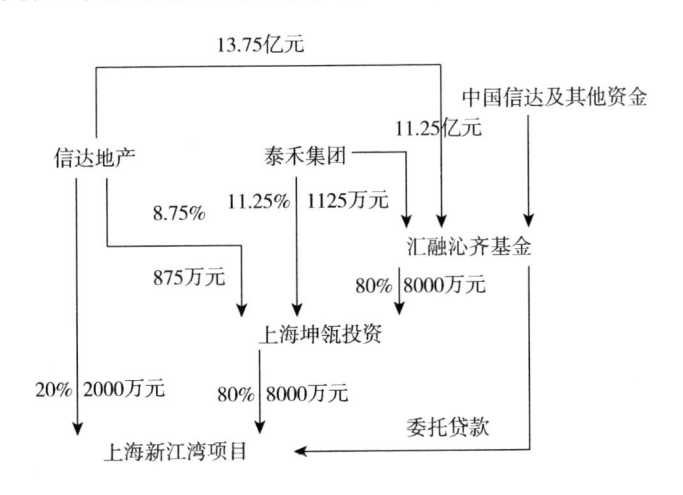

图8-3 上海新江湾项目夹层基金结构

除上海新江湾项目外，在广州天河项目中，也有类似的夹层基金安排。天河项目是由信达地产联合上海立瓴投资联合竞拍的，而上海立瓴投资的股东又是由信达地产和宁波汇融沁宜基金共同组成的，汇融沁宜基金的优先级来自其他资金，而劣后级则来自中国信达，在上述结构下，信达地产在该项目中占有19%的权益。后期项目又引入了中国金茂合作开发，引入中国金茂后，信达地产的股权比例被进一步稀释，而在该项目中的实际投资金额也降低到10%以下，其夹层基金结构如图8-4所示。

依靠设置夹层基金的模式，信达地产运用较少的自由资金撬动了巨额资本，实现了以小吞大的目的。

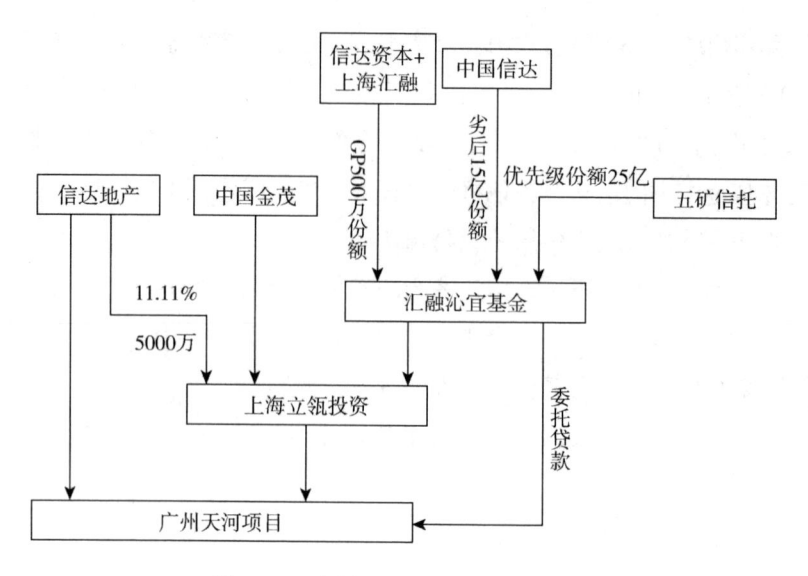

图 8-4 广州天河项目夹层基金结构

(3) 背靠大树好乘凉

得益于母公司中国信达雄厚的金融实力,信达地产也与母公司一起合作投资了第三方地产项目,在这个过程中,信达地产除获取一定的基金跟投收益外,还作为项目的监管方或代建方获得一定的管理费收益。

2015 年 8 月信达资本发起设立宁波宝能信合伙企业,总认缴规模为 28.01 亿元,该基金由信达资本出任普通合伙人,中国信达等认购了 17 亿元优先级份额(后期可转予第三方)和 10.5 亿元劣后级份额,信达地产也出资认购了 5000 万元的劣后级份额,并对基金投资项目进行监管,每年收取监管费 50 万元。该基金将投资于宝能旗下的深圳林中实业发展有限公司,基金期限为三年,年化总预期收益率为 12.8%,其中,优先级的预期收益率为 10.5%,劣后级为 13.6%。该基金结构设置如图 8-5 所示。

总的来说,信达地产融资方式的核心是"区域公司+小股操盘"的轻资产运作模式,这种高效的融资方式帮助信达地产融入了成本较低的巨额资金,使其成为中国地产行业内凶猛的"秃鹫"。

(三) 无限风光在险峰

1. 以小搏大,杠杆几何

2014 年信达地产各类融资总余额为 201.51 亿元,加权平均融资成本

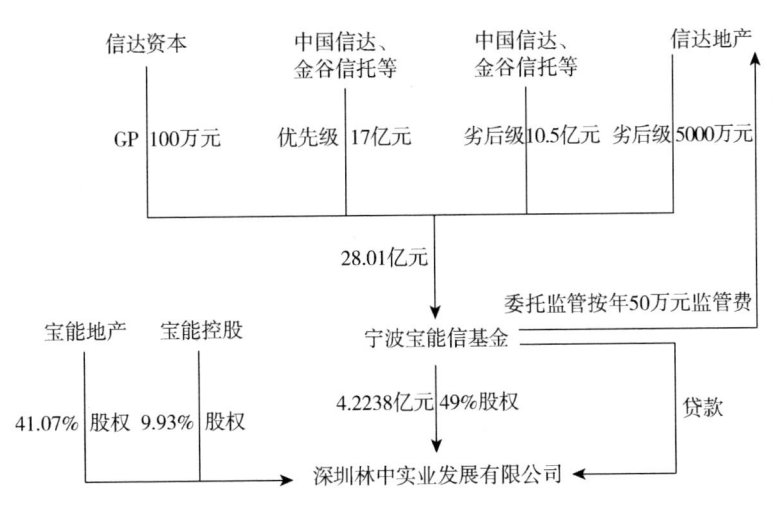

案例 8　夹层基金："地王制造机"信达背后的秘密　163

```
信达资本    中国信达、        中国信达、         信达地产
            金谷信托等        金谷信托等
              │                │                 ↑
  GP 100万元  优先级 17亿元   劣后级 10.5亿元   劣后级 5000万元
     │          │                │                │
     └──────────┴────────┬───────┴────────────────┘
                    28.01亿元
                         │             委托监管按年50万元监管费
                         ↓           ┌──────────────────────
  宝能地产  宝能控股    宁波宝能信基金
     │        │         │                          │
  41.07%    9.93%    4.2238亿元 49%股权           贷款
   股权     股权         │                          │
     └────────┴─────────→ 深圳林中实业发展有限公司 ←┘
```

图 8-5　宁波宝能信基金结构

为 9.1%；截至 2015 年末，信达地产融资总额增加到 326.26 亿元，整体平均融资成本为 8.07%。这样的资金成本远高于央企同行。例如，国资委旗下的保利地产，截至 2016 年末的融资成本为 5.2%，而华润置地、招商蛇口的有息负债成本分别为 4.63% 和 4.93%。相比之下，信达地产并没有优势。信达地产成本最高的一笔融资，就来自母公司中国信达——资金成本高达 10.4%。

信达地产与"信达系"旗下基金的资金拆借成本也不低。而信达地产通过发债等渠道获得的融资成本比向"信达系"借钱更便宜。2016 年，信达地产已发行两期公开债券、一期非公开债券，总融资额为 60 亿元，票面利率在 3.5%—5.56%。

总结下来，有母公司实力背书，信达地产的确有更广阔的融资渠道并降低了融资成本；但跟母公司进行资金拆借、关联交易，母公司有自己的利润考量，信达地产的资金成本反而不低。

上述负债还没有包括夹层基金背后的隐形债务。在这些基金中，中国信达及其旗下公司一般担任优先级有限合伙人，明股实债，有回报最先分配，亏损最后承担，收益较为固定；信达地产则是劣后级出资方，首先承担项目亏损的风险，但是也有可能获得高额回报。

2015 年 12 月至 2016 年 3 月，信达地产两次申请董事会增加基金投资额度授权，将40亿元的授权增加到200亿元，而当时，授权金额才用了25亿元。显然，类似的基金规模必然会扩大，因为这正是信达地产"金融地产"战略的重头。在战略扩张的同时，信达地产的负债率已经突破国企负债率80%的红线。统计显示，截至2015年12月末，信达地产负债总额为434.39亿元，资产负债率为83.24%。截至2016年第三季度，信达地产的资产负债率和净负债率再度上升，分别高达87%和395%，财务杠杆在行业中也处于较高水平，未来随着土地投资的增加以及项目开发的继续，负债水平或将进一步上升。此外，信达频频采用夹层基金和关联交易的方式，以少量资金加高杠杆收购股权的方式获得项目，也令项目杠杆率达3—5倍。

但这还不是故事的全部，2016年信达地产向董事会及股东大会申请上调基金投资额度至200亿元，而200亿元的投资额度已相当于公司总资产的40%，是净资产的2.3倍，显然，公司是在借钱投基金。因此，如果说信达地产在夹层基金中的杠杆率达到3—5倍的话，那么，再考虑借钱投基金的财务杠杆，实际的杠杆率已在10倍以上。

2. 赔本买卖，利润何来

2013年底，四大资产管理公司之一的中国信达在香港上市，上市后其A股子公司信达地产为了配合母公司不良资产处置、夹层基金投资和不动产配置三个重要业务领域的发展，逐步形成了嵌套于中国信达战略框架下的不良资产项目收购、基金项目的监管代建、基金跟投，以及基金支持下的地王竞拍几种业务模式。

从2015年6月起，怀揣数百亿元现金的中国信达在中国土地市场掀起一场腥风血雨，其并表子公司信达地产在一年时间里以352亿元在长三角和珠三角拍下7个"地王"，一时震动整个房地产市场。这个局面在2016年下半年仍在持续，信达地产2016年拿地资金已经超过215.13亿元，年内销售额仅为114亿元，拿地销售比在全国房企中排名第二。

为什么怒砸几百亿元扛下让其他房地产商都发愁的"地王"的信达并不急着解套呢？原来信达地产给自己的定位是金融地产商，而不是传统意义上的房地产开发商。2016年以来，信达拿"地王"的5个城市的房价均出现持续上涨，尤其是上海、深圳、杭州和合肥等城市，涨幅一直处于全国领先地位，而珠三角、长三角和环渤海普遍被认为是未来房地产潜力之地。比起营销层面，信达更侧重的是，从投资角度测算土地增值和引入新的投资者甚至是考虑退出机制。从这点上看，即使"面粉贵过面包"，信达地产也不会亏本了。信达地产的收益空间，如图8-6所示。

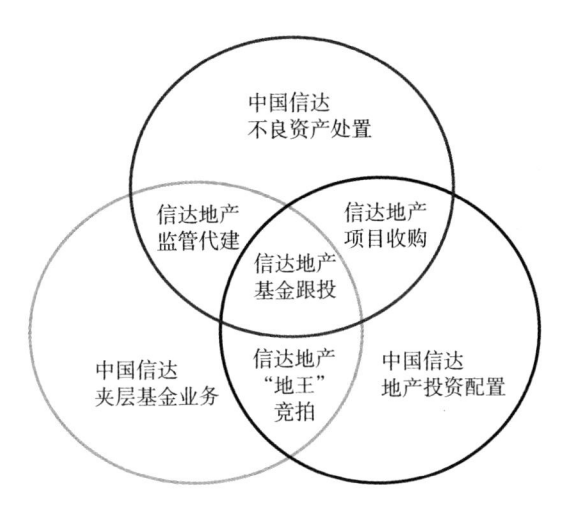

图8-6 在中国信达业务框架下信达地产的收益空间

（四）路漫漫其修远兮

它的身影频繁闪现在上海、深圳、杭州以及合肥的土地拍卖现场，制造了一连串的"地王"，甩给全场一堆的惊叹号。它拿下了9宗地，其中7宗是"地王"，这颗地产界冉冉升起的明星到底能璀璨多久？时间会给我们答案。

【思考题】

（1）信达地产竞拍购得"地王"，这背后离不开夹层基金，那么夹层基金是什么？它和股权投资基金和债权投资基金有什么区别？

（2）信达地产为什么要用夹层基金来进行融资？怎样的企业适合选择夹层基金这种融资模式？夹层基金的退出机制有哪些？

（3）试计算信达地产购入上海新江湾项目的实际杠杆率。再结合案例分析宁波宝能信基金中的一般合伙人和有限合伙人有哪些？信达地产又在其中扮演了哪些角色?

(4) 夹层基金的投资模式有哪些?实际操作中有哪些注意事项?

(5) 信达地产运用夹层基金进行融资,假如在这过程中出现了不良资产,该如何处置?

二 案例分析

本案例以信达地产竞拍土地购得"地王"为背景,围绕信达地产独特的夹层基金融资模式进行介绍和分析,力图展示夹层基金的含义、特点、基本结构和运作模式等,帮助大家深入了解夹层基金这类融资模式,掌握夹层基金的基本结构,并联系到当今国内房地产开发的发展状况,以求对我国房地产开发融资提供有益的启示和借鉴。

(一) 理论依据

(1) 衍生产品理论。

(2) 杠杆理论。

(3) 不良资产理论。

(二) 分析思路

(1) 首先,我们需要了解夹层基金以及股权投资基金和债权投资基金的概念。其次,学生可通过收集夹层基金与股权投资基金和债权投资基金的相关资料,来熟悉这种基金的运作模式及各自的优缺点,再将这三种融资模式进行对比。

(2) 在学习案例的过程中,应该了解了夹层基金的概念及其特点。本案例具体分析了信达地产运用夹层基金的融资过程。可通过对案例进行深入研究,探索信达地产为什么选用夹层基金融资方式,并查找资料学习夹层基金的融资模式适用于哪些企业。此外,学生在了解了夹层基金的基础上,可进一步查阅相关资料了解夹层基金的退出机制有哪些。

(3) 了解夹层基金的基本结构,结合案例中宁波宝能信基金的结构图,具体分析在此基金中的一般合伙人和普通合伙人各有哪些,再通过结构图判断信达地产在其中扮演了哪些角色。了解实际杠杆率的概念。基于概念和公式,再结合案例可对信达地产购入上海新江湾项目的实际杠杆率进行具体计算。

（4）信达地产利用夹层基金进行融资的过程较为复杂，其中涉及了多种夹层基金的投资模式，学生对这些模式进行了解、探究，更有助于分析夹层基金在信达地产融资过程中起到的作用，以及在实际操作过程中的注意事项，有助于学生思考夹层基金使用的局限性。

（5）本案例着重分析了信达地产通过运用夹层基金撬动其母公司中国信达资金的融资模式。学生在学习了本案例之后，可以此案例作为典型代表，扩展思维，思考信达地产通过夹层基金融资拿地的过程中如果出现了不良资产，该如何处置。学生可进一步查阅相关资料了解不良资产的处置模式。

（三）具体分析

1. 信达地产竞拍购得"地王"，这背后离不开夹层基金，那么夹层基金是什么？它与股权投资基金和债权投资基金有什么区别

（1）夹层基金的含义

夹层基金是杠杆收购特别是管理层收购（MBO）中的一种融资来源，它提供的是介于股权与债权之间的资金，它的作用是填补在考虑了股权资金、普通债权资金之后仍然存在的收购资金缺口。夹层基金一般由银行等低成本资金构成优先层，有融资需求的企业股东提供资金作为劣后层，及夹层资金组成中间层。优先层提供资金作为杠杆，提升中间层的收益率，同时承担最少风险。

（2）与股权投资基金和债权投资基金的区别

股权投资基金（Private Equity，PE）在中国通常称为私募股权投资，是指通过私募形式对私有企业，即非上市企业进行的权益性投资，在交易实施过程中附带考虑了将来的退出机制，即通过上市、并购或管理层回购等方式，出售持股获利。

债权投资基金在中国通常称为私募债权投资基金，是向特定投资者募集资金投资于非上市企业债权，从而获得固定收益的一种集合投资产品。

夹层基金与股权投资基金和债权投资基金的区别见表 8-6。

表8-6 夹层基金与股权投资基金和债权投资基金的区别

	夹层基金	股权投资基金	债权投资基金
主要投资方式	企业债务重组 高级附属债务 可赎回优先股 股权收益权信托 企业可转换次级债	增资扩股 股权转让	购买债券 融资租赁 补偿贸易 背靠背贷款 委托贷款
回报来源	现金票息 还款溢价 股权激励	股息分红	债券收益
风险	风险更小	风险更大	风险较大
流动性	强	弱	较弱
退出途径	夹层投资的债务构成中通常会包含一个预先确定好的还款日程表，可以在一段时间内分期偿还债务，也可以一次还清。还款模式取决于夹层投资的目标公司的现金流状况。其退出途径比股权投资基金更为明确	IPO退出 兼并收购 清算售出 标的公司管理层回购	还本付息

2. 信达地产为什么要用夹层基金来进行融资？怎样的企业适合选择夹层基金这种融资模式？夹层基金的退出机制有哪些

（1）信达地产运用夹层基金融资的原因

①提供高杠杆

通过夹层基金模式，信达地产将其在"地王"项目中的实际出资比例降低到20%以下，大部分资金都来自中国信达及其他机构投资人。

②通过夹层基金的融资模式，信达地产可撬动母公司的巨额资金

2015年以来，信达地产频繁地与中国信达及"信达系"公司发生关联交易。据统计，通过公告披露参与的"信达系"夹层基金就有7个，其中4个夹层基金的资金投向信达地产自身开发的项目。

③有利于降低资产负债表的负债规模

由于基金的投资大多采用"明股实债"的形式，所以，从表面看夹层基金是项目的大股东，而信达地产及其合作开发企业仅持有项目的少数股权，从而使这些项目能够顺利"出表"。

④夹层基金有利于信达地产引入合作方

鲜有一线城市操盘经验的信达地产，面临着"地王"难独自开发的局面，

所以，在高价夺得"地王"地块后，信达地产旋即引入合作伙伴，通常是由一线城市操盘经验丰富的开发商进行操盘。例如，在拿下广州天河地王、上海新江湾地王后，信达地产先后引入中国金茂、泰禾集团合作开发。通过夹层基金的融资模式，信达地产可引入合作商进行操盘，实现"地王"解套。

(2) 夹层基金融资模式适用企业

①高成长性行业

除了传统风险投资所青睐的IT、生物类行业，消费品、制造业或服务业等侧重出口拉动的行业，也是夹层基金投资人所看好的。此外，不易受个别市场或经济体系波动连带影响行业也比较适合夹层基金融资模式。总体而言，夹层基金投资人会考核该行业是否具有比较稳定的高成长性或高的进入壁垒。但是，夹层基金融资对技术风险过高的领域是不会轻易涉足的。夹层基金融资要求高成长性的同时，也会要求高稳定性。

②稳定成长型企业

利用夹层基金融资的企业一般应具有多年稳定增长的历史，或是在过去一年具有正的现金流和营业收益。或者，企业正处于发展扩张阶段，业务成长较快，享有可预见、强大、稳定而持续的现金流。

③高市场地位企业

利用夹层基金融资的企业应在行业里占有很大的市场份额，具有保护性或进入壁垒较高的市场份额。这样，企业资产将在未来几年内实现可预见的快速增值，从而夹层基金融资可以帮助企业完成资本过渡与转换，并在未来以更高的价格出售自己的股票实现升值目标。

④企业并购融资

企业在进行杠杆收购（LBO）或管理层收购（MBO），以及在其他大型的企业分拆合并项目中，往往都需要大量现金，也倾向于采取不同来源的融资结构。典型的杠杆收购金字塔模式中，位于金字塔顶层的是对公司资产有最高清偿权的一级银行贷款，约占收购资金的60%；塔基则是收购方自己投入的股权资本，约占收购资金的10%；塔的中间就是夹层基金融资，约占收购资金的30%。

⑤企业前IPO融资

在企业IPO上市之前的资本重组阶段，或者目前IPO市场状况不好、公司业绩不足以实现理想的 IPO 的情况下，若企业预计在两年之内可以上市并实现较高的股票价格，可结合公开股票或债券发行过桥债券/融资，先进行一轮夹层基金融资，从而使企业的总融资成本降低。

（3）夹层基金的退出机制

夹层基金的退出方案和基金投资工具密切相关，大体上可以划分为债权工具退出和股权工具退出两类。两者退出条件不同，其中债权工具退出更为直接，只要债务人按期还本付息即可退出。股权工具退出则要考虑企业所处股价区间及行业动态的影响。但一般退出的时间都要短于普通的VC、PE，通常从募资完成到退出需要持续三年左右时间。债权工具如果不能满足按时还本付息的要求，投资人会要求被投资项目以抵押资产或由担保方偿付。

债权方式投资的夹层基金退出的时间较为固定，尤其是以提供企业并购过桥贷款为目的的投资，投资者会提前和被投资企业确定还款的时间。债权方式投资也存在债转股类型，这种方式通常是在投资方比较看好被投资企业的未来发展时发生。偏股权方式投资的夹层基金则要考虑退出期间的股价，尽可能在股价处于高点时出售或者转让，以获得更多的市场溢价。

3. 试计算信达地产购入上海新江湾项目的实际杠杆率。再结合案例分析宁波宝能信基金中的一般合伙人和有限合伙人有哪些？信达地产又在其中扮演了哪些角色

（1）上海新江湾项目的实际杠杆率

房地产开发投资杠杆率，是指房地产开发投资与开发商投入的自有资金或权益资本的比率。开发投资杠杆率反映开发企业的财务风险水平，它的数值越高，说明开发商投入自有资金越少，利用杠杆资金越多，财务风险也越大。

实际杠杆率 = 房地产开发投资额/开发商自有资金 = 72.99/14.0375 = 519.96%

（2）夹层基金基本结构

夹层基金的组织结构一般采用有限合伙制，由一个一般合伙人（GP）作为基金管理者，提供1%的资金，但需承担无限责任。其余资金提供者为有限合伙人（LP），提供99%的资金，但只需承担所提供资金份额内的

有限责任。基金收益的20%分配给基金管理者,其余80%分配给有限合伙人。对于融资企业来说,典型的夹层基金融资结构可分为银行等低成本资金所构成的优先层、融资企业股东资金所构成的劣后层、以及夹层资金所构成的中间层。优先层承担最少风险,同时作为杠杆,提高了中间层的收益。通过这种设计,夹层基金在承担合理风险的同时,能够为投资者提供较高收益。其结构如图8-7所示。

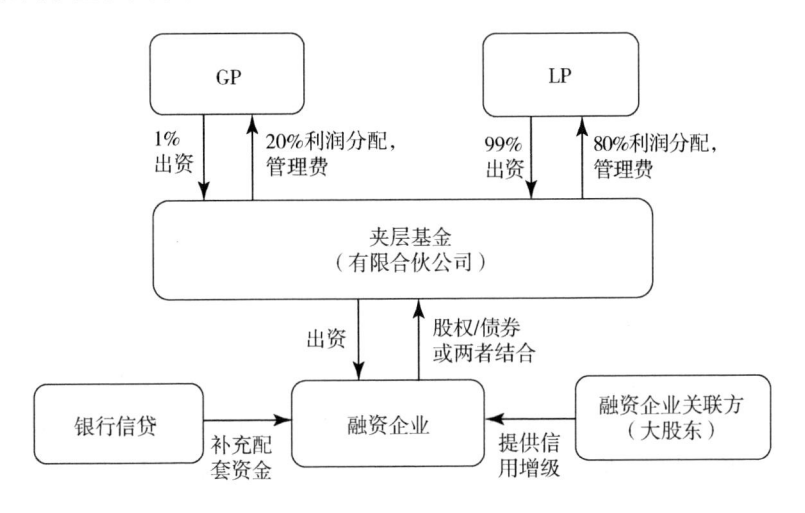

图8-7 夹层基金的组织结构

(3) 宁波宝能信基金结构分析

表8-7分析了宁波宝能信基金的结构。

表8-7 宁波宝能信基金的结构

时间	夹层基金	GP	LP	规模(亿元)	期限(年)	年化总预期收益率(%)
2015年8月	宁波宝能信基金	信达资本	信达地产、中国信达、金谷信托等	28.01	3	12.8

(4) 信达地产在宁波宝能信基金中扮演的角色

首先,信达地产作为LP出资认购了5000万元的劣后级基金份额。其次,信达地产还充当了基金投资项目的监管人,每年收取监管费50万元。

综上，信达地产在宁波宝能信基金中扮演了有限合伙人和基金监管人两个角色。

4. 夹层基金的投资模式有哪些？实际操作中有哪些注意事项

（1）夹层基金的投资模式

第一，股权进入：募集资金投到目标公司股权中，设置股权回购条件，通过资产抵押、股权质押、大股东担保等方式实现高息溢价回购收益。

第二，债权进入：包括但不限于资产抵押贷款、第三方担保贷款等方式直接进入，通过担保手段实现固定收益，或者私募债的发行主体在债发行之时将该等债赋予转股权或认股权等。

第三，股权+债权：采用担保或者优先分配的方式实现较低的担保收益。然后在后续经营中获取担保收益以上的收益分配。在项目设计中可通过信托、有限合伙、项目股权等灵活设计结构化安排，实现各类收益与项目进度的匹配。

第四，危机投资：对相对存在短期经营危机的项目进行投资；可与行业的优秀企业合作，专门收购资金链断裂的优质项目，退出方式要求开发商回购或按固定高息回购；也可对公开发行的高息危机债券和可转债金融产品进行投资。

（2）注意事项

由于夹层投资业务来源主要为金融机构介绍，不能接触一手的客户资源，因此在操作的过程中还有很多是需要注意的事项，这其中最重要的操作要点包括以下几个方面：

第一，必须密切关注底层资产。有的项目在市场上广为传播，所投资的企业也具有知名度，比如上汽定增、明天系配资和宝能系配资。对于这样的项目必须查明主经办方是谁、介绍中介客户对客户的把控能力如何，介绍人所介绍的价格和各方面的条件是否偏离市场太多。

第二，对于所有的夹层项目，必须联系到劣后资金方，与劣后资金确定投资意向和业务需求，同时也必须与通道和优先方建立联系，把控好能投资的业务。

第三，对于所有的项目，必须做好风险把控，对交易结构要做严格推敲，要做到夹层方没有任何风险，也没有任何补仓的义务，保证资金的绝对安全。

5. 信达地产运用夹层基金进行融资，假如在这过程中出现了不良资产，该如何处置

(1) 资产重组

资产重组包括资产更新、资产置换、商业性债转股、折扣变现及协议转让等方式。其实质是对企业做出资产重新安排，有的在还款期限上进行延长，有的在利率上做出新的安排，有的可能在应收利息上做出折让，有的也可以在本金上做出适当折让。资产重组，是资产管理公司在不良资产处置中大量使用的一种方式。

(2) 债权转股权

债权转股权，是指经过资产管理公司的独立评审和国家有关部门的批准，将银行转让给资产管理公司的对企业的债权转为资产管理公司对企业的股权，由资产管理公司进行阶段性持股，并对所持股权进行经营管理。

(3) 诉讼管理

通过协调、沟通以及施加法律影响，对债务人产生强大的压力，迫使其尽快解决欠款问题。在一定程度上保障债权人与客户之间的关系不被损害。

(4) 多样化出售

①公开拍卖

公开拍卖又称公开竞买，是一种通过特殊中介机构以公开竞价的形式，将特定物品或财产权利转让给最高应价者的买卖方式和交易活动。不良资产采用公开拍卖处置方式，具有较高的市场透明度，符合公开、公正、公平和诚实信用的市场交易规则，能体现市场化原则，是当前银行和资产管理公司处置抵押资产中使用较多的方式。该处置方式主要适用于标的价值高、市场需求量大、通用性强的不良资产，如土地、房产、机械设备、车辆和材料物资等。

②协议转让

协议转让是指在通过市场公开询价，经多渠道寻找买家，在无法找到两个以上竞买人，特别是在只有一个买主的情况下，通过双方协商谈判方式，确定不良资产转让价格进行转让的方式。它主要适用于标的市场需求严重不足，合适的买主极少，没有竞争对手，无法进行比较选择的情况。

③招标转让

招标转让是指通过向社会公示转让信息和竞投规则，投资者以密封投标方式，通过评标委员会在约定时间进行开标、评标，选择出价最高、现金回收风险小的受让者的处置方式。具体有公开招标转让和邀请招标转让两种。该处置方式适用于标的价值大，通用性差，市场上具有竞买实力的潜在客户有限，但经一定渠道公开询价后，至少可找到三家投资者的情况。

（5）盘活重整

盘活重整模式是成熟市场经济体中更为常见的手段，其并非债权人一味地让步，而是通过市场化手段进行利益的再安排。无论是股东股权的出让还是债权人受到一定的本息削减损失，都属于权力层面的重新组合。盘活重整在不同企业中的应用，大致可分为以下三种情形：

第一，产业正常。净利润为正的企业会因其杠杆过高、债务负担过重而导致暂时流动性不足，净现金流量为负。在这种情况下，可采取债转股、引入并购基金、原股东出让股权等重组方式使在权力层面由新的管理者接手，保持原资产正常发展，避免对企业自身造成冲击影响。

第二，某些经营性现金流量为正的企业，其因历史投资规模过大，在高利息、高税负以及高折旧的压力下，净亏损严重且短期现金流不足。对于此种不良资产的重组，债权人可能需承受一定损失，但通过引入新的管理权力，维持企业正常经营的整体价值要远高于破产清算价值，关键在于是否能找到愿意接手的相关机构，不单在财务上给予新的流动资金，更能够在营运管理上给予支持与提升。

第三，产业产能过剩。由于人力成本上升等各方面因素的影响，市场竞争价格压力较大的企业，经营性现金流量难以为正，但即便是在这种情况下，仍可在市场化的体系中找到重整突破的空间。

（6）不良资产证券化

不良资产证券化，是以不良资产所产生的现金流作为偿付基础，发行资产支持证券的业务过程，通过 SPV 把不良债权打包买断后设计成证券化产品发售。不良资产证券化包括不良贷款、准履约贷款、重组贷款、不良债券和抵债资产的证券化，其中不良贷款证券化占据主导地位。2016

年 4 月 19 日中国银行间市场交易商协会发布《不良贷款资产支持证券信息披露指引（试行）》，对不良贷款资产支持证券发行环节、存续期间、重大事件以及信息披露评价与反馈机制做出明确规定，为不良贷款证券化试点开展提供了具体操作准则，标志着不良贷款证券化重启。

（四）关键要点

（1）关键点：本案例结合夹层基金融资的相关理论，对房地产开发的夹层基金融资进行详细的解析。通过本案例的学习，可以了解夹层基金的定义和特点、夹层基金与其他基金的区别等一系列知识点，掌握夹层基金融资模式的过程，期望在未来遇到房地产开发创新性融资模式的案例时能做出合适的策划和决策。

（2）关键知识点：本案例所涉及的知识点主要包括夹层基金的概念、基本结构、适用条件、退出机制、实际杠杆率、不良资产处置方法的基本知识等。

（3）能力点：分析与综合能力、理论联系实际的能力。

【参考文献】

陈帅：《利用夹层融资拓展我国房地产企业融资渠道》，《时代金融》2013 年第 36 期。

惠祥：《基于夹层融资契约设计的技术创业型企业股权动态配置研究》，博士学位论文，西安理工大学，2018 年。

李向前：《夹层融资的经济学分析》，《山西财经大学学报》2007 年第 3 期。

李晓峰：《中国私募股权投资案例教程》，清华大学出版社 2010 年版。

刘懿增、杨智忠：《政府引导夹层基金发展的问题研究》，《金融发展评论》2014 年第 5 期。

彭真明、曹晓路：《控制权博弈中的双层股权结构探析——以破解股权融资与稀释的困境为视角》，《证券市场导报》2016 年第 7 期。

冉学东：《信达地产何以成为"地王"》，《金融经济》2016 年第 13 期。

孙景安：《夹层融资——企业融资方式创新》，《证券市场导报》2005 年第 11 期。

徐光伟、王卫星：《轻资产运营模式的融资困境与机制创新研究——一个科技型企业的案例分析》，《当代财经》2013 年第 10 期。

徐霞：《基于夹层融资的房地产企业创新融资方案》，《财会通讯》2016 年第 8 期。

英英、萨如拉：《金融工具创新之夹层融资——破解科技型中小企业融资难题的可选途径》,《中国科技论坛》2011年第3期。

张宏:《新经济形势下的信达地产股份有限公司发展战略研究》,硕士学位论文,内蒙古大学,2016年。

周绍朋、傅璇:《夹层融资的中国模式探析》,《国家行政学院学报》2006年第2期。

Kopeliovich, Yaacov, "Benchmark Construction and Performance Evaluation of Mezzanine Finance Funds", *Journal of Private Equity*, Vol. 20, No. 2, 2017.

案例9 鹏华前海万科REITs的投资运作

一 案例介绍

"轻资产，重营运"作为深圳市万科房地产有限公司（以下简称"万科"）商业运作的一个基本思路，一直是万科商业项目中恪守的信条，在过去的几年里，万科与凯雷、领汇、东方藏山等有商业房企背景的资产管理公司进行过相关的合作。万科也曾给予厚望，但一旦合作深入，却频频遭遇瓶颈，最终都"胎死腹中"。如何利用多种渠道使商业资产变轻，万科一直在思考。

2015年4月22日鹏华前海万科REITs封闭式混合型发起式证券投资基金（以下简称"鹏华前海万科REITs"）被证监会受理，如果该基金成立，万科将成为国内首家发起公募房地产投资信托基金（REITs）产品的房企，这与万科"轻资产，重营运"的商业运作理念不谋而合，更是"万科人"不懈地努力探索的结果。

（一）鹏华前海万科REITs基本情况

鹏华前海万科REITs，是在管理层及监管层创新政策的鼓励下与特区金融体制改革中，国内地产领军企业万科联手鹏华基金管理有限公司（以下简称"鹏华基金"）发起的国内首只公募REITs基金。鹏华前海万科REITs是顶级商业地产资产证券化的重大实践，开创了地产投资新纪元。

1. "搭桥牵线，缔结良缘的天作之合"

鹏华前海万科 REITs 由深圳市前海金融控股有限公司（以下简称"前海金控"）牵头设计并担任投资顾问，鹏华基金作为基金管理人，万科企业股份有限公司（以下简称"万科企业"）及深圳市前海开发投资控股有限公司（以下简称"前海投控"）等作为共同参与主体。主要当事人包括项目公司、基金管理人、基金托管人和基金投资人。

（1）项目公司

深圳市万科前海公馆建设管理有限公司（项目公司），是万科全资子公司，负责履行万科企业与前海投控签订的《深圳市前海开发投资控股有限公司与万科企业股份有限公司关于前海企业公馆项目 BOT 协议》（以下简称"BOT 协议"）。项目公司经万科企业的授权，获得前海企业公馆项目自 2013—2021 年的运营权与收益权，并且承担运营管理过程中发生的所有税费。

（2）基金管理人

鹏华基金是中外合资的由中资控股的基金公司，其主要通过基金募集、基金销售、资产管理等方式服务于社会，从而实现企业价值。鹏华基金经过 18 年的努力奋斗，截至 2016 年 12 月 31 日，其管理的基金规模已经扩张到 129 只基金和 10 只全国社保投资组合，在基金投资、风险控制等方面积累了丰富经验，并且在 2011 年投资美国上市 REITs 中也积累了一定的 REITs 投资运作经验。

（3）基金托管人

上海浦东发展银行股份有限公司（以下简称"浦发银行"）从 2003 年开始从事托管业务，已经拥有证券投资基金等门类齐全的托管产品体系，可以为各类客户提供个性化的托管服务。截至 2016 年底，浦发银行托管证券投资基金共 54 只，托管规模约为 1029 亿元，比上年同期增长 19.90%。

（4）基金投资人

前海金控是由前海管理局全额投资的子公司，通过保险/再保险、证券、基金、资产管理、金融外包服务等多种方式积极贯彻落实国家前海金融创新战略，在深圳和香港经济金融合作的政策背景下，引导培育了多个重要的金融产业项目投资于深圳前海。

2. "保驾护航"，收益稳定的基础资产

鹏华前海万科 REITs 的基础资产是有着"中国企业摇篮"美誉的前海企业公馆，也是应广大已入驻前海的企业迫切的办公需求而生的窗口项目。由于前海自贸区的基础设施建设在 2013 年才逐渐开始，建设周期 3—5 年，并没有写字楼可立即提供给大量入驻企业使用，因此前海管理局决定做一个类似"桥头堡"的项目，借鉴美国硅谷经验，采取 BOT（Build-Operate-Transfer）模式进行建设。

这个总规划占地面积 11 万平方米的 BOT 项目，分为特区馆区和企业公馆区，包含一座约为 1 万平方米的特区馆、50 栋建筑面积为 300—1600 平方米不等的企业公馆、一座约 2000 平方米的服务式办公室易想空间。这个 BOT 项目投资最初预计为 7.8 亿元，但后来由于原西区面积不够，又增加了约 8000 平方米的东区，项目整体投资额最终接近 9 亿元，前海企业公馆于 2014 年 12 月 7 日正式开园。在进驻前海企业公馆的企业类型中，囊括了前海主导的四大产业——金融业、现代物流业、信息服务业、科技服务和其他专业服务业。目前已进驻的企业中 60% 都是金融机构，如台湾玉山银行、香港汇丰银行、恒生银行、渣打银行等，以及其他商业银行、资本管理、保险、证券、信托、融资租赁等机构都已进驻，同时一些深港联营律师事务所、建筑师事务所、咨询顾问公司等专业服务类型的企业也已进驻。

租金方面，截至 2015 年底，已出租办公楼的平均租金水平可以达到每平方米每月 250 元，最高的能达到每平方米每月 320 元。在第 25 栋企业公馆中，万科设计了 50 间独立小办公室，其内共计 200 个独立办公工位。这些是为那些小创业团队、小项目组准备的。在价格方面，万科给出的标准是依据不同位置实行不同的价格，有的每平方米每年 2000 元，有的接近每平方米每年 4000 元。在平均每平方米每年 3000 元左右的多种产品推向市场一个多月后，出租的工位就有 50 多个。彼时，万科初步估计第一年的资金回报率可达到 14%，租金从 2017 年的 1.26 亿元开始，之后其回报率稳定上涨。表 9 – 1 为 2015—2023 年每年的大约收益。

表 9-1　　　　　　2015—2023 年的大约收益　　　　单位：%，亿元

年份	2015	2016	2017	2018	2019	2020	2021	2022	2023
回报率	14	14	14	15	17	18	20	22	25
租金	1.26	1.26	1.26	1.37	1.5	1.63	1.78	1.94	2.1

3. "运筹帷幄"，结构巧妙的投资运作

（1）"双龙取水"，精心募集

分享顶级商业物业租金收益机会，这是鹏华基金为投资者带来的新型的投资工具，相比私募 REITs，公募 REITs 更能有效扩大投资人范围，加强不动产并购定价的市场性，实现全流程的透明度。同时，以公募基金为载体，直接投资于具有持续稳定现金流和资本增值的基础不动产项目公司，是目前在中国 REITs 相关税法和证券法尚缺乏明确的条例指引下，实现具有国外成熟市场 REITs 投资的等同效应的最佳途径。鹏华前海万科 REITs 主要通过基金管理人的直销或代销网点场外公开发售和深圳证券交易所（以下简称"深交所"）的会员场内公开发售两种方式进行基金募集。

（2）增资入股，"功成身退"

鹏华前海万科 REITs 将基金的部分资产通过增资入股的方式，持有项目公司 50% 的股权至 2023 年 7 月 24 日，获取自 2015 年 1 月 1 日至 2023 年 7 月 24 日前海企业公馆项目 100% 的实际或应取得的除物业管理费用收入之外的营业收入。鹏华前海万科 REITs 通过万科 4 次溢价回购项目公司股权的方式实现项目退出，分别于 2017 年转让 14%，2018 年转让 18%，2021 年转让 17.5%，2023 年转让 0.5% 的项目公司的股权。

（3）"金榜题名"，挂牌深交所

2015 年 9 月 25 日，鹏华基金发布《鹏华前海万科 REITs 封闭式混合型发起式证券投资基金上市交易公告书》，说明基金募集结果符合备案条件，鹏华基金已向中国证监会办理完毕基金备案手续，并于 2015 年 7 月 6 日获中国证监会确认，基金合同自该日起正式生效。经深交所深证上〔2015〕432 号文件核准，鹏华前海万科 REITs 于 2015 年 9 月 30 日开始在深交所上市，上市交易份额简称鹏华前海，基金代码为 184801。

(4)"沉潜十年",由封转开

鹏华前海万科REITs在投资者与鹏华基金达成基金管理协议后封闭运作10年,在协议规定的管理期到期时,转换为上市开放式基金(LOF),并且该基金以投资债券为主。

(二)首只公募REITs落地,艰难的"破冰之旅"

1. 轻资重营,屡遭瓶颈

商业地产的总资产很多,想要保持健康发展下去,轻资产是最好的选择,通过联营合营公司实现万科的权益利润并收取相应的管理费用,可以让万科的商业资产轻起来。"轻资产,重营运"也因此作为万科商业地产运作的基本思路,被写入了万科项目恪守的基本信条。为此,万科在这方面进行了一系列的尝试。

2014年8月,万科曾与世界最大的投资公司凯雷投资集团签署了商业地产战略合作平台意向书,该平台拟收购万科拥有的9个商业物业并长期持有,两者分别持股80%和20%,未来以资产证券化的方式退出。

同年11月,万科与领汇基金、麦格理达成初步意向,拟将深圳龙岗万科商场和北京金隅万科广场的大部分股权售予后者。

又一个月之后,深圳东方藏山资产管理有限公司(以下简称"东方藏山")与万科联手宣布进行商业资产管理的合作,东方藏山将以物业产权和股权形式,收购万科旗下涉及一二线城市共计5个社区物业。

然而,商业项目要实现轻资产并非易事,领汇基金与万科的合作就因产权和股权之间的协议并未达成一致意见而"胎死腹中"。不只是领汇,跟凯雷合作可能也会遇到类似问题,到底是转让股权好还是转让资产好?合作方可能希望转让资产,认为股权这种方式风险高,但转出产权,对出让方来说税收成本太高。

2. 行业窘境,夹缝求生

2009年初,中国人民银行同有关部门形成了REITs初步试点的总体构架,但由于我国相关法律法规仍不完备,REITs一直未能正式启动。在随后的几年中,国内市场虽然也出现了一些房地产信托产品,但是这些产品主要集中在市政建设项目、危改小区项目等基础建设项目上,纯房地产项目的信托产品很少。并且,这些产品几乎都是私募型,只有为数不多的专业投资者参与其中，造成运营模式较单一，规模较小，利率缺少弹性，期限较短，流动性较差，广大投资者对其仍不了解。

此外，我国还没有一个真正的房地产投资信托基金法，对基金的资产结构、资产运用、收入来源、利润分配和税收政策等没有明确界定和严格限制，致使国内的房地产投资基金大多处于较为散乱的发展阶段，缺乏统一的标准和经营守则。在缺乏上位支持与指导的行业环境下，REITs 发展举步维艰：越秀集团 2005 年将其部分物业资产注入 REITs 中，实现越秀房地产投资信托基金在香港上市；中信启航专项资产管理计划和中信华夏苏宁资产支持专项计划，仍是私募性质。

REITs 在我国窘迫的行业环境状况，让人对 REITs 的前景产生怀疑。难道 REITs 这条路真的行不通？

3. 因缘际会，柳暗花明

正当这个时候，现实却来了个 360 度的大转弯，给了 REITs "重获新生"的机遇。前海自贸区作为改革开放的前沿阵地，在相关政策的导向下吸引了大量现代企业入驻，而当时对于一穷二白、基础设施相当不完善的前海而言，并没有与之配套的优质写字楼供这些企业入驻办公。因此前海管理局决定借鉴美国硅谷建立的经验，采取 BOT 模式。

早在 2011 年，鹏华基金在公募基金领域进行过 QDII 产品创新，推出了国内首只投资美国房地产的基金——鹏华美国房地产基金，并取得良好的经济效益。因此，谭华杰曾经多次拜访鹏华基金的经理刘方正，了解关于如何凭借已有的基础资产（前海企业公馆）进行公募 REITs 的构想。两人最后达成共识，决定通力合作。

4. 水到渠成，破冰而出

在深圳市万科前海公馆建设管理有限公司和鹏华基金双方管理层的积极斡旋和磋商下，按照谭华杰与刘方正之前的构想，鹏华前海万科 REITs 如火如荼地完成其结构化设计，其结构如图 9-1 所示。我国首只公募 REITs 应运而生。

（1）成功竞标，履行协议

2013 年，在政府相关政策的扶持下，深圳市万科前海公馆建设管理有限公司（项目公司）通过竞标，并与政府签订 BOT 协议，以零成本从

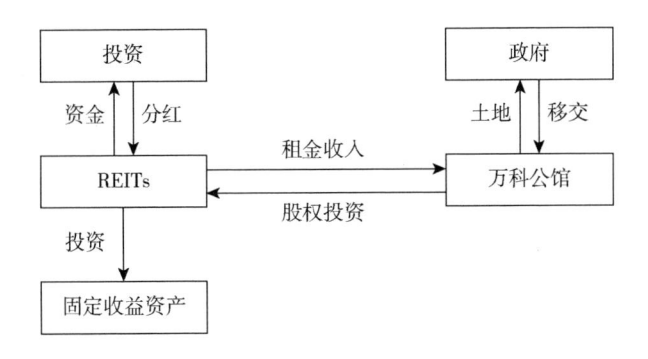

图 9-1　REITs 具体形成过程

政府那里获得土地，负责开发前海万科企业公馆项目，且于 2014 年底投入使用，并在 2023 年无偿移交给前海管理局，而项目公司则通过 8 年多的运营来回收项目投资。

（2）整合权属，"引凤入巢"

前海万科企业公馆面向社会招租，运营基本稳定，保证每年可获得稳定的收益。数量庞大的高质量客户群及较高的租金收益水平，是万科通过租金收益来覆盖建造成本、运营成本以及实现收益的保障。

（3）通力合作，联合开发

万科与鹏华基金合作，以前海企业公馆运营权为资本注入 REITs 中，并于 2015 年 6 月 26 日上市开始融资。

（4）挂牌深交所，公开募集

2015 年 9 月 30 日，鹏华前海万科 REITs 在深交所上市，通过基金管理人的直销或代销网点场外公开发售和深交所的会员场内公开发售两种方式进行基金募集。从 2015 年 6 月 26 日开始，截至 7 月 1 日，鹏华前海万科 REITs 达到募集规模 30 亿份，募集资金 30 亿元，提前完成募集目标。每份基金是 1 元，每手 10 万份。在所募集的基金当中，前海金控以自有资金认购 3 亿份，锁定期为 2 年。鹏华基金认购 1000 万份，锁定期为 3 年。

（5）增资入股，配置资产

鹏华前海万科 REITs 将基金的部分资产通过增资入股的方式，持有项目公司 50% 的股权至 2023 年 7 月 24 日，获取自 2015 年 1 月 1 日至 2023 年 7 月 24 日期间前海企业公馆项目 100% 的实际或应取得的除物业管理费用收入之外的营业收入。

鹏华前海万科REITs在封闭运作期内，通过投资项目公司股权从而获取项目公司所拥有的商业物业租金收益，同时，维持中高级中短久期信用债券资产配置，并维持一定的杠杆操作，以固定收益类资产为主要方向，在严格控制整体仓位的前提下，少量参与股票二级市场投资，同时，积极参与新股、可转换债、可交换债的网下申购获取低风险较高收益。基金投资的组合比例为：投资于确定的、单一目标公司股权的比例不超过基金资产的50%，投资于固定收益资产和权益类资产的比例不低于基金资产的50%。

（6）由封转开，回购退出

鹏华前海万科REITs在投资者与鹏华基金达成基金管理协议后封闭运作10年，在协议规定的管理期到期时，转换为上市开放式基金。2023年，投资于固定收益类资产的基金将转换为上市开放式基金。投资于前海万科公馆部分资金分别在2015年、2018年、2021年和2023年10月31日前，向深圳万科或深圳万科指定的关联方转让14%、18%、17.5%和0.5%的股权。

（三）后续发展，业绩斐然

在鹏华基金的官网上，鹏华前海万科REITs被评价为"适合风险承受能力稳健型客户"。鹏华前海万科REITs采用现金分红的方式，在稳健分红的前提下，基金收益每年至少分配一次，每年的基金分配比例不低于基金年度可供分配利润的90%。而2016年鹏华前海REITs的年报显示，年度利润合计1.163亿元，每10份基金份额发放38元，换句话说，1份基金就能分红3.8元，而这一数字在2016年基金分红中位列第五。

为了保证该产品的收益，万科设立了保证金账户，一次性存入不低于2000万元保证金且确保每年维持不低于该数目的保证金。当万科当期营业收入扣减物业管理费收入后的余额，低于万科提供并经基金管理人确认的当期业绩比较基准时，万科会以保证金账户资金余额为限，按当期实际业绩收入低于业绩比较基准的差额，向鹏华前海万科REITs支付业绩补偿。而在业绩激励机制上，鹏华前海万科REITs还与万科制定了业绩分红机制，以促进其经营。

（四）尾声

鹏华前海万科 REITs 通过借鉴成熟市场的最优操作方法，充分利用中国资本市场现有的规则，将房地产项目装入封闭式基金并通过证券交易所上市交易，成为国内首只公募 REITs，并取得良好的经济效益。

对于万科来说，试水 REITs 也是其探索如何有效经营商业地产的一条新的道路，对于运营周期较长的项目，通过 REITs 这种金融产品的创新，有助于减少资源的占用，提高资金的利用效率，符合其发展方向。公司将继续以"轻资产，重营运"为发展思路，积极寻求合作，提高为股东创造回报的能力。对于未来 REITs 在国内的发展前景，万科方面认为，REITs 在国外的发展比较成熟，希望通过鹏华前海万科 REITs，让更多的境内投资者也能熟悉这一金融产品，共同分享行业收益；对行业而言，REITs 的出现，为拓宽融资渠道提供了更多可能，有助于推动行业健康发展……

【思考题】

（1）什么是 REITs？在中国 REITs 发展缓慢的背景下，万科为何要试水 REITs？与传统的房地产融资项目相比，有何突出优势？

（2）鹏华前海万科 REITs 包含哪些要素？如何进行投资运作的？鹏华前海万科 REITs 的成功发行对我国的 REITs 有何启示？

（3）鹏华前海万科 REITs 为何能维持如此高的分红业绩？

（4）REITs 有什么风险，如何规避？

二 案例分析

本案例以万科试水 REITs，与鹏华基金合作，积极探索走"轻资产，重营运"的道路，推出我国首只公募 REITs 的案例为对象，分析了鹏华前海万科 REITs 投资运作的过程，如何站在时代的风口浪尖艰难破冰，如何进行资本运营，以及如何实现高分红，希望对我国房地产金融以及信托基金领域的发展起到实质性的借鉴与启示作用。

（一）理论依据

（1）金融产品创新理论。

（2）REITs 的原理。

（3）房地产项目融资理论。

（4）风险控制原理。

（二）分析思路

（1）首先我们要弄清楚什么是 REITs，其次结合万科企业"轻资产，重营运"的发展理念，以及万科企业在"轻资产"方面的作为，有何表现，遇到过什么困难，或者遭遇过什么瓶颈，进一步分析其试水 REITs 的原因。此外，我们要对传统的房地产项目融资方式进行相关的了解，通过比较，分析 REITs 的突出优势。

（2）首先我们要结合鹏华前海万科 REITs 案例，分析其包含哪些要素，及其投资运作的方式和过程有哪些优势和不足，进一步总结鹏华前海万科 REITs 的成功发行对我国的 REITs 的启示。

（3）一方面我们应该看到鹏华前海万科 REITs 取得了较高的经济效益，另一方面我们要将这种表现与其投资运作的过程、资产投入的领域、投资结构、相对完善的收益分配机制、风险防范与控制机制等结合联系起来。再进一步从这些层面具体考虑与分析鹏华前海万科 REITs 实现高分红的深层次原因。

（4）结合鹏华前海万科 REITs 运作的案例及其采取的风险控制机制，再联系 REITs 的原理，进一步分析 REITs 的风险表现形式，总结相关的防范措施。

（三）具体分析

1. 什么是 REITs？在中国 REITs 发展缓慢的背景下，万科为何要试水 REITs？与传统的房地产融资项目相比，有何突出优势

（1）相关概念

①REITs

REITs（Real Estate Investment Trusts，房地产投资信托基金）是一种以发行收益凭证的方式汇集特定多数投资者的资金，由专门投资机构进行房地产投资经营管理，并将投资综合收益按比例分配给投资者的一种信托

基金。

②房地产项目融资

房地产项目融资是整个社会融资系统中的一个重要组成部分，是房地产投资者为确保投资项目的顺利开展而进行的融通资金的活动。与其他融资活动一样，房地产项目融资同样包括资金筹措和资金供应两个方面。房地产项目融资的实质，是充分发挥房地产的财产功能，为房地产投资融通资金，以达到尽快开发、提高投资效益的目的。

③轻资产

轻资产，又称轻资产运营模式，是指企业紧紧抓住自己的核心业务，而将非核心业务外包出去。轻资产运营是以价值为驱动的资本战略，用有限资产获取最大收益，是所有企业追求的最高境界。在经济迅猛发展的当下，"变轻"不仅仅是一种选择，也是一种必然。轻资产运营是网络时代与知识经济时代背景下企业战略的新结构。

（2）试水 REITs 的原因

万科商业地产的总资产很多，想要保持健康发展下去，轻资产是最好的选择，通过联营合营公司实现万科的权益利润并收取相应的管理费用，可以让万科的商业资产真正"轻起来"。

①行业性质的要求

万科作为商业地产的大腕具有高杠杆化的特点，因此其必须拥有雄厚的资金储备来撬动杠杆，为了提高其大量资产的利用效益，轻资产是最好的选择。

②企业战略的要求

"轻资产，重营运"一直是万科商业地产运作的基本准则，为此万科曾多次进行轻资产的尝试。

③轻资产路线受阻的曲线抉择

商业项目要实现轻资产并非易事，必须通过变革国内不动产的相关制度来解决，而 REITs 的结构化设计恰好能解决这些问题。

（3）传统的房地产项目融资渠道

第一，银行贷款。银行贷款是中国传统房地产项目融资的主要方式，受中央银行贴现率、放款期限、存款利率、放贷利率风险、管理贷款成本、优惠利率等多种因素的影响。

第二，民间借款。民间借款的特点表现为形式上的分散、隐蔽性，金额上的小规模性，范围上的局限性，利率上的高低不一与随行就市，借贷合约非格式化，对偿债的硬约束性。适用该方式的企业有一定的限制，并非所有房地产开发商都可以运用，开发商承担风险较大，并非开创融资新渠道。

第三，发行债券融资。通过发行债券的决议、制定发行债券的章程、办理债券等级评定手续、发行债券的申请与批准、制定募集办法并予以公告、签订承销协议、募集款项等程序完成融资。

第四，商业信用融资。商业信用的主要特点：商业信用能够为买卖双方提供方便；商业信用可以巩固经济合同，加强经济责任；商业信用有利于竞争。商业信用融资的具体方式包括应收账款融资、商业票据融资、预收货款融资等。

第五，金融租赁融资。金融租赁也称融资租赁，是由出租人根据承租人的请求，按双方的事先合同约定，向承租人指定的出卖人购买承租人指定的固定资产，在出租人拥有该固定资产所有权的前提下，以承租人支付所有租金为条件，将一个时期的该固定资产的占有、使用和收益权让渡给承租人。

第六，产权交易融资。产权交易是指资产所有者（企业的所有者）将其资产的所有权和经营权有偿转让的一种经济活动。这种经济活动是一种以实物形态为基础特征的将财产权益的全部或者部分出卖的行为。房地产企业通过产权交易，可以实现资本、土地、劳动力等资源要素的重新组合，是房地产融资的一种重要方式。

第七，证券化融资。证券化是指在企业金融与资产金融两方面，主要以证券形式在资本市场进行资金筹措现象的普遍化。所谓房地产证券化，就是把流动性低的、非证券形态的房地产投资直接转变为资本市场上的证券资产的金融交易过程，从而使投资者与投资对象之间的关系由直接的物权拥有转化为债权拥有的形式。

第八，ABS项目融资模式。ABS项目融资模式是以项目所属的资产为支撑的证券化融资方式，即以项目所拥有的资产为基础，以项目资产可以带来的预期收益为保证，通过在资本市场发行债券来募集资金的一种项目融资方式。

第九，上市融资。上市融资是企业所有者通过出售可接收的部分股权换取企业当期急需的发展资金，依靠资本市场这种短期的输血促使企业迅速做大。上市融资包括直接发行上市和利用壳公司资源间接上市。

(4) REITs 的优势

第一，投资主体大众化。房地产是资金密集型行业，其特点是投资规模大且投资周期长。这使一般的小型投资者根本不敢问津，更无法参与其中。相比而言，REITs 则使大额的房地产投资变成了小额的证券投资，这使几乎所有的投资者都有投资房地产的机会，从而形成了资金来源广泛的特点。

第二，投资风险分散化，回报稳定。首先，因为 REITs 一般是由专业的房地产公司发起并实行专业化的经营管理；其次，由于基金的规模比较大，因而能广泛投资于各种类型的房地产项目，从而分散了投资风险；最后，由于 REITs 投资于房地产，可获得稳定的租金收入，有一笔持续稳定的现金流，而且收益率也比较可观。

第三，较高的流动性和变现性。房地产的固定性使它的流动性较差。投资者直接投资于房地产，变现时一般通过出售的方式，且往往在价格上不得不打折扣；当投资者不需要大量现金时，房地产出手的难度就更大了。因 REITs 是以证券化方式来表现不动产的价值，证券在发行后可以在次级市场上交易，投资者可以随时在集中市场上或店头市场上买卖证券，投资人所拥有的股权可以转让，具有较好的变现性，有助于资金的流通，一定程度上使投资者消除了传统不动产不易脱手的顾虑。

第四，高度的灵活性。对于房地产企业而言，与债务融资相比，REITs 是股权形式的投资，不会增加企业的债务负担。如果从银行贷款，房地产企业要按借款合同约定还款，财务压力大，而且房地产企业也难以就那些短期内回报低的项目向银行申请贷款；同时，由于 REITs 坚持分散投资策略和降低风险的投资原则，其在一个房地产企业的投资不会超过基金净值的规定比例，因而房地产企业不丧失对企业和项目的控制权和自经营权，具有高度的灵活性。因为没有投资数量的限制，投资者既可只买一股，也可买数股，突出投资者持股的灵活性。此外，REITs 本身具有灵活性。REITs 既可作为融资渠道，也可以作为一种证券工具，即把一些机构或面临困境的物业销售商持有的分散房产包装上市，甚至可以将整个集团公司收归 REITs 进行操作。

第五，与其他金融资产的相关度较低。相关研究报告通过对已发行的 REITs 历史业绩进行分析发现，REITs 的回报率与其他资产的收益率的相关性呈下降趋势，与其他金融资产的相关度较低，因而能够避免市场低迷导致的连锁效应。

2. 鹏华前海万科 REITs 包含哪些要素？是如何进行投资运作的？鹏华前海万科 REITs 的成功发行对中国的 REITs 有何启示

（1）鹏华前海万科 REITs 的要素

鹏华前海万科 REITs 包括基金管理人、基金托管人等要素（见表9-2）。

表 9-2　　　　　　　　　鹏华前海万科 REITs 的要素

要素	内容
基金管理人	鹏华基金管理公司
基金托管人	上海浦东发展银行
基金投资者	法律法规规定允许的各类投资者
基础资产	前海企业公馆
基金形式	契约型、混合型证券投资基金

（2）鹏华前海万科 REITs 的投资运作过程

①基金募集

鹏华前海万科 REITs 主要借助基金管理人的直销、代销网点，通过场外公开发售和深交所的会员场内公开发售两种方式进行基金募集。从 2015 年 6 月 26 日开始，截至 7 月 1 日，鹏华前海万科 REITs 达到募集规模 30 亿份，募集资金 30 亿元，提前完成募集目标。

②项目的投资与退出

鹏华前海万科 REITs 通过增资入股的方式，取得深圳市万科前海公馆建设管理有限公司（项目公司）50% 的股权，并获取自 2015 年 1 月 1 日至 2023 年 7 月 24 日前海企业公馆项目 100% 的实际或应取得的除物业管理费用收入之外的营业收入。

鹏华前海万科REITs通过万科四次溢价回购项目公司股权的方式实现项目退出。分别于2017年转让14%，2018年转让18%，2021年转让17.5%，2023年转让0.5%的项目公司的股权。

③基金上市

2015年9月25日，鹏华基金发布《鹏华前海万科REITs封闭式混合型发起式证券投资基金上市交易公告书》，说明基金募集结果符合备案条件，鹏华基金已向中国证监会办理完毕基金备案手续，并于2015年7月6日获中国证监会确认，基金合同自该日起正式生效。经深交所深证上〔2015〕432号文件核准，鹏华前海万科REITs于2015年9月30日开始在深交所上市，上市交易份额简称鹏华前海，基金代码为184801。

④基金转换方式

鹏华前海万科REITs在投资者与鹏华基金达成基金管理协议后封闭运作10年，在协议规定的管理期到期时自动转换为上市开放式基金，并且该基金以投资债券为主。

(3) 股权结构

鹏华前海万科REITs股权结构如图9-2所示。

从组织形式上看，鹏华前海万科REITs属于契约型的组织形式，设立、运作和解散都比较方便，基金持有人可在一级或二级市场直接买入基金份额，成为基金收益人。

从募集方式上看，鹏华前海万科REITs通过场外和场内两种方式公开募集。作为内地第一只公募型REITs，经过证监会的批准面向社会广大投资者公开发行，10万元即可认购，投资门槛较低，能够吸引众多中小投资者，可以将社会闲散资金迅速汇集。鹏华前海万科REITs的资金来源广泛，筹资迅速。鹏华前海万科REITs于2015年9月30日开始在深交所上市交易，投资者可在证券二级市场自由买卖其基金份额，交易门槛为1万元，弥补了房地产流动性差的缺陷。同时鹏华前海万科REITs需要在相关监管部门注册并接受监管，在公司治理、财务报表及信息披露等方面都比较规范、透明。6天募集30亿元及上市首日5000万元的交易量，说明市场对鹏华前海万科REITs的热情。

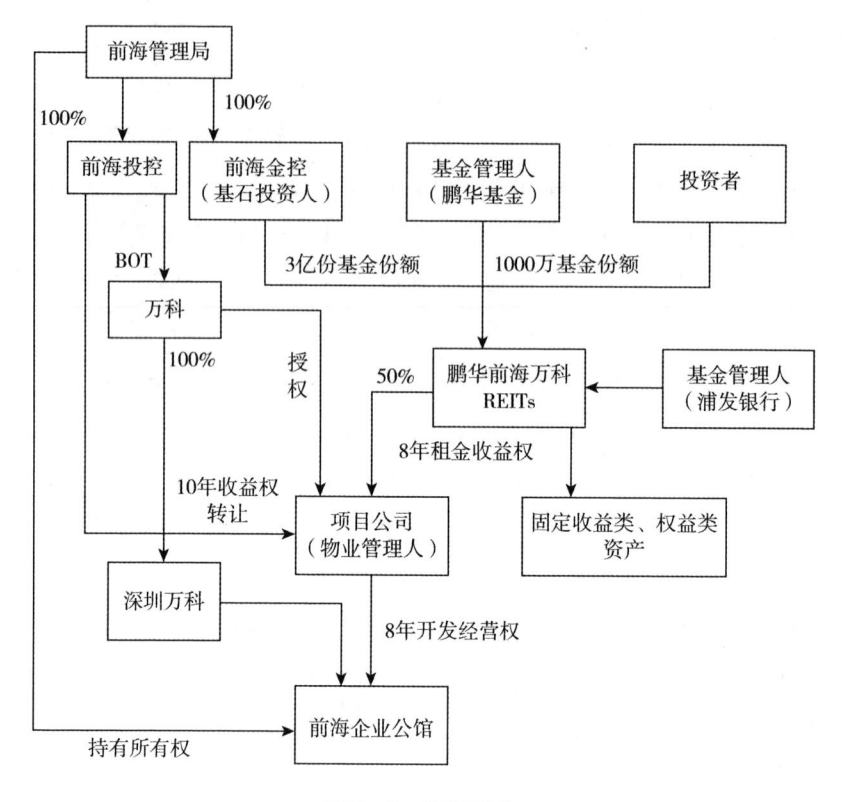

图 9-2 股权结构

从运作方式上看，鹏华前海万科 REITs 有 10 年的封闭运作期，自基金合同生效日起算。基金封闭运作期届满，将转为上市开放式基金（LOF），鹏华前海万科 REITs 的运作方式与其投资运作相匹配。

从投资运作上看，鹏华前海万科 REITs 的基金资产一部分投资于房地产公司即目标公司的股权，另一部分投资于固定收益类或权益类金融产品，属于混合型 REITs。鹏华前海万科 REITs 对单一资产的投资比例受到证监会《公开募集证券投资基金运作管理办法》的限制，不能超过基金总规模的 50%。依据招募说明书，鹏华前海万科 REITs 在封闭运作期内不超过 50% 的基金资产可投资于目标公司的股权，不低于 50% 的基金资产可投资于固定收益类资产、现金、法律法规或证监会允许基金投资的其他金融工具以及股票、权证等权益类资产。

(4) 鹏华前海万科 REITs 案例对我国 REITs 投资运作的启示

①优化资产配置

鹏华前海万科 REITs 单一的、固定的股权投资占总资产的比例为 20%，由于前海企业公馆租金收入不及预期，房地产公允价值变动损益对基金总资产的影响较大，造成基金净值波动幅度大，净值增长率有所降低。由于基金管理人专业特长的限制，投资于酒店、写字楼、工厂、零售类多种物业并不利于 REITs 的利润实现，会降低 REITs 的净值增长率。因而对于中国 REITs 的投资运作，基金管理人要注意优化资源配置，分散投资，在不同的地区投资于同一类物业，这样既可以降低某一地区因经济下滑引起的整体收益大幅下降，还可以利用专业特长提高经营效益。

②强化信息披露

鹏华前海万科 REITs 公告中，有一些重要事项披露不清晰，比如托管银行与会计师事务所的情况、万科延长股权回购计划。由于 REITs 在投资运作过程中涉及房地产项目的收购、合作服务机构的选择、相关费用的确定等诸多问题。信息披露不详细很可能引发委托代理问题和道德风险问题，因此，基金管理人应该予以更加详细的披露，比如费用明细单、合作方选择程序等。

③建立和完善法律法规

多数国家或地区对 REITs 的改革是在适应经济、市场环境中不断地进行的。中国 REITs 还处于探索阶段，目前的法律法规并没有明确地规定中国 REITs 的主体性质与税收制度安排，以致市场对于 REITs 的探索很有限，因而中国更需要建立和完善法律法规，从税收、管理、法律主体等多个方面规范 REITs 的投资运作与保护投资人的权益，同时促进 REITs 市场的健康发展，推动房地产行业体系的完善，助力宏观经济发展的提升。同时，应该借鉴国际惯例中 REITs 的成功经验与失败教训，根据经济发展需要、金融市场构建框架和房地产行业政策等具体情况，对物业转让、分红、上市交易过程中的不同主体按照税收中性原则给予适当的税收优惠，按照公平、公正、公开等原则促进 REITs 市场健康理性地发展与成熟。

④构建监管体制和自律体系

中国目前正处于 REITs 探索期，市场强烈呼吁发展 REITs，这就容易造成 REITs 的盲目扩张，浪费整个社会的资源，造成资源错配，无形中增加 REITs 的风险，损害投资人的权益，增加社会不稳定性因素。而 REITs 的产品属性决定了它跨越多个行业，对它的监管需要多个监管部门的配合。并且，目前我国的分业监管模式注定了 REITs 的监管不到位、不完善，我国需要发展混业监管模式，实现银行业、证券业、信托业、房地产业的统一监管或积极合作。

在美国自律体系履行着监管职责，但是我国的监管职责由相应的监管部门负责，我国的自律组织主要负责整个行业人才培养与行业的发展支持。我国的自律组织可以从对行业从业人员开展法律法规教育入手，实现立法、执法、学法、守法的良性循环。

⑤培养专业型及复合型人才

REITs 作为一种产业投资基金连接着房地产行业与金融行业，决定了 REITs 的从业人员需要具备丰富的房地产和金融知识。由于我国 REITs 起步晚并且发展缓慢，REITs 人才的培育严重不足，REITs 人才的需求缺口很大。在资产评估方面需要注册评估师，在会计处理方面需要会计师，在报表审核方面需要审计师，在法律事务处理方面需要金融律师。同时，REITs 人才的培养不仅应关注个体，还应注重整个团体的建设与培养。例如加强与 REITs 市场成熟国家的交流，引进国外先进 REITs 团队与管理人才，培养出我国专业型及复合型的 REITs 人才。

⑥推动多方资金投资公募 REITs

养老保险金对现金红利的需求强烈，而房地产投资信托基金能很好地满足这点，这就决定了双方有逻辑上的合作基础。由于我国股票市场的股票市盈率较高，现金红利分配率较低，房地产投资信托基金相对于股票市场是养老保险金投资的更好标的。鼓励养老保险资金及多方资金进入 REITs 市场，将大大促进我国 REITs 市场的发展。

3. 鹏华前海万科 REITs 实现高分红业绩的原因

基金分红是指基金将收益的一部分以现金形式派发给投资人。这部分收益原来就是基金单位净值的一部分。按照《证券投资基金管理暂行办法》的规定：基金管理公司必须以现金形式分配至少 90% 的基金净收益，并且每年至少一次。基金分红主要有两种方式：一种是现金分红，另一种是红利再投资。

在鹏华基金的官网上，鹏华前海万科 REITs 被评价为"适合风险承受能力稳健型客户"，在 2016 年基金分红排名中位列第五，取得如此高分红业绩的原因主要包括以下几个方面。

（1）合理的资产配置

鹏华前海万科 REITs 在封闭运作期内，通过投资项目公司股权获取项目公司所拥有的商业物业租金收益，同时，维持中高级中短久期信用债券资产配置，并维持一定的杠杆操作，以固定收益类资产为主要方向，在严格控制整体仓位的前提下，少量参与股票二级市场投资，同时积极参与新股、可转换债、可交换债的网下申购以获取低风险的较高收益。基金投资的组合比例为：投资于确定的、单一目标公司股权的比例不超过基金资产的 50%，投资于固定收益资产、权益类资产的比例不低于基金资产的 50%。

鹏华前海万科 REITs 投资于项目公司股权的比例不超过基金资产的 50% 且占比逐年下降，2015 年和 2016 年稳定在 20% 左右（股权投资金额由未来现金流入按照业绩比较基准折现的现值计算）；债券投资比例不低于基金资产的 50% 且占比逐年增加，2016 年稳定在 70% 左右。

鹏华前海万科 REITs 2016 年配置了 7 个行业，其中制造业居首位，其他行业都少量配置，这与鹏华前海万科 REITs 的投资策略相符，投资于稳定现金流或经营良好的企业。

（2）有效的保障机制

①业绩补偿机制

深圳万科开立的保证金账户，一次存入不低于 2000 万元的保证金并确保每年维持不低于 2000 万元的保证金。如果目标公司当期业绩收入低于目标公司的业绩比较基准（当期目标公司预测营业收入扣减物业管理费收入后的余额），深圳万科应该以保证金账户资金余额为限按目标公司当期实际业绩收入低于业绩比较基准（业绩补偿款）的金额向本基金进行支付。

②激励措施

如果目标公司当期实际业绩收入高于目标公司业绩比较基准，对于目标公司当期实际业绩收入超过目标公司业绩比较基准在 5% 以内的部分，按 20% 的比例向保证金账户支付深圳万科收益分成，对于差额超过目标公司业绩比较基准 10% 的部分，按 50% 的比例向保证金账户支付万科收益分成，上述分成价款计入保证金账户。

（3）投资的商业不动产的属性优质

万科前海公馆项目的优质主要体现在两方面：一方面，前海潜力大。前海地处深圳市南山半岛区西部，由双界河、月亮湾大道、妈湾大道、宝安大道以及西部岸线和合而成，紧邻香港国际机场和深圳机场，地理位置优越；前海作为国家级经济特区，将被打造成中国的"曼哈顿"，拥有诸多政策上的优惠支持。另一方面，当前前海商业配套匮乏。截至 2015 年 5 月，进驻前海的企业超过 3 万家，其中金融类企业 1.7 万家，占比超过 50%。可是由于土地壁垒，当前前海成规模的商业办公项目唯有前海企业公馆。在鹏华前海万科 REITs 的募集说明书中，戴德梁行预计万科前海公馆 2015 年营业收入为 1.23 亿元，每平方米租金为 250 元，远低于同级写字楼。基于上述两大利好，万科前海企业公馆租金未来存在大幅上涨的空间。

（4）良好的风险控制机制

在投资决策前，鹏华基金作为基金管理人应当做好尽职调查，对投资项目进行严格的调查和评估，聘请专业的机构或人员对中国宏观经济市场、相关的政策法规、市场走向以及行业动态进行全面的分析，对于未来的商业租赁需求、价格走向等进行充分了解，应提前分析可能对项目产生不利影响的因素，准确确定投资方向。决策前所获得的信息越多就越能对市场做出准确的判断，进而做出明智的投资选择，从一开始就降低投资风险。另外，目标公司也应加强对前海企业公馆物业管理的现状、物业市场状况以及市场潜力等定期做好市场调研，对于未来的租金和股权收入做好预判。

鹏华基金作为基金管理人应对项目运营过程中的市场风险实时监控，防患于未然。首先，定期对市场风险进行监控和测度，一旦发现异常立即上报并采取相应措施；其次，项目管理机构应该建立一套自己的风险预警和应急处理系统，能够对识别出的可能出现的风险进行分析和预测，对于风险测度指标设立临界值，并对风险水平进行划分，以采取不同的风险规避策略。在此过程中，如果能够在符合法律规定的条件下形成标准化的工作流程，将会大大减少风险控制过程中人为操作的风险（刘雅曦，2018）。

（5）结构巧妙的契约型组织形式

契约型组织形式有两大优势。

一是避开公司对外投资有关的限制。我国《公司法》对公司上市前的经营年限和经营业绩有特定要求，以及对公司的对外权益投资有不得超过公司净资产50%的限制。鹏华前海万科REITs采取契约型，可以避开《公司法》中的相关规定，便于其上市交易及提高发展速度。

二是免予双重征税。在国内现行税制下，公司型REITs将面临严重的重复纳税问题：REITs要交25%的企业所得税，投资者在取得收入分红后也要缴纳所得税；同时我国商业地产的租金收入需缴纳12%的商业用房房产税，涉及物业资产的收购和转让的还需要缴纳高额的资产转让所得税。目前公司型REITs在我国无法避免双重征税的问题，这也是公司型REITs不能普遍推广的最主要原因，而契约型REITs只需在分配时纳税一次，税率较低。契约型的鹏华前海万科REITs不具有法人资格，不被视为企业所得税的纳税主体。在收益分配环节，据财政部和国家税务总局颁布的相关规定，鹏华前海万科REITs向投资者分配的基金收益，暂免征收所得税。

4. REITs有什么风险？如何规避

（1）RIETs的风险因素

①在业绩方面

在国外成熟市场上，REITs的资金投向遍及大部分能够获取租金收益的商业地产，包括公寓、酒店、办公楼、购物中心及MBS等，并且偏好购买优质地段的优质地产，尤其是地标性建筑，国外REITs的物业投资种类繁多、投资组合比较分散。

鹏华前海万科REITs却只投资于单一的房地产项目，且投资比例不足募集资金的50%，与国际成熟REITs市场的REITs存在明显区别。尽管前海企业公馆项目自身资产质量上佳，但是鹏华前海万科REITs只投资于一处物业的缺点显而易见,业绩波动风险比较高。

②在收益实现方面

鹏华前海万科 REITs 失去了最后股权投资退出时的资产增值收益,所有的收益全靠经营收入。

③在运营方面

国外成熟市场的 REITs 产品大都投资于能产生稳定收益的成熟物业,且投资的物业种类丰富,投资标的分散。商业地产很重要的一个步骤就是孵化,商业项目必须在运营两三年之后才能进入成熟期,成熟物业更适合 REITs。

而鹏华前海万科 REITs 投资的前海企业公馆项目于 2014 年 12 月才开始正式营业,还不是最佳的状态。再者这个物业项目属于产业园,单个租户租赁面积较大,如果出现退租也会对一定期间的空置率有较大影响,运营风险较大。

④在投资项目方面

前海企业公馆项目并非万科企业自有土地建设,土地所有人为深圳市前海管理局,万科企业是作为前海深港合作区企业公馆 BOT 项目选中的投资人。在项目用地性质上,土地用途为"临时商业办公用地"。临时商业办公用地的性质使前海企业公馆项目本身存在变化的风险。

同时由于前海企业公馆项目是 BOT 项目,项目资产的所有权属于政府,因此还存在一定的 BOT 项目提前终止的风险。鹏华前海万科 REITs 投资的房地产项目只有前海企业公馆项目,投资项目单一,不能分散投资风险,项目的任何变化都会影响鹏华前海万科 REITs 的发展。

(2) REITs 的风险

①经营风险

房地产投资信托是关于建筑物空间面积的租赁经营。经济因素如需求、人口、地区和城市内区域经济增长差异等,对某些区位、类型和租约的房地产影响比较大。如果物业的收入及支出与预期不符,会对房地产投资信托的可持续经营构成不利影响。

②财务风险

债务融资通过财务杠杆作用,一方面增加了投资回报,另一方面也增加了房地产投资信托的财务风险。债务在房地产投资信托中所占比例越高，财务风险越大。财务风险的大小取决于债务结构和利息率。一般而言，房地产投资信托须承担与债务融资有关的风险，包括现金流量不足以偿还债务的风险，以及由于在借贷市场缺乏能力而未能将债务维持在理想水平而承担的财务风险。

③法律风险

房地产投资信托必然需要受到法律及法规的规制。近些年来，就相关土地和房产法律问题，各级政府颁布了多项法律、行政法规和部门规章、地方性法规和地方性规章，对这些法律、行政法规、部门规章等的诠释及应用的改变会对房地产投资信托的盈利能力造成影响。

④信用风险

投资基金尤其是产业投资基金在中国还没形成完善的运作模式，对基金管理人的有效约束机制和激励机制尚未形成，容易发生基金管理人的道德风险。由于存在信息不对称，一些基金管理人在经营管理过程中会牺牲投资者的利益为自己谋好处。

⑤管理风险

大多数 REITs 的物业项目都需要租赁经营和维护管理。投资者的收益率与 REITs 的管理能力息息相关。管理风险产生于适应环境的管理能力、创新能力以及业务的经营效率。REITs 的管理团队及其水平、资质和经验，或者与 REITs 相关的财务报告、预算和预测的能力，将对 REITs 的业绩表现起到重要的作用。

(3) 规避相关风险的措施

①建立内部风险控制机制

REITs 需要建立投资决策委员会和风险控制委员会，通过组织机构建设，形成投资决策、风险控制的流程和机制，化解投资、经营和管理风险。

在市场发生重大变动的情况下，研究制定风险控制的办法。在此基础上，REITs 管理人应建立和健全岗位责任制，明确每个员工的任务和职责，及时将各自工作领域中的风险隐患通过自下而上的风险报告程序，使各个层次的人员及时掌握风险状况，以防范和减少风险。

②借助专门中介机构的评估和服务

REITs 为了及时防范风险，保障其经营管理的顺利进行，可以聘请专门的中介服务公司为REITs经营管理出谋划策。比如，聘请知名房地产顾问公司评估投资项目，聘请会计事务所评估不动产价值和审计公司的财务信息，聘请律师事务所审核法律程序，聘请风险管理顾问设计规避风险的制度和方法等。

③建立风险分散机制

为了分散风险，可以对不同地区、不同类型的房地产项目进行投资，实现投资多元化和资产结构多样化。同时在投资方向上，要考虑房地产市场所处的发展阶段，如部分资金投资于房地产开发建设，部分资金投资于成熟物业收取租金。

④建立信托企业信用制度

建立信托企业信用制度，包括以下几方面：以完善的法律体系促进信托市场的诚信建设，保证信托市场的健康发展；建立信托企业征信体制，划分信托企业信息类型，实现征信数据的开放；发展信用中介机构；建立标准化的信托企业征信数据库；建立健全失信惩罚制度，规范发展信用评级行业；大力发展信托企业信用管理教育。

⑤健全信息披露制度

信托投资公司应真实、准确、及时、完整地披露信息，包括经审计的年报和重大事件临时报告等，在年报中披露各类风险和风险管理情况及公司治理信息，并在会计附注中披露关联交易的总量及重大关联交易的情况等，强化信息透明度与社会公众监督。

⑥完善相关法律体系

REITs作为一种新的房地产投资工具，是一个需要房地产业和金融业相结合的市场配置资金的投资产品。REITs的发展，需要建立完善的法律体系，保证和维持整个市场的公平、公正、公开和透明，进而推进房地产投资信托业健康、理性的发展。要建立完善的法律体系，仅仅颁布《信托法》《投资基金法》是远远不够的，必须将法律制定工作细化、完备化，并配备一些其他的相关法规。

（四）关键要点

（1）关键点：本案例结合房地产项目融资、基金分红、基金募集、房地产投资信托基金、风险控制原理等理论，对鹏华前海万科REITs相关的投资运作进行分析,通过本案例的学习,可以了解 REITs 的运作原理、基金募集与分红、封闭式混合型基金的有关概念。

(2)关键知识点:REITs 运作原理、房地产项目融资理论、基金募集与分红理论、轻资产理论。

(3)能力点:理论联系实际的能力、分析与综合能力。

【参考文献】

步艳红、董琪:《不动产投资信托基金投资风险》,《中国金融》2018 年第 20 期。

李康:《资本市场 REITs 交易结构剖析及相关法律问题探讨——以苏宁云创 REITs 为例》,《法制与社会》2017 年第 13 期。

李智、彭科科:《经济适用房 REITs 的路径依赖与法律构建》,《中国青年政治学院学报》2014 年第 2 期。

孙明春:《REITs:解决中国房地产市场调控困局的工具之一》,《新金融评论》2018 年第 4 期。

王凤荣、耿艳辉:《美国房地产投资信托基金发展的金融功能观分析与启示》,《经济学动态》2012 年第 5 期。

王凤荣、李全军:《不动产证券化与经济波动——基于跳扩散模型的 REITs 与股票比较分析》,《经济管理》2013 年第 4 期。

吴章达:《REITs 在公共租赁房供应中的应用研究——以上海为例》,《上海经济研究》2013 年第 9 期。

徐光远、焦颖、何杰:《我国宏观经济市场风险对 REITs 抗风险能力的影响》,《山东社会科学》2016 年第 12 期。

许莲凤:《美国保障性住房融资 REITs 模式的经验及启示》,《亚太经济》2014 年第 3 期。

赵天佑:《鹏华前海万科 REITs 产品结构及其风险研究》,硕士学位论文,北京交通大学,2017 年。

钟腾、王文湛、易洁菲:《中国类 REITs 产品投资属性研究——基于三个典型案例的分析》,《金融论坛》2020 年第 3 期。

邹静、王洪卫:《REITs——文献综述》,《产业经济评论》2018 年第 2 期。

案例 10 海印股份信托受益权专项资产管理计划

一 案例介绍

2013年5月13日,广东海印集团股份有限公司(以下简称"海印股份")召开第七届董事会第十次临时会议,会议由董事长邵建明主持,讨论并通过了《关于设立海印股份专项资产管理计划的议案》。2013年5月16日,海印股份进行公示,股价当天直接涨停。

(一)三十余载,历经风雨

1. 邵建明,何方神圣?

和大多数成功企业家一样,被誉为广州"商贸奇才"的邵建明是传奇的。1963年出生的他从小就展示出了经商天赋,25岁投笔从商,以5000元起家,并在1990年创立了广州海印实业集团有限公司。自1993年起,邵建明用他的商业"idea"和"海印模式"开创了广州专业市场先河,建立了电器交易、布料批发、时尚采购、数码经营等华南地区最大的专业市场,包括海印电器城、海印布匹市场、主营外贸批发的海印缤纷广场、东川名店运动城、流行前线等广东知名地标。

"海印模式"是他根据广州经商环境和海印股份自身实际创造的。在1989年,海印地区还是一个不毛之地。"路通、财通",年轻的邵建明作为海印地区的第一批拓荒者,看准了海印大桥通车这一契机,判定海印大桥的通车势必会带旺海印地区发展。1996年,邵建明想将位于广州烈士陵园马路门口的地下防空洞打造成为一个带有港澳台生活形态和意识追求的商圈——流行前线,但适逢东南亚金融风暴刚刚平息,专家和业内人士都不看好,他还是力排众议。后来,"流行前线"正如其名,一开业就引起轰动,成为广州市第一家地铁内的专业概念商场,也被国内地产商竞相模仿复制。此外,邵建明在2007年收购总统大酒店时,坊间议论纷纷,而仅在短短半年内,由酒店部分楼层改造而来的"总统数码港"生意渐渐兴旺,在竞争激烈的"石牌IT商圈"站稳了脚跟,与此同时,酒店也经营得很好。

2. 借壳上市,脱胎换骨

海印股份成立于1981年7月10日,原名为"茂名永业(集团)股份有限公司"(以下简称"茂名永业"),主营业务为炭黑生产销售、高岭土矿产开采生产销售,于1998年10月在深交所挂牌上市。

在2003年1月,茂名永业与海印签署了《股权转让协议书》,邵建明的海印集团通过协议受让的形式成功入驻茂名永业并成为第一大股东,茂名永业也改名为海印股份。这也仅仅是他开启扩张模式的第一步,此后,他陆陆续续将海印集团的资产并入海印股份。终于在2008年,邵建明将海印集团的主要商业房地产开发和管理业务注入这家上市公司,通过资产重组实现整体上市。

而此次借壳上市也被誉为邵建明的神来之笔,不仅拓宽了海印集团的融资渠道,而且促使海印股份形成了商业运营、酒店管理及炭黑生产销售、高岭土矿产开采生产销售的产业格局。

3. 改变战略,认清时势

随着企业越做越大,邵建明自从2008年在接触到越来越多商业地产后,他看到了商业物业的发展机会,于是"天生冒险家"邵建明毅然地改变了企业的经营战略,开始集中精力于商业物业的发展运营,并且逐步剥离其他产业。

第一步,邵建明加大对商业地产的投资和开发(见图10-1)。

第二步,为了解决资金流紧张的问题,邵建明逐步剥离其他主营业务。2013年3月,海印股份持有的茂名环星炭黑有限公司(以下简称"茂名炭黑")100%股权与海印集团持有的总统大酒店100%股权及其债

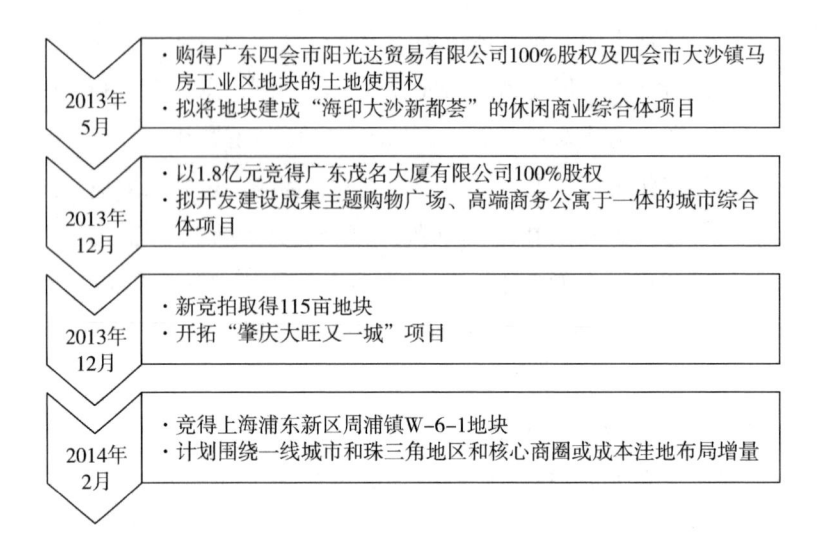

```
┌─────────┐  ┌──────────────────────────────────────────────────┐
│ 2013年  │  │ ·购得广东四会市阳光达贸易有限公司100%股权及四会市大沙镇马│
│  5月    │  │  房工业区地块的土地使用权                          │
│         │  │ ·拟将地块建成"海印大沙新都荟"的休闲商业综合体项目  │
└─────────┘  └──────────────────────────────────────────────────┘

┌─────────┐  ┌──────────────────────────────────────────────────┐
│ 2013年  │  │ ·以1.8亿元竞得广东茂名大厦有限公司100%股权         │
│  12月   │  │ ·拟开发建设成集主题购物广场、高端商务公寓于一体的城市综合│
│         │  │  体项目                                          │
└─────────┘  └──────────────────────────────────────────────────┘

┌─────────┐  ┌──────────────────────────────────────────────────┐
│ 2013年  │  │ ·新竞拍取得115亩地块                              │
│  12月   │  │ ·开拓"肇庆大旺又一城"项目                         │
└─────────┘  └──────────────────────────────────────────────────┘

┌─────────┐  ┌──────────────────────────────────────────────────┐
│ 2014年  │  │ ·竞得上海浦东新区周浦镇W-6-1地块                   │
│  2月    │  │ ·计划围绕一线城市和珠三角地区和核心商圈或成本洼地布局增量│
└─────────┘  └──────────────────────────────────────────────────┘
```

图 10－1　海印股份商业地产战略布局

权进行置换。资产置换完成后，总统大酒店成为海印股份的全资子公司，茂名炭黑成为海印集团的全资子公司，炭黑业务正式从海印股份剥离。2014 年 11 月海印股份又将持有的北海高岭 100% 股权及债权转让给控股股东海印集团。由此，海印股份获得现金 10.21 亿元，并减少应收账款约 6 亿元，增加 2014 年度净利润约 1.21 亿元。

邵建明认为，采取两手同时抓的策略能够抢在竞争对手的前面占领先机，哪怕牺牲一些短期的利益也是值得的，自己也有足够的能力应付过来。可邵建明未曾预料的是，商业地产扩张对资金的需求太疯狂了，甚至让驰骋商场多年的他也应付不来。渐渐地，公司的经营暴露出越来越多的问题……

4. 内部财务危机，地产之梦破灭？

2008 年之后，海印股份的业绩经历了从增速减缓到利润下降的尴尬之路，海印股份的营业收入与净利润增速都是一年不如一年。海印股份的营业收入 2010 年同比增长 49.72%、2011 年同比增长 39.04%、2012 年同比增长 14.07%（见表 10－1）。海印股份 2013 年营业收入为 21.36 亿元，同比增长 2.10%；归属于母公司所有者的净利润为 3.98 亿元，同比减少 7.01%。其中，2013 年属于非经常性损益的政府补助收入超过 7200

万元。如果没有补助收入，可想，净利润下降得会更厉害。2014 年前三季度海印股份实现营业收入 14.45 亿元，同比减少 6.13%；归属于母公司所有者的净利润 1.3 亿元，同比减少 48.97%。

表 10 – 1　　　　　　　　　　海印股份财务状况

截止日期	每股收益（元）	每股收益（扣除）（元）	营业收入		归属于母公司所有者的净利润	
			总额（亿元）	同比增长（%）	总额（元）	同比增长（%）
2008 年 12 月 31 日	0.29	0.12	8.45	16.37	1.43	6.04
2009 年 12 月 31 日	0.31	0.287	8.81	4.26	1.54	0.23
2010 年 12 月 31 日	0.52	0.52	13.19	49.71	2.58	67.95
2011 年 12 月 31 日	0.79	0.79	18.34	39.04	3.87	50.14
2012 年 12 月 31 日	0.87	0.86	20.92	12.32	4.28	11.23
2013 年 12 月 31 日	0.40	0.67	21.36	2.06	3.98	-6.99
2014 年 9 月 30 日	0.06	0.00	14.45	-32.35	1.30	-48.97

资料来源：巨潮资讯网。

5. 融资窘境，雪上加霜？

面对竞争激烈的地产行业，海印股份加快商业地产扩张和项目推进的步伐，导致资金需求量大幅提升，流动资金较为紧张。邵建明比任何人都明白，想在地产行业做大做强，谁都离不开融资，他小心翼翼地把控，可困难还是比预料的大。

2013 年 1 月，海印股份决定向民生银行、渤海银行、平安银行各申请 5 亿元、5 亿元、3 亿元授信额度。截至 2013 年末，海印股份有长期借款 10.27 亿元，大部分来自银行借款。

与此同时，2013 年 8 月，海印股份开启新一轮定向增发。在定向增发预案中，海印股份曾披露，其营运资金主要来源于自身的盈余积累及银行贷款，考虑到该项目未来资金需求量较大，面临着筹集发展资金的压力，因此有必要通过股权融资的方式获得企业进一步发展所需的资金。2014 年 5 月，经过询价，最终海印股份和承销商中信建投确定发行价格为 8.35 元/股，扣除发行费用后的募集资金净额为 8.15 亿元。

然而，海印股份融资的成本非常高，2012年海印股份财务费用合计为6909.6万元，占营业收入的3.24%；2013年财务费用为5904.65万元，占营业收入的2.79%。截至2014年第三季度末，海印股份累计财务费用占累计营业收入比重达到6.36%，据季报披露，主要是融资规模较上期大幅增加导致利息支出大幅增加。可见，即使海印股份实施了增发新股的办法，其资金成本仍然居高不下。

6. 大难当头，路在何方？

商业地产行业对流动资金的需求压力巨大无比，就像一个"无底洞"。可即使通过银行贷款并且增发股票，海印股份却还是缺少流动性并且财务费用支出也极高。海印股份已经进入了一个很艰难的境地：传统的融资方式收效甚微，高额的融资成本只会把公司越拖越垮。

所有问题井喷似的摆上了桌面，使一向遇事不惊的邵建明措手不及，他感受到了前所未有的压力，说这是海印股份的生死之际也丝毫不为过。大难当头，众志成城，全公司的员工都在望着这位以睿智著称的"商贸奇才"，盼着他又一次带领海印股份走出困境。

如何高效地融资？这是摆在邵建明面前最大的难题。

（二）"海印"破困之路

1. 知己，方能迈步

面对竞争，邵建明恪守"知己知彼，方能百战百胜"的原则；面对困境，邵建明善于透彻地剖析自我，扬长避短。海印股份拥有众多口碑良好、稳定盈利的主题商场、专业市场、购物中心和城市综合体。

海印股份旗下主要分布两大板块：自营物业和租赁物业。其中自营物业是指公司通过低价购买土地，建设集大型超市、购物中心、五星级酒店和酒店式公寓于一体的城市综合体，通过商场租金和经营收入获取回报。租赁形式取得的物业，则是先与物业所有权人签订整租合同，再转租给中小商户经营的形式。

公司现有商业物业中成熟物业较多，且开业年限较长，具有一定知名度，经营状况总体良好。公司各商业物业多数坐落于广州市核心商圈及地铁沿线，地理位置优势突出，客流量较大，而且经营的物业铺位整体出租率较高，保证了较高的盈利水平。

海印股份在现有商业物业方面已经相当成熟，每年的利润稳定增长，并且可以准确地预测。遗憾的是，这些收益发生在未来，远水解不了近渴，如何把这些未来现金流转变到当下，是海印股份那段时间一直在琢磨的问题。

2. 因缘际会：三方合作，力求共赢

2013年3月，证监会在《证券公司资产证券化业务管理规定》中明确表示，可以"以商业物业为基础资产"来发行资产证券化产品。2014年4月14日，银监会下发《关于信托公司风险监管的指导意见》，明确提出"鼓励开展信贷资产证券化等业务，提高资产证券化业务的附加值"。

邵建明充分抓住自己手中的资源，不断学习，积极地寻找合作者，并最终和大业信托、中信建投证券走到了一起。经过三方沟通和努力，共同设计并完成了国内首个信托受益权资产证券化产品（Asset Backed Securitization，ABS）——海印股份信托受益权专项资产管理计划（以下简称"海印专项计划"）。

3. 国内首创，纷纷看好

海印专项计划于2014年4月17日获得中国证监会批准，截至2014年8月14日，经验资，各档资产支持证券认购人的认购资金总额均达到该档资产支持证券目标募集规模。至此，海印专项计划符合成立条件，正式成立。9月19日，正式在深交所挂牌交易，大公国际资信评估有限公司（以下简称"大公国际"）给予优先级资产支持证券海印1至海印5的评级均为AA+级。优先级资产支持证券的目标募集总规模为14亿元，向符合标准的机构投资者发行；次级资产支持证券目标募集规模为1亿元，由海印股份全额认购。资产支持证券面值均为100元/份。

一经发行，业内人士纷纷表示看好这只产品。有人认为，很多大地产公司，如果有自身优良的物业地产，完全可以通过抵押物业收益进行融资，这种房地产资产证券化产品对于企业开辟新的融资渠道具有很好的示范效应。

(三) 海印专项计划

1. 交易结构

海印专项计划的交易结构如图10-2所示。浦发银行作为委托人将15亿元货币资金委托给大业信托，设立大业—海印股份信托贷款单一资金信托(以下简称"海印资金信托"),取得信托受益权。海印资金信托向借款人海印股份发放 15 亿元信托贷款。海印股份以旗下运营管理的 14 个商业物业整租合同项下的特定期间经营收益,作为应收账款质押给海印资金信托,并承诺以 14 个商业物业的租金及其他收入作为该笔信托贷款还本付息的来源。同时,海印股份的控股股东海印集团为海印股份的贷款债务提供连带责任保证。

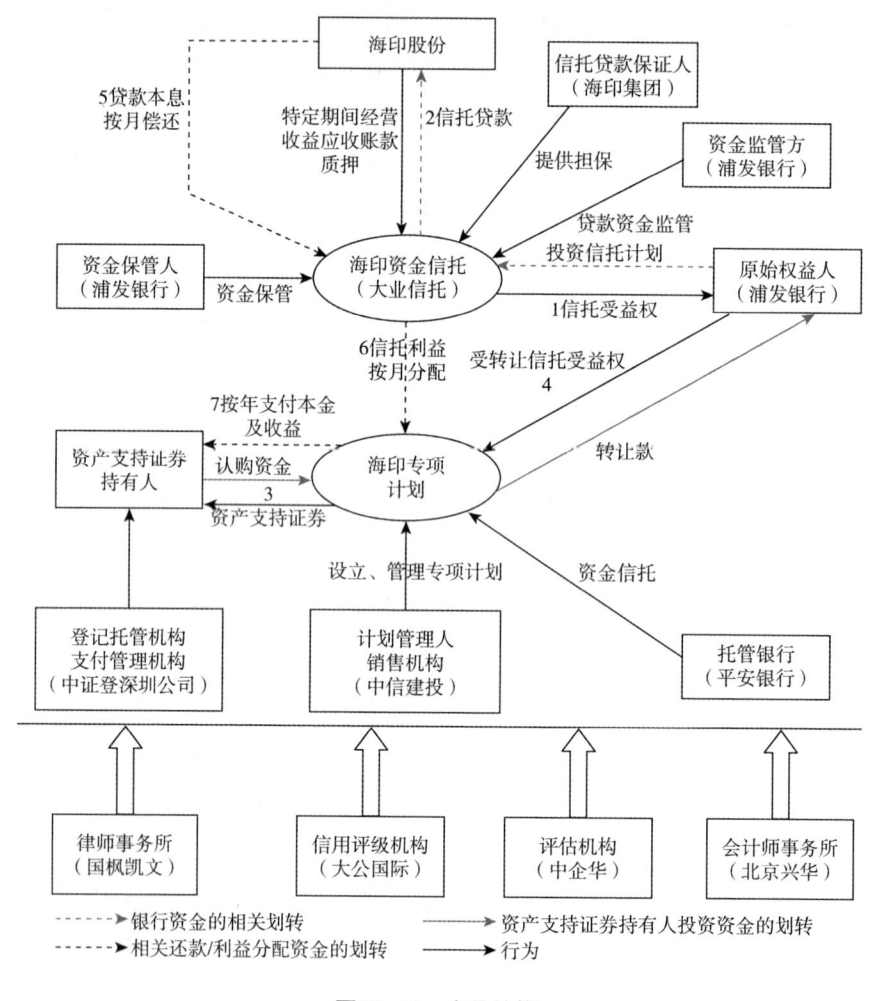

图 10-2 交易结构

资料来源:《海印股份信托受益权专项资产管理计划之计划说明书》。

之后，中信建投作为计划管理人设立海印专项计划，投资者认购该专项计划，成为海印专项计划资产支持证券持有人，中信建投以海印专项计划的募集资金购买浦发银行持有的海印资金信托的信托受益权，用未来信托受益权产生的现金流偿付投资者所持有的资产支持证券。案例涉及的主要参与主体如表 10-2 所示。

表 10-2　　　　　　海印专项计划主要参与主体

机构角色	机构名称	机构简称
原始权益人/资金管理人/资金监管方	上海浦东发展银行股份有限公司广州分行	浦发银行
计划管理人/销售机构	中信建投证券股份有限公司	中信建投
托管银行	平安银行股份有限公司广州分行	平安银行
信托受托人	大业信托有限责任公司	大业信托
信托贷款人	广东海印集团股份有限公司	海印股份
信托贷款保证人	广东海印实业集团有限公司	海印集团
登记托管机构/支付管理机构	中国证券登记结算有限责任公司深圳分公司	中证登（深圳）
信用评级机构	大公国际资信评估有限公司	大公国际
律师事务所	北京国枫凯文律师事务所	国枫凯文
会计师事务所	北京兴华会计师事务所有限责任公司	北京兴华
评估机构	北京中企华资产评估有限责任公司	中企华

2. 基础资产

海印专项计划采用双层 SPV 交易结构，第一层 SPV（标的信托层面）的底层资产为信托对债务人（海印股份）的信托贷款债权，第二层 SPV 的基础资产为原始权益人浦发银行持有的海印资金信托的信托受益权。

经过核查，整个专项计划的还款来源，主要是借款人海印股份自身及下属全资子公司的 14 个商业物业产生的全部经营收益款（包括各类租金收入、管理费收入及其他相关收入）。商业物业整租与转租情况如表 10-3 所示。

表 10-3　　商业物业整租与转租情况

物业名称	物业面积（平方米）	产权人/出租方	整租期限（年）	转租率（%）
流行前线	16683.07	广州市越秀区人民防空办公室	2011—2023	90.00
海印广场	13483.77	广东海运永业（集团）股份有限公司	2004—2018	88.97
电器总汇	11623.09	广州二运集团有限公司；何志光、陶竞之；广州市越秀区红云五金电器贸易中心	2012—2015 2013—2017 2010—2020	93.40
东川名店	6662.40	广东省人民医院	2001—2016	95.00
自由闲	3130.00	越秀区工商联	2008—2023	68.00
摄影城	4208.56	海印集团	2012—2019	74.70
潮楼百货	12304.00	埔王物业	2010—2019	84.52
潮楼商业	8426.26	广州丽都大酒店	2005—2020	74.35
布料总汇	7189.62	海印集团	2013—2019	99.98
布艺总汇	4662.00	广州市市政机械公司	2011—2021	100
少年坊	20000.00	广州市儿童公园	2007—2026	100
桂闲城	27000.00	佛山市建言投资咨询管理有限公司	2011—2030	67.29
中华广场	58290.86	广州市兴盛房地产发展有限公司	2009—2023	98.35
海印又一城	69923.39	广州市番禺海印体育休闲有限公司	2012—2027	88.00

资料来源：李佳澎：《海印股份信托受益权专项资产管理计划案例述评》，《金融法苑》2017年第2期。

3. 增信

（1）质押担保

海印股份将旗下 14 个商业物业未来的租金收入应收账款质押给资金信托，并办理了质押登记。这 14 个商业物业均位于广州市和佛山市的核心商业地段，均签订了租赁合同，而且 2014 年以来租金收入总体上保持增长态势，五年合计应收租金为 224256.70 万元。

（2）保证担保

海印股份的控股股东海印集团为信托贷款提供不可撤销的连带责任保证担保，保证担保范围为《信托贷款合同》项下海印股份的全部债务。海印集团实力雄厚，近几年经营状况和业绩良好，能够为海印股份提供有力担保。

(3) 结构分层

海印专项计划还对资产支持证券进行了内部分级,根据不同的期限和风险等级,分为优先级和次级两档,共六个产品。优先级证券14亿元,期限分别为1—5年,金额分别为2.2亿元、2.5亿元、2.9亿元、3.1亿元和3.3亿元(见表10-4),预期收益率分别为6.80%、7.45%、7.80%、8.05%和8.38%。优先级证券分为不同期限、不同收益的品种,也是为了满足不同投资者对于风险收益的要求。优先级证券获得了大公国际AA+的评级。次级证券1亿元,不设预期收益率,由海印股份在该专项计划销售期内一次性认购。

表10-4　　　　海印专项计划资产支持证券化基本要素

产品档次	规模(万元)	占比(%)	期限(年)	摊还方式	利率类型	评级
海印1	22000	14.67	1	按年付息到期还本	固定利率	AA+
海印2	25000	16.67	2	按年付息到期还本	固定利率	AA+
海印3	29000	19.33	3	按年付息到期还本	固定利率	AA+
海印4	31000	20.67	4	按年付息到期还本	固定利率	AA+
海印5	33000	22.00	5	按年付息到期还本	固定利率	AA+
次级	10000	6.67	5	到期分配全部剩余资产	无票面利率	无

资料来源:李佳澎:《海印股份信托受益权专项资产管理计划案例述评》,《金融法苑》2017年第2期。

在收益分配方面,优先级证券采用固定利息,每年付息一次,在每一年优先级证券的本息全部偿付完成后,专项计划内剩余资金的50%分配给海印股份,第五年末该专项计划终止时,专项计划内剩余的资金需要先行支付专项计划终止所需的清算费用、缴纳所欠税款以及优先级证券持有者未受偿的预期收益本金等,之后专项计划资金如有剩余,则分配给海印股份。采用这样的分配结构是以次级证券作为缓冲,使次级证券持有者承担大部分风险,从而降低优先级证券的风险,同时也能够督促次级证券持有者即海印股份提高经营管理水平和生产效率,避免经营活动出现不利波动。

4. 风险隔离机制

海印专项计划通过双层SPV来实现风险隔离。原始权益人浦发银行通过将信托受益权转让给海印专项计划,保证原始权益人浦发银行用于融资的基础资产(单一资金信托受益权)与原始权益人的其他资产实现分离,确保基础资产不受原始权益人破产等风险的影响。

对于信托受益权转让一般要求办理受益权转让确认手续。未办理受益权转让确认手续的,该转让行为不得对抗信托受托人。在符合前述资料的基础上,信托受托人在《信托受益权转让协议》生效之日出具信托受益权转让确认文件。浦发银行已办理受益权转让确认手续,确保信托受益权归属于海印专项计划,不会受到原始权益人破产等风险的影响。

5. 账户与现金流归集机制

(1) 账户设置

海印专项计划设置的账户主要有收租账户、信托贷款监管账户、海印资金信托账户、专项计划账户。收租账户是海印股份及其下属13家全资子公司在平安银行广州分行开立的用于收取14个商业物业的经营收益款项的账户。监管账户是作为信托资金监管方的浦发银行用于监管信托资金流动的账户。资金信托账户是指信托公司以海印资金信托的名义在海印资金信托托管银行处开立的人民币资金账户,海印资金信托的一切货币收支活动都必须通过该账户进行。专项计划账户是中信建投以专项计划的名义在托管银行处开立的人民币资金账户,用于专项计划的一切收支活动。

(2) 现金流归集

首先,海印股份及其下属13家全资子公司在平安银行广州分行开立收租账户,用于收取14个商业物业之经营收益款项,并授权平安银行广州分行在每月10日将收租账户内的所有款项划转至信托贷款监管账户。其次,在每月15日从信托贷款监管账户划转至海印资金信托账户。最后,海印资金信托账户在收到前述款项的第一个工作日将收到的款项转付给专项计划账户,再由中信建投通过中证登将款项分配给资产支持证券持有人。

(四) 冬去春来,走出困境

海印专项计划作为国内第一只以商业物业租金收入为标的,同时也是第一只以信托受益权为基础资产的资产证券化产品,可以说是走了一条不寻常的路。但邵建明显然是做到了,他又一次依靠自己的睿智和才华完成了一段商业佳话。

成功融资 14 亿元，扭转了海印股份先前的颓势，邵建明摆脱了依靠传统融资方式收效甚微的尴尬境地。利用这笔资金，他不仅让海印股份的资金流得到了释放，财务问题得到有效的抑制，平稳地度过了这场危机，而且还能让他留有余地、继续在商场上驰骋，开拓海印股份的商业物业帝国。

借着这股春风，海印股份驱走了寒冬。在 2014 年底，邵建明望着走向利好的公司股市行情图，终于可以缓过一口气，看着海印股份从泥沼中慢慢走出来，迎来了新的曙光。

【思考题】

（1）什么是信托受益权 ABS？它有什么特点以及它的作用是什么？

（2）海印股份为什么不直接将应收商业物业的租赁收入当作基础资产，而要再绕一道信托，将信托受益权当做基础资产？

（3）商业地产主要有什么融资方式？面对困境，海印股份为什么最终选择信托受益权 ABS？

（4）什么是 SPV 结构？什么是双层 SPV 结构？为什么海印专项计划要设立双层 SPV 结构？

（5）海印股份为什么要进行多方面的增信？对于 ABS 增信有哪些措施？

二　案例分析

海印专项计划作为国内第一只以商业物业租金收入为标的，同时也是第一只以信托受益权为基础资产的资产证券化产品，具有一定的开创意义。海印专项计划创新性地使用了"信托 + 专项计划"的双 SPV 架构，不仅利用了信托独立的法律地位，而且实现了资金的快速到账。

（一）理论依据

（1）金融衍生产品理论。

（2）SPV。

（3）资产证券化理论。

（二）分析思路

（1）收集信托受益权 ABS 的相关资料，了解其概念、特点及作用。

在此基础上,分析海印股份选择信托受益权 ABS 的原因。

(2) 结合资产证券化理论和海印股份基础资产的实际情况,分析资产证券化的途径及利弊。同时,如果以信托收益权作为基础资产,我们要注意哪些信托相关法律。

(3) 首先了解海印股份的困境,并清楚其基础资产的特点,然后查找商业地产其他融资方式的过程及特点,分析为什么海印股份不采用这些融资方式,而信托受益权是其最好的选择。

(4) 了解 SPV 的含义,在 SPV 的基础上再了解双 SPV 结构,然后分析此案例的双 SPV 结构分别是什么,结合海印股份的实际情况,分析其设置双 SPV 的原因。

(5) 收集增信方面的相关知识,了解增信的作用,并且详细分析 ABS 的增信措施有哪些。

(三) 具体分析

1. 什么是信托受益权 ABS？它有什么特点以及它的作用是什么

(1) 信托受益权 ABS 的定义

ABS（Asset Backed Securitization）融资模式是以项目所属的资产为支撑的证券化融资方式,即以项目所拥有的资产为基础,以项目资产可以带来的预期收益为保证,通过在资本市场发行债券来募集资金的一种项目融资方式。

信托受益权即指受益人在信托关系中所享有的信托利益的权利以及依据《信托法》与信托文件规定所享有的其他权利。信托受益权包括财产性权利和非财产性权利。财产性权利是信托受益权的主要内容,以受益人直接的经济利益为核心,也是信托受益权的目的权利。非财产性权利是信托受益权的附属内容,目的是监督受托人能够尽职管理和确保信托顺利实施,包括知情权、信托财产管理方法调整的要求权、信托财产处分行为撤销的申请权等。

信托受益权 ABS 就是以信托受益权为基础资产,以其所产生的稳定现金流为偿付支持,通过结构化的方式进行信用增级,在此基础上发行资产支持证券的过程。其交易结构如图 10-3 所示。

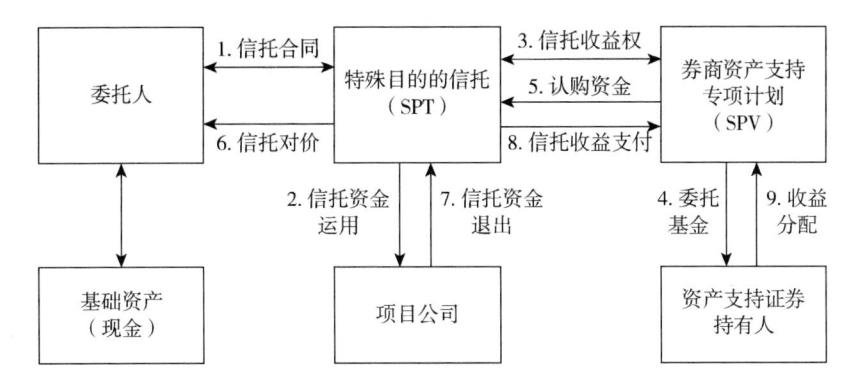

图 10-3 信托受益权 ABS 交易结构

(2) 信托受益权 ABS 的特点

①可由信托公司主导发行

不同于信贷资产证券化，信托公司可以主导信托受益权资产证券化产品的发行。信托公司可以不再单纯地作为通道，而是通过从基础资产的选择、项目现金流的归集以及监管等方面掌握主动权，进而发挥自身的资源调配能力，促使其他机构共同完成项目发行。

②可选择基础资产多样化

无论是传统信托业务中的房地产信托、基础产业信托还是同上市公司合作的信托业务均可以通过信托受益权资产证券化的方式来操作。既可以是单一信托的信托受益权，也可以是集合信托的信托受益权，还可以是众多不同信托产品的受益权形成的资产池。信托公司可根据具体情况，进一步选择相应的信托受益权进行证券化。

③有针对信托计划的增信

与传统信托项目类似，信托公司在信托受益权 ABS 项目中实质上承担了风险。资产支持专项计划内部多通过分层进行增信，外部通过向信托公司提供抵质押等担保措施增信。

(3) 信托受益权 ABS 的作用

①实现低成本、长期限融资

信托受益权 ABS 因融资成本、融资期限等优势，可以有效解决企业的融资需求，与降低企业融资成本的监管方向一致，突破信托公司项目准入限制，有效拓宽信托公司交易对手类型。

②降低风险

对于合作机构来说，双 SPV 结构有利于合作银行降低风险，提高资金利用率。相较于企业资产证券化项目，信托受益权资产证券化产品一般采用双 SPV 结构。信托受益权作为名义上的基础资产，用以构建"券商资产支持专项计划＋信托双 SPV 结构"。

③实现非标转标

信托受益权 ABS 将非标准化资产转为标准化产品（非标转标）在公开市场发行，符合目前"非标转标的监管背景"。

④促进机构间合作

通过信托受益权 ABS 的设计，促进信托公司、券商、基金子公司以及银行等机构间合作，各机构在此项业务中发挥各自作用，增加了信托公司业务拓展的空间。

⑤解决信托产品流动性障碍

一直以来，因为我国信托登记制度的缺失，信托产品流动存在障碍。信托受益权 ABS 间接解决了信托产品的流通问题，通过券商或者基金子公司的专项计划将基础资产公开发行，信托受益权间接可以转让从而实现流通。

2. 海印股份为什么不直接将应收商业物业的租赁收入当作基础资产，而要再绕一道信托，将信托受益权当作基础资产

（1）法律关系不同

信托和专项计划的法律关系不同，信托是一种委托关系，专项计划建立的是买卖关系。海印股份不拥有这些物业的所有权，它是一个"二房东"。海印股份无法将特定化的未来租金进行买卖，因为物业的所有权不是它的，不动产收益权是依附于不动产而存在的。因此，它设计了一个信托，将不可买卖的东西转化成了可以买卖的信托受益权。

（2）列入负面清单的基础资产

《资产证券化基础资产负面清单》中列入负面清单的基础资产包括：

第一，以地方政府为直接或间接债务人的基础资产。但地方政府按照事先公开的收益约定规则，在政府与社会资本合作模式（PPP）下应当支

付或承担的财政补贴除外。

第二，以地方融资平台公司为债务人的基础资产。地方融资平台公司是指根据国务院相关文件规定，由地方政府及其部门和机构等通过财政拨款或注入土地、股权等资产设立，承担政府投资项目融资功能，并拥有独立法人资格的经济实体。

第三，矿产资源开采收益权、土地出让收益权等产生现金流的能力具有较大不确定性的资产。

第四，有下列情形之一的与不动产相关的基础资产：因空置等原因不能产生稳定现金流的不动产租金债权；待开发或在建占比超过10%的基础设施、商业物业、居民住宅等不动产或相关不动产收益权，当地政府证明已列入国家保障房计划并已开工建设的项目除外。

第五，不能直接产生现金流、仅依托处置资产才能产生现金流的基础资产。如提单、仓单、产权证书等具有物权属性的权利凭证。

第六，法律界定及业务形态属于不同类型且缺乏相关性的资产组合，如基础资产中包含企业应收账款、高速公路收费权等两种或两种以上不同类型资产。

第七，违反相关法律法规或政策规定的资产。

第八，最终投资标的为上述资产的信托计划受益权等基础资产。

上述第八条意味着以信托计划受益权作为基础资产的资产证券化模式，须通过审查最终投资标的是否在负面清单之列。即将纳入负面清单的基础资产转化信托受益权等基础资产，再将该信托受益权作为基础资产进行证券化，则属于基础资产的再证券化，属于禁止之列。

(3) 其他要求

基础资产还应符合以下要求：

第一，基础资产合法。信托与借款人及相关交易主体签署的交易文件合法有效，信托受益权真实、合法。

第二，基础资产转让合法。信托项目法律文件为禁止原始权益人转让基础资产，其转让行为不需要获得第三方同意。基础资产转让无须取得政府部门的批准或者办理登记转让。

第三，基础资产不存在附带权利或者限制。根据《证券公司及基金管理公司子公司资产证券化业务管理规定》，基础资产不存在任何债务负担、质权、抵押权或者第三方的其他有效权利主张。

第四，基础资产转让的完整性。根据《信托受益权转让协议》，以该协议约定的先决条件满足为前提，在专项计划设立日，原始权益人将其对基础资产的相关权利、权益和利益均转让给专项计划管理人。

3. 商业地产主要有什么融资方式？面对困境，海印股份为什么最终选择信托受益权 ABS

首先我们应该了解海印股份的状况：财务费用高、对资金需求急切、对运营的商业物业并没有所有权。其次我们再分析其他融资方式为何不适用于海印股份。

目前商业地产的融资主要分为外部债务融资和外部权益融资。外部债务融资包括贷款、债务性信托、保险资金融资、债券融资和融资租赁。外部权益融资包括房地产私募股权投资基金、上市、外部投资、合作开发、REITs 及资产证券化。商业地产的主要融资模式包括以下几种。

（1）贷款型信托

贷款型信托是指信托公司通过设立集合信托计划的方式将募集资金贷款给开发商，用于某一商业地产项目，开发商到期偿还贷款本息。开发商开发建设项目的资金通常来自银行贷款，银行贷款的资金成本低于信托贷款。但在银行贷款受阻的情况下，可考虑从信托公司获取开发建设资金。不过因商业地产项目的资金回笼速度慢，大多数信托公司并不偏好投资商业地产项目。该融资方式的特点是取得融资较难、融资成本较高、融资期限较短，目前政策调控环境下难以通过监管审批。因此不适用于海印股份。

（2）保险资金债权融资

保险资金债权融资是指保险资产管理公司通过设立不动产债权投资计划的方式募集资金，将募集的投资资金发放给开发商开发的某一商业地产项目，开发商按照约定偿还投资资金的本金和利息的一种融资方式。该融资方式的特点是融资成本较低、融资期限较长、融资洽谈期限较长（需取得保监会注册）、受政策因素影响较大。

开发商通过保险资金债权的方式获取资金须满足以下条件：①债务人应当具有良好的财务能力和偿债能力，无重大违法违规行为和不良信用记录；②投资的商业地产项目至少取得国有土地使用权证和建设用地规划许可证；③需要具备一定的担保措施，通常是股份制商业银行出具担保函；④开发商需对还款来源做出说明。

由于海印股份没有商业地产的所有权，此方式也不适用。

（3）债券融资

由于地产项目具有资金量大、风险高以及流动性差等特点，再加上我国的企业债券市场运作机制不完善，屡屡出现企业债券无法按期偿还的案例，因此国家对房地产债券的发行始终控制得比较严格。监管部门为规范债券市场，采取了严格的债券审批程序，尤其是严控房地产项目债券审批的措施。诸如此类的约束使得我国房地产债券融资的门槛较高而不易进入，且发行成本较高，对于一些民营企业来说是可望而不可即的融资方式。此方式监管非常严格，要求公司运营及盈利能力、信誉等各方面良好，海印股份还未达其标准。

（4）股权型信托

股权型信托是指信托公司通过设立集合信托计划的方式，将募集资金以受让股权或者增资扩股的方式向开发商注入资金，同时项目公司或关联的第三方承诺在一定的期限（如两年）后溢价回购信托公司持有的股权。该种模式的特点：对于投资项目不需要"四证齐全"、可以变相达到土地储备贷款或流动性贷款的目的。

在开发商取得"四证"之前，可考虑此种融资模式。而且此种融资模式并不限制资金用途为开发建设，具有较强的灵活性。但是这种模式的缺点是，信托计划退出和流动性均较差，后期资产管理机构无法介入。与信托受益权 ABS 相比，显然信托受益权 ABS 更胜一筹。

（5）房地产私募股权基金

房地产私募股权基金是指通过非公开发行方式，面向少数个人或机构投资者募集资金而设立，以房地产为投资对象的投资基金。房地产企业参与私募方式融资日益频繁起来，管理方式主要是由专业的房地产投资管理机构运作，多采用有限合伙制。退出机制主要是并购、回购、股权转让等。房地产私募股权基金的主要特点是集合资金、专业投资、风险分散、期限较长、双重收益（土地增值、房产升值）。

由于产业投资基金在我国的发展处于起步阶段，我国国内没有相关的产业基金法，仅仅依靠《证券投资基金法》是远远不够的。利用房地产投资基金发展房地产业是一种投融资活动，它包括投资、融资、基金运行、管理等方面的错综复杂的金融活动过程，并需要一系列创新金融工具。房地产投资基金在我国是个新生事物，所以还有很多障碍，比如退出机制、道德风险、信息披露以及利益输送机制等。由于国内各方面的限制，开展此种融资方式也是困难重重。

(6) REITs

房地产投资信托基金，即REITs，是一种以发行收益凭证的方式汇集社会各方投资者的资金，由专门投资机构进行投资经营管理，并将投资综合收益按比例分配给投资者的一种信托基金制度。REITs实质上是一种证券化的公募产业投资基金，属于信托的一种。REITs是为实现企业战略转型而创设出的一个融资和资本运营的资产证券化平台。通过REITs的收购，可以使房地产开发商的物业迅速变现，在目前较有限的房地产企业融资手段背景下，开发商可以通过套现资金发展新的项目。REITs设立后，开发商可以通过认购等方式继续控制原来让渡的物业，同时收购其他公司资产，扩大公司资产规模。可以缩小不符合公司战略的资产规模，用套现资金投资于回报较高的项目与业务。

REITs在境外成熟市场是一种重要的资产类别，而在国内由于法律法规及政策框架的制约，尚未推出真正意义上的REITs产品。目前，市场上发行的REITs产品均是部分借鉴了境外成熟市场REITs的标准，因此称其为类REITs产品。

国内的类REITs产品通常采用双SPV结构，即在通过资产支持专项计划发行的同时，引入私募基金（通常是契约型）对基础资产对应的项目公司进行收购、持有、运营和管理；或通过信托贷款/银行委托贷款的方式，对项目公司进行直接的债权投资（这一模式国内称之为CMBS，但原理与抵押型REITs相同，本案例也将其归类为类REITs）。

那么，国内所谓的"类REITs"，其实质是"资产支持专项计划"（也就是ABS的实施载体），即由证券公司或基金子公司设立资产支持专项计划，在公开市场发售专项计划份额募集资金，投资于持有不动产资产的项目公司股权及（或）债权，专项计划份额在交易所挂牌上市交易。过程与信托受益权 ABS 大致相同，但是从案例来看，海印股份发行的信托受益权 ABS 引入浦发银行，实现了资金的快速到位，这对于对资金需求急切的海印股份来说是非常重要的。

综合上面六种商业地产融资模式的分析及案例正文对信托受益权 ABS 资产管理计划的阐述可以看出，信托受益权 ABS 相对来说是海印股份最好的选择。

将上述六种融资方式的基本情况及可行性汇总于表 10 – 5。

表 10 – 5　　　　　　　　六种融资方式基本情况及可行性

融资方式	基本情况	可行性
贷款型信托	信托公司通过设立集合信托计划的方式将募集资金贷款给开发商，用于某一商业地产项目，开发商到期偿还贷款本息	取得融资较难、融资成本较高、融资期限较短，目前政策调控环境下难以通过监管审批
保险资金债权融资	保险资产管理公司通过设立不动产债权投资计划的方式募集资金，将募集的投资资金发放给开发商开发的某一商业地产项目	融资成本较低、融资期限较长、融资洽谈期限较长，投资的商业地产项目至少取得国有土地使用权证和建设用地规划许可证
债券融资	向市场发行债券	监管部门为规范债券市场，采取了严格债券审批程序，尤其是严控房地产项目债券审批的措施
股权型信托	信托公司通过设立集合信托计划的方式将募集资金以受让股权或者增资扩股的方式向开发商注入资金，同时项目公司承诺在一定的期限后溢价回购信托公司持有的股权	此融资模式并不限制资金用途为开发建设，具有较强的灵活性；但是这种模式的缺点是信托计划退出和流动性均较差，后期资产管理机构无法介入
房地产私募股权基金	通过非公开发行方式，面向少数个人或机构投资者募集资金而设立，以房地产为投资对象的投资基金	房地产投资基金在中国是个新生事物，所以还有很多障碍，比如退出机制、道德风险、信息披露以及利益输送机制等，由于国内各方面的限制，开展此种融资方式也是困难重重
REITs	以发行收益凭证的方式汇集社会各方投资者的资金，由专门投资机构进行投资经营管理，并将投资综合收益按比例分配给投资者的一种信托基金制度	REITs 在境外成熟市场是一种重要的资产类别，而在国内由于法律法规及政策框架的制约，推出的不是真正意义上的 REITs 产品，而是类 REITs 产品

4. 什么是 SPV 结构？什么是双层 SPV 结构？为什么海印股份信托受益权专项资产管理计划要设立双层 SPV 结构

（1）SPV 和双层 SPV

SPV 是 Special Purpose Vehicle 的简称。在证券行业，SPV 指特殊目的的载体，也称特殊目的机构/公司，其职能是在离岸资产证券化过程中，购买、包装证券化资产和以此为基础发行资产化证券，向国外投资者融资。也指接受发起人的资产组合，并发行以此为支持的证券的特殊实体。它的设计主要是为了达到"破产隔离"的目的。

在双层 SPV 交易结构中，SPV1 主要实现基础资产转让和破产隔离功能，SPV2 则主要用来发行资产支持证券。就中国而言，采用双层 SPV 的主要目的是解决现金流难以特定化的问题以构建合格的基础资产。

（2）海印专项计划设置成双层 SPV 结构的原因

第一，14 个商业物业分属于海印股份及其下属的 13 家子公司，如果不设置第二层 SPV，将会产生数量众多的原始权益人，会给整个专项计划带来更多的麻烦。而且，在原始权益人众多的情况下如何保证现金流稳定，如何监管也成为难题。所以将其打包成一个信托受益权，既解决了原始权益人众多的难题，也起到平滑现金流、避免现金流波动的作用。并且，海印股份将浦发银行引入其中，也是出于资金快速到账的考虑。

海印股份向证监会提出设立资产支持专项计划的申请，于 2014 年 4 月收到证监会批准设立的批复，而专项计划于 2014 年 8 月募足资金，考虑到海印股份和中信建投等相关参与方在提出申请之前所做的前期准备，时间跨度较久，对于资金需求比较急切的海印股份来说，这样的周期显然过长。而引入浦发银行和大业信托，利用浦发的过桥资金迅速实现了资金到位。

第二，海印股份 ABS 案例不同于以往的资产证券化案例，原因在于海印股份不拥有这些物业的所有权，它是一个"二房东"。物业资产并非归属于海印股份，海印股份只不过是与所有权人签订了整租合同，本身并不具备所有权。由于转租合同期限短于资产支持证券的期限，必定有些基础法律关系在海印专项计划成立之时尚未存在。对于并未签订基础合同的部分，由于海印股份不享有物业的所有权，因而无法将租金债权作为基础资产进行转让。

因此，海印专项计划不得不寻求双 SPV 结构来重新构造基础资产。通过信托贷款的形式，将不稳定和难以特定化的将来的租金收益，转换为比较确定的贷款还款现金流，也成功避开了因为海印股份不享有物业所有权而导致租金债权无法进行转让的难题。如此，将不可买卖的东西转化成了可以买卖的信托受益权，避开了基础资产的权利瑕疵问题，也成功锁定海印股份商业物业的收益，顺利完成资产证券化。

5. 海印股份为什么要进行多方面的增信？ABS 增信有哪些措施

证券发行主体可以通过各种增信手段或措施，提高自身信用等级，增进证券信用，降低证券违约率或减少违约损失率，从而降低证券持有人承担的违约风险和损失。通过增信，信用等级较低的企业可以得到融资，债券投资者也获得多重保障。资产证券化必须借助信用增级，以起到降低信用风险、提升信用等级的作用。

（1）内部信用增级措施

①优先级与次级结构

优先级与次级结构是指将资产池分成两个种类，即优先级（或称为高级债券）和次级部分（或称为次级债券），或将资产池在上述两个种类的基础上细分成更多的种类，在优先级内部或次级内部拆分出更多的分级部分，每个分级部分会有不同的评级并承担不同的信用风险损失。证券化资产池产生的现金流会根据分级情况的不同，按照预先约定的分配规则及顺序对不同级别部分的债券予以本息的偿付（见图 10-4）。其损失承担情况如图 10-5 所示。

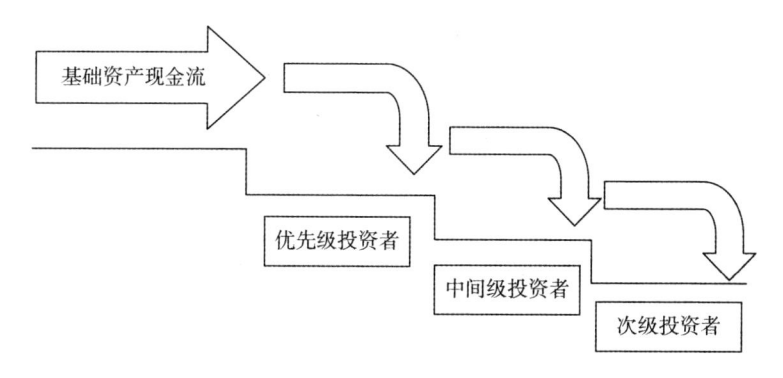

图 10-4　根据分级情况现金流分配顺序

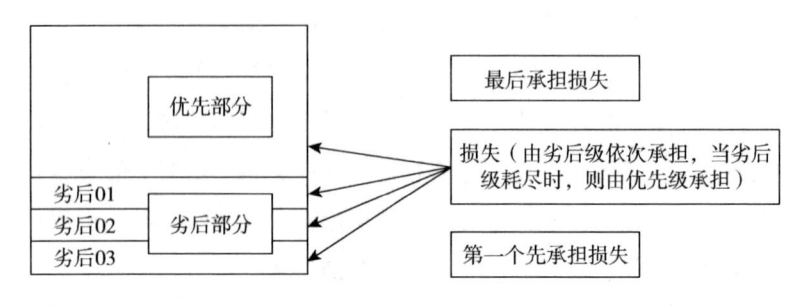

图 10-5　各类分级承担风险情况

在"海印股份信托受益权专项资产管理计划说明书"中,"优先级资产支持证券"指"代表优先于次级资产支持证券获得专项计划利益分配之权利的资产支持证券";"次级资产支持证券"指"代表劣后于优先级资产支持证券获得专项计划利益分配之权利的资产支持证券"。

②现金流超额覆盖

基础资产池能够产生的现金流总额超额覆盖资产支持证券的本金和利息。一般用超额覆盖倍数来描述增信的强度,超额覆盖倍数或超额覆盖比例是指资产池本金余额超出资产支持证券中优先级资产支持证券本金金额的比例。基础资产产生的未来现金流大于需要支付给资产支持证券投资者的本息,从而增加本息偿付的安全系数。

③超额抵押

当基础资产池中的资产价值大于发行的资产支持证券的价值时,多余的部分用来作为超额抵押,为该资产证券化产品进行信用增级。在设有超额抵押的资产支持证券中,如果资产支持证券未来的现金流出现问题,最先承受风险损失的是超额抵押部分,从而起到为资产支持证券提供风险缓冲的作用,以保护投资人的原收益。部分证券化产品会约定在证券偿还期间,抵押资产价值下降到预先设定的某一规模时,发行人必须增加抵押资产从而恢复超额抵押状态。

超额抵押与现金流超额覆盖在实际操作中经常组合使用。两者通常较为相似。从基础原理上来讲,都是通过折价购买基础资产的方式,使实际需要支付给优先级资产支持证券持有人的现金流能够得到有效补充,以降低未来现金流出现不能足额支付证券本息的风险。

④超额利差

基础资产池现行加权平均利率与优先级资产支持证券预计平均票面利率之间存在一定的超额利差，为优先级资产支持证券提供了一定的信用支持。采用超额利差增信的资产证券化产品会建立相应的利差账户，在产生超额利差时会将相应的现金流存入该账户，当发生违约事件时可通过该账户中的资金对投资者提供一定的风险损失保护。

超额利差增信效果主要取决于入池资产的利率水平，例如个人住房抵押贷款作为基础资产的证券化产品，一般没有超额利差保护，而小贷公司或租赁公司发行的资产证券化产品利差保护相对较高。在信贷资产证券化和小贷公司证券化产品中多会使用超额利差这种增信方式。

超额利差的增信方式适用于既有利息率较为固定的基础资产。针对未来收益权，仅可以根据历史收益率预估未来现金流的基础资产。一是存在历史收益率无法准确预估的问题，二是较难确认超额利差的增信效果，因此在以未来收益权作为证券化基础资产的专项计划中很难见到此种增信方式。

⑤保证金/现金储备账户

保证金/现金储备账户实际是一种准备金机制。这种增信方式与超额抵押十分相似，但是超额抵押主要是以债权类资产作为抵押，但储备账户则是以现金作为抵押。现金的超额担保可以向投资者提供保护使证券化资产有稳定的现金流以达到定期支付保护。对于现金抵押账户管理，采用高信用等级的机构银行存款的形式。如果出现违约或信用风险，则可以用现金抵押账户中的资产来弥补损失，从而对投资者形成流动性保护。

(2) 外部信用增级措施

①差额支付承诺

差额支付承诺人（通常为基础资产原始权益人或其关联第三方）向资产支持计划管理人出具《差额支付承诺函》承诺，在资产支持专项计划存续期间，每一期基础资产预期收益分配前的资金确认日，如资产支持计划资金不足以依据资产支持专项计划标准条款支付优先级资产支持证券的各期预期收益及本金的，由差额支付承诺人按要求将该期资产支持证券的利息、本金和其他资金余额差额足额支付至专项计划的账户中。差额支付承诺其实是由差额支付承诺人提供的担保。如果差额支付承诺人为原始权益人，则在一定程度降低了资产"真实出售"的实际效力。

差额支付承诺是差额支付承诺人对资产支持计划资产不足偿付证券持有人本息时的一种差额补足义务。差额补足作为一种商业交易安排在实践中被大量运用。但差额补足并不是一项法定的担保类型，其目的在于保障主权利人和主义务人之间的权利义务关系，当主义务人未按约定履行义务时，由第三人按照约定履行差额补足义务。差额补足法律关系主要涉及三方主体，即差额补足义务人、主权利人和主义务人。

②回购承诺

回购承诺是指由原始权益人针对资产支持计划提供的一种外部增信。触发回购条款的事项应在产品成立之前进行约定，并写入标准条款中，回购既可以针对基础资产池中单一的基础资产，也可以针对资产支持证券整体。

③流动性支持

流动性支持是在资产支持计划资金不能足额偿付优先级支持证券本息时，流动性支持人有义务向优先级支持证券持有人提供补足支付，以确保优先级支持证券的收益更为稳定和安全。在资产证券化产品中，流动性支持主要是针对不同时期基础资产现金流可能出现的回收不稳定情况，从而对优先级投资者形成一定的保护。

④第三方担保

第三方担保（含第三方抵押担保、质押担保及第三方信用担保）是最为传统的信用增级方式，由第三方机构（通常是原始权益人的关联人或外部担保公司、专业的信用增进公司）对资产支持计划发行的证券进行信用担保、第三方抵押担保或质押担保。第三方担保既可以用于全部资产证券化产品，也可用于其中的部分级别（如优先级或中间级，或两者）的证券。

海印专项计划中，海印股份以其旗下运营管理的 14 个商业物业的整租合同项下的特定期间商业物业经营应收账款为本次信托贷款提供质押担保。海印股份的控股股东海印集团提供不可撤销的连带责任保证担保。

（四）关键要点

（1）关键点：本案例以海印股份依托于信托受益权的资产证券化融

资为例，对新兴的融资方式——信托受益权 ABS 融资方式进行解析。通过对本案例的学习，可以了解信托受益权 ABS 融资方式的概念、设立流程、产品特点、作用和在中国的发展情况等一系列的知识点，掌握信托受益权 ABS 融资方式的风险点和防范措施。

（2）关键知识点：本案例所涉及的知识点主要包括信托受益权 ABS 融资方式的概念、设立流程、交易逻辑、产品特点、作用和在中国的发展情况，以及海印股份双 SPV 模式、商业地产证券化结合使用的相关知识点。

（3）能力点：分析与综合能力、理论联系实际的能力。

【参考文献】

陈鼎庄、朱炎生：《信托受益权概念的再认识》，《哈尔滨师范大学社会科学学报》2018 年第 5 期。

郭志宇：《我国资产证券化双 SPV 结构研究》，硕士学位论文，东北财经大学，2018 年。

李佳澎：《海印股份信托受益权专项资产管理计划案例述评》，《金融法苑》2017 年第 2 期。

林海风：《海印股份资产证券化的动因及效果分析》，硕士学位论文，江西财经大学，2017 年。

王亚：《商业地产企业融资方式创新研究——基于"双 SPV"架构》，《财会通讯》2017 年第 11 期。

王轶昕、程索奥：《中国资产证券化发展的理性分析与现实选择》，《南方金融》2015 年第 6 期。

魏培：《商业地产资产证券化融资应用研究》，硕士学位论文，暨南大学，2015 年。

徐卫：《信托受益权的法律性质新探》，《上海财经大学学报》2006 年第 4 期。

Charles Austin Stone, Anne Zissu, *The Securitization Markets Handbook*: *Structures and Dynamics of Mortgage and Asset-backed Securities*, Bloomberg Press, 2012, 9.

第五部分

复合融资

案例 11 同舟共济的集合债券

一 案例介绍

在有着"春城"美誉的云南昆明的寻甸特色产业园区内，一家家各具特色的公司林立于此。昆明的春天，万物复苏，点点绿意在园区内蔓延开来。这初春的好景却没能消解深谋远虑的企业家的愁思。这位企业家就是云南天浩稀贵金属股份有限公司（以下简称"天浩稀贵"）董事长孙浩然。他除持有天浩稀贵100%股权外，无其他对外投资，因此将公司视如己出，苦心经营，使公司有了今天的这番模样。如今，面临着公司未来发展的巨大机遇与挑战，他深知公司发展最缺的就是资金，如何融资集资是迫在眉睫的问题。

（一）步履维艰坎坷路

1. 初出茅庐

2008年10月以来，金属价格经历了历史上最猛烈的下跌趋势，市场对于金属价格走势持悲观论调。而在2009年8月，一个贵金属公司天浩稀贵诞生了。天浩稀贵是由寻甸县天浩锌业有限公司（以下简称"天浩有限"）整体变更设立的股份有限公司，主要从事铅、锌、锗、铟等有色、稀贵金属产品的综合回收。公司针对我国面临的资源和环境的严峻形势，大力发展循环经济，以"减量化、资源化、再利用"为原则，以最小的能源、资源消耗和最小的环境代价为准则，取得最大的经济效益和社会效益。通过自主技术改造创新，公司增加了对硫酸锌生产过程中的锗精矿、粗二氧化锗进行精加工的有色金属废渣冶炼业务，拥有 3 项发明专利及多项自有技术，现已发展成为一家技术创新和应用能力较强的科技型企业。

2. 杯水车薪

天浩稀贵前身天浩有限注册资本 50 万元。当云南天浩集团有限公司控股达到 60% 时，天浩有限整体变更为天浩稀贵。但是这种程度的股权融资并不能满足公司在该行业的快速发展，公司又引进了下面一系列的融资项目。

2009 年 5 月，经股东会同意，云南天浩集团有限公司及其他 8 位新股东向天浩有限增资 3450 万元，增资后天浩有限注册资本增加至 3500 万元。2009 年 8 月，经股东大会同意，天浩有限整体变更为天浩稀贵，注册资本为 3500 万元。2010 年 10 月，经股东大会同意，邹永新等 6 位新股东向公司增资 1000 万元，增资后天浩稀贵注册资本增加至 4500 万元。2012 年 12 月，经股东大会同意，公司原股东王新潮、新股东云南恒宇投资开发有限公司、盐城鹰石如观股权投资合伙企业（有限合伙）向公司增资 1300 万元，增资后天浩稀贵的注册资本增加至 5800 万元。

然而只有 5800 万元的注册资本对于这样一个有着大好前景的企业来说，实在是杯水车薪，如果想扩大企业发展规模，那么天浩稀贵还需要更多的资金。

3. 情何以堪

天浩稀贵所经营的业务是有色金属。其中有色金属分为基本金属和小金属。小金属是指储量相对比较低，开采冶炼难度较大，同时在工业上的应用起步也较晚的有色金属，主要有稀土、锗、钽、铟、钨、钼等。人类社会对基本金属的使用可以追溯到青铜器时代，小金属则是在近代随着电子工业、航空业等高科技产业的发展，开始进入工业化开发阶段的。在中国，经济转型和新兴战略产业的发展为小金属提供了良好的发展契机，小金属的需求在新兴产业的带动下快速增长的趋势初见端倪。

天浩稀贵的竞争优势有四点：技术创新能力强、成本优势、区位优势和企业营销网络健全。天浩稀贵具有这些优势的同时，也面临着一个困境——融资难。

(二) 枯树逢春

1. 涌现生机

几轮增资虽然让天浩稀贵得到一定的能量补充，但这远远不够，企业还需要钱，上市？不行！上市门槛高。天浩稀贵作为一个小型企业，规模小，资本少，企业仍处于起步阶段，达不到上市的门槛。向银行借款？看上去不错，但是市场对于中小企业是残酷的，银行部门重点支持大企业，对中小企业就不重视，即使能借到，成本也十分高昂，银行在对大企业和中小企业融资问题上是不平等的。

正当孙浩然为融资难而一筹莫展的时候，市场上出现了一种新的热门金融工具。国务院公报2009年第9号文件中表示，在银行间市场探索发行集合债券，拓宽涉农中小企业的融资渠道。

这样的一股暖风也吹拂到了孙浩然，集合债券的成功案例"大连模式"经常在媒体出现，此时为融资难而一筹莫展的他，也看到了一线新的希望。

2. 蓄势待发

随着天浩稀贵业务规模的不断扩大，其在加强研发力量、提升生产规模、拓展新的市场领域等方面均需要大量营运资金的补充。如果能募集到资金用于补充与主营业务相关的营运资金后，将有效地提升公司的营运效率，降低营运风险，增加在主营业务方面的收入和利润，从而进一步增强公司的核心竞争力，实现公司长期持续稳定发展。

为保证公司持续发展的经营活动需要，天浩稀贵在昆明市工业和信息化委员会的牵头下，由世纪证券公司承销，准备发行债券募集资金4000万元全部用于补充公司营运资金，供业务扩展之需。

(三) 同舟共济

1. 万众一心

中小企业集合债券的发行手段打破了以往只有大企业才能发债的惯例，中小企业集合债券是一个创举，使企业融资又多了一种新奇的模式。它将许许多多的小企业联合起来，成为一个有力的"团体"。那么，面对重重困难，规模并不是很大的天浩稀贵是如何突破重重困难，实现集合债券的发行呢？

(1) 内部齐心

在集合债券的发行过程中，天浩稀贵持有发行人 5% 以上股份的主要股东及实际控制人发挥了至关重要的作用，它们分别是云南天浩集团有限公司、云南宇恒投资开发有限公司以及王新潮。

从发行人本身来说，公司已经形成了完善的法人治理结构和组织结构，并且截至 2012 年 12 月 31 日，天浩稀贵共有控股子公司 3 家，即临沧天浩有色金属冶炼有限责任公司、临沧天浩综合回收有限公司和云南天浩化冶科技有限公司。这三家子公司在很大的程度上增加了公司发行集合债券的力量。

发行人及其股东、子公司的齐心协力使该公司在技术能力、成本优势、区位优势、营销网络方面的竞争优势得以发挥，为集合债券的发行奠定了稳定的基础，增加了未来的集合债券投资者的信心。

(2) 群策群力

集合债券并不是一个简单的募集过程。天浩稀贵作为带头羊，与众多的需要融资的中小企业一起，在牵头人、评级机构、监管银行、债券代理人、担保人以及其他机构的协同帮助下，成功将 "2013 年云南中小企业集合债券"（以下简称 "13 云中小债"）于 2013 年 4 月发行，总额为 4 亿元，期限为 6 年，存续期内每年 4 月 22 日进入集中付息期（遇节假日顺延），2019 年 4 月 22 日到期。

2. 锦上添花——增信

(1) 外部增信

昆明产业开发投资有限责任公司（以下简称 "昆明产投"）提供担保。这次的集合债券由昆明产投提供全额无条件不可撤销的连带责任保证担保，保证范围包括发行人在第一个债券存续年度至第六个债券存续年度内应支付的债券本金及利息，以及在此期间因发行人违约所产生的违约金、损害赔偿金、实现债权的费用和其他应支付的费用。

由商业银行提供流动性支持，满足发行人流动资金需求。云南省玉溪市商业银行股份有限公司（以下简称 "玉溪银行"）昆明分行为本期债券募集资金的监管银行，并为发行人提供流动性支持。发行人如果出现流动资金不足时，玉溪银行昆明分行将根据发行人的申请，按照玉溪银行规定进行评审，评审合格后，对其提供信贷支持，以满足发行人流动资金需求。玉溪银行昆明分行信贷支持不属于担保和变相担保的范畴。综上所述，发行人制定了具体、切实可行的偿债计划，采取了多项有效的偿债保障措施，为本期债券本息的及时足额偿付提供了足够的保障，能够最大限度保护投资者的利益。

（2）内部增信

第一，发行人具有较强盈利能力和偿债能力。发行人2009—2011年的营业收入为4601.50万元、8257.79万元和13838.64万元，归属于母公司投资者的净利润为113.02万元、1187.01万元和1537.47万元。截至2012年6月30日资产负债率为53.53%。根据目前的经营状况和未来发展趋势，预期发行人未来收入将稳定增长，可偿还本期债券本息。

第二，公司拥有的流动资产为债券偿付提供保证。截至2011年12月31日，公司流动资产为1.51亿元，占总资产的81.10%，其中货币资金2964.57万元、应收账款1728.13万元、预付款项1955.46万元、存货8264.43万元。存货中库存商品、原材料、在产品和周转材料分别为5799.47万元、1477.82万元、732.20万元和254.94万元，短期变现能力较强。必要时发行人可通过变现上述资产为本期债券的偿付提供充足保证。

第三，制定《债券持有人会议规则》。发行人已制定了《债券持有人会议规则》，约定债券持有人通过债券持有人会议行使权利的范围、程序和其他重要事项，为保障公司债券本息及时足额偿付做出了合理的制度安排。

第四，聘请受托管理人。公司聘请玉溪银行昆明曙光支行担任本期债券的债权代理人，并订立《债权代理协议》。在本次债券存续期限内，由债权代理人依照协议的约定维护债券持有人的利益。

第五，设立偿债风险准备金：本期债券设立偿债风险准备金，发行人将在债券存续期的第三年末、第四年末和第五年末，每年提取债券余额的10%作为偿债风险准备金，存入联合发行人在监管银行开立的偿债资金专项账户。在发行人不能按期还本付息的情况下及时启动清偿程序，以保障本期债券的本息按照约定如期兑付。

第六，设立偿债专户，确保本期债券按时还本付息。发行人在玉溪银行昆明分行设立募集资金及偿债专用账户,由玉溪银行昆明分行监管,确保还本付息资金及时到账。

第七,信用评级。经鹏元资信评估有限公司综合评定,本期债券的信用级别为 AA+。鹏元资信评估有限公司为天浩稀贵参与发行本期债券出具的主体长期信用等级的评级结果为 BBB。

(四)后续发展:覆雨翻云变化莫测

1. 申请代偿

2017 年 4 月 15 日,天浩稀贵公告指出,受昆明泛亚有色金属交易所清理整顿以及铟和锗价格下跌的影响,公司暂停了铟和锗的生产,尚未恢复正常生产经营,自主偿还能力持续下降,未来存在无法还本付息风险。该公司已申请由本期债券担保人履行担保责任,并披露昆明产投将于 4 月 22 日前,向本期债券偿债专户足额划付利息和偿债风险准备金。昆明产投随即证实将积极履行担保人责任,并表示该公司资金充裕,此次代偿不会影响公司正常经营。

2. 路在何方

事实上,集合债券是中国债券市场最早暴露违约风险的一类债券。业内人士指出,集合债券发行人普遍是非上市中小民营企业,具有资产规模较小、融资渠道较窄、外部支持较弱、股东风险较大、公司治理较差等风险特征,在经济下行周期中,抵御风险的能力较差,因此成为违约风险暴露的突破口。

其实,云南天浩无力偿债早已不是什么新鲜事,2016 年以来公开市场已发行 3 起集合债券代偿事件,包括"13 青岛 SMECN1""13 宁德 SMECN Ⅱ 001"和"13 达州 SMECN Ⅱ 001"。

债券作为一种风险较小、收益相对稳定的有价证券,正是由于其到期还本付息的特征,受到了众多投资者的青睐。然而集合债券如今却成了信用违约的"重灾区",不得不让人反问:天浩稀贵真的选对了道路吗?公司的转型真的算得上成功吗?

【思考题】

(1)什么是集合债券?说明集合债券的特点。

(2)集合债券和集合票据都属于集合融资,两者异同点是什么?

(3) 集合债券中小企业提供了一个新的融资模式，但是捆绑发行也有风险，风险有哪些？如何防范？

(4) 对于中小企业来说，集合债券是很好的一种融资方式，而增信又是发行集合债券很重要的一个环节，但增信也存在许多问题，有哪些？如何化解？

二 案例分析

通过天浩稀贵集合债券案例，对"13 云中小债"进行深入的分析与探讨，了解集合债券的定义、风险和防范措施，总结集合债券的优缺点，以及为中小企业选择融资模式带来哪些有意义的启示和借鉴。

(一) 理论依据

(1) 集合债券的基本知识。

(2) 集合债券与集合票据。

(3) 集合债券风险。

(4) 增信。

(二) 分析思路

(1) 结合案例正文提到的相关文件和案例，提炼集合债券的概念，结合中小企业融资难的问题，分析集合债券的优点和缺点。

(2) 运用对比的方法，学习集合债券。把集合债券和集合票据进行比较，更进一步理解和把握集合债券的特点。

(3) 风险防范始终是金融领域的重点，也是难点。集合债券最大的创新是"集合"，但是本案例的"集合"捆绑却出现了风险。结合本案例，分析天浩稀贵是如何出现违约的，进而分析集合债券的风险点在哪里，如何防范。

(4) 面对中小企业融资难困境，内部和外部增信是重要的改进方法。那么，本案例提到了哪些增信方式？存在什么问题？它是如何改进集合债券的发行的？

(三) 具体分析

1. 什么是集合债券？有什么特点

(1) 集合债券的概念

集合债券是运用信用增级的原理，通过政府组织协调，将企业进行捆绑集合发行的企业债券。该债券利用规模优势，合理分摊资信评级、发债担保、承销等费用，有效地规避了单个企业发债规模偏小、发行成本过高的弱点，使企业发行债券成为可能，为解决企业融资难问题提供了新的途径。

(2) 中小企业集合债券的特征

包括以下三点：

第一，若干家中小企业各自作为债券发行主体，确定债券发行额度，是所发行债券的第一偿债人，相关机构提供的担保措施（保证、抵押、质押）作为第二偿债来源；

第二，将若干家中小企业各自发行的债券集合在一起，形成集合债券，使用统一的债券名称，形成一个总发行额度；

第三，统一组织、统一担保、集合发行。

(3) 集合债券的作用

集合债券的上述特色，使得集合债券在化解中小企业融资难方面起到重要作用。

第一，中小企业能在资本市场融资，将极大地提升企业的知名度；

第二，解决了单一企业因规模较小而不能独立发行债券的问题；

第三，可以大大简化企业债券的审批、发行手续，提高发行效率，降低发行费用；

第四，统一使用"集合债券"的概念，可以得到地方政府及产业政策的有力支持；

第五，有利于提升单一企业发行债券的信用等级；

第六，如果担保公司为集合债券提供担保，可以拓展担保公司的资本市场担保业务，发挥中小企业担保公司的优势和作用，提高担保公司机构的保费收益水平。

2. 集合债券和集合票据都属于集合融资，两者相似处很多，那么本案例中的融资属于集合票据吗？集合债券和集合票据的异同点是什么

(1) 本案例中的融资是集合债券方式，不是集合票据方式。

(2) 中小企业集合债券和中小企业集合票据的相同点

第一，均属于集合融资。集合是指多家具有法人资格的中小企业共同组成的一个整体。不管是中小企业集合债券还是中小企业集合票据，都是多家企业集合在一起进行融资。其中，发行一笔集合债券的企业数量至少是两家，上限没有明确规定；发行一笔集合票据的企业数量在两家（含）到 10 家（含）之间。

第二，统一组织，统一信用增级，统一冠名，统一发行。统一组织是由一个机构作为牵头人，在多家中小企业之间进行协调组织等工作。中小企业的信用级别普遍不高，为保证发行的成功及降低发行费用（票面利率），对集合债券和集合票据都设计了信用增级这一程序，但这并不是对每家企业的信用增级，而是对债券整体进行的信用增级。集合债券（票据）的名字不包含其发行主体（各中小企业）的名字，对外用统一的名字，如"07 中关村债""09 大连中小债"等，并统一对外发行。一旦涉及对外的事务，各发行体都统一行事。

第三，分别负债，责任独立。这些发债的中小企业对外是一个整体，对内则是相互独立的个体。各中小企业分别按照其需求的金额上报发行额度，所承担的还本付息的责任也只限定在其上报的发行额度。各企业是相互独立的个体，相互之间没有连带责任，不对其他的企业负责，只对自己的发行额度负责。

(3) 中小企业集合债券和中小企业集合票据的不同点

第一，发债主体数量、发债规模的规定不同。一笔集合债券的发行主体的数量至少是两家，上限并没有规定。中小企业集合票据的发行主体被界定在两家（含）到 10 家（含）之间。相对来说，集合债券的发行主体的数量较集合票据可以更多。同时，对单只中小企业集合票据的发行总规模要求不超过 10 亿元。另外，单个发行体发行规模不能超过 2 亿元；而对中小企业集合债券则没有这方面的规定，理论上，其规模没有上限。

第二，发行期限不同。从现在已经发行的集合产品中可以看出，中小

企业集合债券的发行期限一般是在3—6年，而中小企业集合票据一般是在1—3年。所以，从时间期限角度划分，中小企业集合债券属于中长期债券产品，中小企业集合票据则是中短期票据产品。

第三，对发行主体的规定不同。对中小企业集合债券和集合票据发行主体的硬性规定有很大不同。对集合债券的各发行主体规定：有限责任公司注册资本不少于6000万元，股份制公司不少于3000万元，对企业发行债券余额的规定是不高于净资产（不包括少数股东权益）的40%。对中小企业集合票据的发行主体并没有像对集合债券的发行主体那样严格的规定，只规定发行债券余额不高于净资产（包括少数股东权益）的40%。因此，对集合债券的要求比对集合票据更为严格。

第四，主管机构不同。中小企业集合债券的主管机构是发展改革委，其发行须经发展改革委审核批准，审批程序比较复杂，用时较长，容易造成资金到位与企业的需求时间的不匹配；中小企业集合票据只需获得中国银行间市场交易商协会的注册通过即可发行，发行人只需满足信息公开原则，管理机关只对申报文件的全面性、真实性、准确性和及时性进行形式核查。

3. 集合债券为融资难的中小企业提供了一个新的融资模式，那么这种捆绑发行风险如何？关于风险防范有什么建议

（1）风险

虽然集合债券打破了只有大企业才能发债的惯例，开创了企业新的融资模式，但是集合债券发行人普遍是非上市中小企业，具有资产规模较小、融资渠道较窄、外部支持较弱、股东风险较大、公司治理较差等风险特征，在经济下行周期中，抵御风险的能力较差，因此成为违约风险暴露的突破口。因此，集合债券最大的风险就是违约，众多中小企业联合发债，一旦某个企业的资金链条断裂，集合债券的信用便会大打折扣，甚至导致债券无法到期还本付息。本案例中天浩稀贵无力偿债就是一个典型案例。

集合债券本质上仍是债券，具有债券的普遍风险，如流动性风险、价格波动风险、利率风险等。

（2）建议

针对集合债券的风险，提出如下建议。

第一，妥善处理违约事件，防止违约风暴冲击。一是加强信息共享，

做好债券市场风险动态监测，实现风险信息共享和风险监测全覆盖，便于监管部门的跨市场信息监管。二是重点监控债券市场清偿风险，防止集中违约。关注产能过剩行业的信用风险，短期债务偿还风险，企业股权结构变动、公司治理及实际控制人风险，以及已发生兑付危机企业的存续债务偿还风险。三是妥善处理违约事件，有序打破刚性兑付。一方面，应加强与地方政府协调，妥善处理企业债券违约事件，保护债券投资者权益，降低违约对债券市场的冲击；另一方面，应在风险可控的前提下，防止超预期违约，特别是应谨慎应对高评级大型国企债券和城投债兑付问题。

第二，建立健全法治化、市场化的违约处置机制。一是加强债券违约法治化处置制度建设。继续完善债券投资者保护制度；完善《破产法》有关资产保全和处理程序的规定；修改调整相关法规和监管安排，积极探索市场化债转股、破产清算等处置债券违约风险的市场化方式。二是强化各相关方责任，引导投资者依法维权。三是严格履行信息披露、信用评级等制度要求。强化债券发行人信息披露义务，加大债券发行人信息披露滞后的违约责任。改善信用评级质量，改变信用评级机构只入不出的现状，保障投资者知情权，使投资者能够根据风险分析与定价的充分信息，做出科学合理的投资决策。

第三，规范和引导相关机构稳健经营，防范流动性风险。一是引导金融机构稳健经营。进一步完善基金、券商等投资机构的风险控制指标体系，约束其追求高杠杆的投资行为；进一步完善和扩展宏观审慎评估体系等相关制度，增强银行整体经营的稳健性；督促金融机构规范管理，提升内控水平，降低债券市场快速发展带来的风险；联合人民银行、银监会、保监会规范理财、信托和资管类产品结构，控制杠杆倍数。二是使用逆周期调节工具，将杠杆控制在合理水平。加强债券回购风险管理，明确结算参与人责任，控制投资主体杠杆倍数，引入债券估值，加强质押券折扣率动态管理，并注意力度和时机的把握，防止政策调整冲击市场。

第四，加强债券市场统一监管执法，保护投资者合法权益。一是厘清监管边界，实现债券市场统一监管。一方面，按类似产品适用相同规则的原则，系统梳理整合证监会、人民银行和国家发展改革委关于债券市场的各项现行规则。另一方面，进一步明确《证券法》中"证券"概念的内涵与外延，进而厘清债券市场监管边界，实现债券市场统一监管。二是积极探索证券监管部门开展跨市场监管执法，《证券法》修订时间比较长，而当前债券违约风险暴露下债券市场强监管、防风险刻不容缓。人民银行和国家发展改革委是宏观经济管理部门，在债券行政监管和案件稽查方面，既有上位法依据不足的问题，也缺乏专业人员储备。为此，建议从国务院层面明确债券市场监管导向与职责分工，由国务院授权证监会牵头开展跨市场监管执法，建立健全债券市场统一执法工作机制。明晰债券执法主体操作流程，更好地规范债券市场运行，保护投资者合法权益。

4. 对于中小企业来说，集合债券是很好的一种融资方式，而信用增级又是发行集合债券很重要的一个环节。中国中小企业在信用增级的过程中都存在哪些问题？我们应该如何解决这些问题

（1）信用增级过程存在的问题

①担保难

由于中小企业的规模、资质、盈利能力等诸多因素，担保问题成为困扰中小企业集合发债的首要问题。

银监会出台的《关于有效防范企业债担保风险的意见》规定，银行等金融机构不得为企业债券提供担保，企业必须寻找新的担保模式。这一规定，使以往以银行担保为主的企业债券发行面临担保危机，对本来就困难重重的中小企业集合债券融资更是雪上加霜。

由此，中小企业集合债券融资转而谋求由大型企业进行担保，有的则采用集合担保的方式。由于中小企业集合债券结构复杂、发债主体多元、发债企业信用级别相对较低等缺点，有实力的大型企业集团往往不愿提供担保，国有企业担保又需要国资委审批，时间长、手续复杂。

②信用增级模式单一

目前，中国中小企业集合债券的信用增级模式较为单一，主要体现在两个方面：一是以单一外部信用增级模式为主；二是内外部信用增级相结合模式刚刚起步，比例较小。

③中小企业信用担保体系不完善

中小企业信用担保体系不完善，主要体现在两方面：一是组织结构不完善。由于中小企业信用担保风险较大，中小企业信用担保体系以政府出

资或政府参与出资的政策性担保机构为主，民间资本型担保（包括互助担保和商业担保）的比重严重不足，缺乏实力雄厚的全国性信用担保机构。二是资金实力不足，抗风险能力弱。

④反担保机制信用增级作用有限

按中国《担保法》和相关司法解释的定义，反担保是"第三人为债务人向债权人提供担保时要求债务人提供的担保"。反担保可以是额外的担保人，也可以是资产抵质押。在反担保中，原直接担保人履行了担保义务后，可向反担保人追索，而原始债项的债权人无权向反担保人追偿债权。

⑤信用评级机制不健全

目前，中国信用评级机制还不健全，具体表现在：评级机构准入门槛较低，评级机构众多，缺乏独立品牌的权威评级机构；信用评级缺乏统一的标准体系，缺乏专业信用分析人才，缺乏以社会信用信息资源为基础的信用数据支持；信用评级机构市场化运作模式下的竞争机制与信用评级的公共责任之间的矛盾突出；信用评级多头监管，监管不力。诸多问题导致信用评级结果缺乏公信力，难以充分发挥信用评级的价格发现功能和风险提示功能，从而在一定程度上影响了集合债券的融资效果。

（2）应对建议

第一，加强政府扶持力度。中小集合债券发展离不开政府的帮助，政府各相关部门应当从政策和操作层面加大支持力度以缓解中小企业融资困境，还需加强对中小企业集合债券的支持力度，降低准入与发行的标准，规定中小企业发债标准，使更多中小企业获得发展资金。

第二，完善多层次担保体系。中小企业应当寻求多种担保方式，完善多层次的担保体系；借鉴国外投保于保险公司的做法以减轻担保责任；引入风险投资，设定一定的转股条件，将债券卖给私募投资者。

第三，完善中小企业自身内部信用建设。中小企业务必高度重视自身信用记录，增强信用意识，维护良好的信用；完善公司治理结构，建立健全科学的财务管理制度，提高抗风险能力。

第四，完善信用增级制度。信用增级是中小企业集合债券能否成功融资，降低融资成本的关键因素。

第五，创新集合债券信用增级模式。首先要积极推广应用内外部信用增级相结合的信用增级模式；其次要创新内部信用增级手段；最后要大力发展外部信用增级手段。

第六，健全信用评级机制。信用评级是中小企业集合债券融资的重要环节。信用评级的质量直接影响集合债券信用增级的最终效果。

（四）关键要点

关键知识点：集合债券的基本概念与知识、集合债券与普通企业债券相比具有的特点、集合债券与集合票据的区别、集合债券的风险、集合债券的信用增级过程和其中存在的问题以及化解措施。

【参考文献】

陈怡西：《中小企业集合债券牵头人机制研究》，《广东外语外贸大学学报》2016 年第 6 期。

陈怡西：《中小企业集合债券发行制度的现实困境与立法完善——基于现行立法与现实数据的实证分析》，《学术研究》2017 年第 10 期。

董沛武、刘世国、叶晨等：《集合债券中成员相关性的信用影响研究》，《管理现代化》2015 年第 3 期。

胡婷婷：《小微企业增信集合债券发展研究》，博士学位论文，浙江大学，2018 年。

李为章：《中小企业集合债券融资机制及其效率研究》，博士学位论文，湖南大学，2015 年。

史安玲：《助推循环经济发展的结构化金融工具：集合债券创新研究》，《吉林工商学院学报》2019 年第 5 期。

王艳霞、周礼：《中小企业集合债券新模式——区域集优债券》，《经营与管理》2013 年第 9 期。

于玲燕：《小微企业增信集合债券案例研究——以"16 余金控"为例》，《财会通讯》2019 年第 32 期。

周颖、沙磊：《中小企业集合债券的关键特征对其融资效率影响的实证研究——对优化和推动中小企业集合债券产品的启示》，《管理工程学报》2013 年第 1 期。

案例12 京东白条资产证券化

一 案例介绍

京东是中国第一大自营 B2C 电商企业，全国第二大电商品牌。自 2004 年开始上线经营至今，其发展势头迅猛，董事长刘强东对公司的发展信心十足。纵观京东近几年的战略布局和发展脉络，可以看出京东金融是其重要板块之一。

京东白条作为京东金融的核心业务之一，其实质为应收账款。然而自 2014 年 2 月京东白条出现后，京东集团的应收账款出现了爆发式增长。应收账款的快速增长会占用企业大量可用资金，如果用户长时间拖欠甚至违约，则会给企业带来坏账损失，影响企业的正常运营。

因此，爆发式增长的应收账款以及应收账款周转率低下等问题都会增加企业的经营风险，为企业的日常经营和资金链埋下隐患。公司的掌舵人刘强东和他的团队会如何应对这种情况呢？

（一）公司简介

1. 京东

2014 年，京东市场交易额达到 2602 亿元，净收入达到 1150 亿元。到 2015 年第一季度，其在中国自营式电子商务市场的占有率就已超过一半，达到 56.3%。同年，交易额达到 4627 亿元，同比增长 78%；净收入达到 1813 亿元，同比增长 58%，其增长速度是行业平均速度的 2 倍。

京东的前身最初设在中关村，成立于 1998 年。2004 年，京东多媒体网投入运营，京东正式开始线上经营，进军电子商务领域。此后，京东增长速度势如破竹，交易额连续7年增长超过200%。2010年，京东规模成功破百亿，成为国内首家达到百亿体量级的网络零售企业；11月，图书频道开通，京东正式转型成为综合型零售电子商务企业。2014年5月，京东赴美在纳斯达克成功挂牌，成为国内首个在美国上市的综合型电商平台；7月，京东入选纳斯达克100指数和纳斯达克100平均加权指数，成为该指数中仅有的两家中国互联网企业之一。

目前，京东集团旗下设有京东商城、京东金融、拍拍、京东智能、京东到家及海外事业部。其中，京东商城主营传统B2C电子商务业务。京东金融则大力发展金融业务，包括供应链金融、消费金融、网银在线和平台业务四大板块。

京东拥有中国电子商务行业规模最大的仓储设施体系。截至2015年6月30日，京东在北京、上海、沈阳等全国7大城市拥有物流中心，在全国44座城市运营166个大型仓库，拥有4142个配送站和自提点，覆盖全国2043个区县。其专业的配送服务能够保证消费者在最短时间内拿到商品，为消费者提供满意的购物体验。

2. 京东金融

京东金融是京东集团旗下子集团，于2013年10月开始独立运营，主要产品有京东众筹和京东白条。京东金融至今已建立起九大业务板块——供应链金融、消费金融、众筹、财富管理、支付、保险、证券、农村金融和金融科技，主要布局供应链金融和消费金融，确立了以科技服务金融行业的战略定位。

在数据获取能力方面，京东金融背靠京东集团超过2.4亿的活跃用户，拥有几十万的供应商和合作伙伴数据以及海量交易数据，同时通过投资和合作的形式丰富数据资源；在数据技术能力方面，以大数据为基础，开展深度学习、人工智能、图像识别、图谱网络、区块链等技术应用；在数据模型产品能力方面，开发出风险量化模型、精准营销模型以及用户洞察模型等。京东金融通过领先的大数据应用技术，建立起独有的风险控制体系、支付体系、投资研究体系、投资顾问体系以及数据与服务平台、软件及服务平台等一整套金融底层基础设施。

(二) 京东白条业务概况

1. 京东推出"明星"业务——京东白条

京东白条是京东推出的首个互联网信用支付产品，符合条件的京东注册用户在购买京东商城所销售的商品时，可以选择以"白条"的方式进行支付——先消费、后付款（赊购）。用户在京东商城下单后，可以选择在 30 天内完成付款，也可以选择分期付款并承担相应的服务费。

京东白条实质上是京东商城对选择以"白条"支付的用户下单后应付未付货款的应收权，体现在资产负债表即京东的应收账款。用户申请使用京东白条，可以选择延后付款或者分期付款两种方式。延后付款的期限为 30 天，用户在 30 天内付款则不用承担任何费率。分期付款的用户可以在 3—24 个月内分期偿还货款，同时承担 0.5%—1.2% 的月服务费；如果到期未能偿还，用户则需要按日累计违约金，违约金费率为 0.05%/日起。

作为业内第一款互联网消费金融产品，起初"白条"仅提供给京东商城上的用户购物使用，即依托京东商城为用户提供赊购服务。到 2015 年 4 月，"白条"又打通了京东体系内的 O2O（京东到家）、全球购、产品众筹等通道，后来又逐步覆盖了租房、旅游、装修、教育等领域，从赊购服务延伸到提供信用贷款，覆盖更多消费场景，同时为更多消费者提供服务。

2. 京东白条的发展历程

京东白条的发展历程如表 12-1 所示。

表 12-1　　　　　　　　京东白条发展历程

2014 年 2 月 13 日	京东白条上线公测
2015 年 3 月 23 日	京东校园白条启动
2015 年 7 月 7 日	王府井百货加入京东白条阵容
2015 年 10 月 28 日	京东白条资产证券化首期 8 亿元登录深交所
2015 年 11 月 11 日	"双 11"京东白条交易额 35 分钟破亿元
2015 年 11 月 26 日	京东金融推出旅游白条
2015 年 12 月 7 日	12 亿元京东白条二期 ABS 产品挂牌深交所

续表

2016年2月5日	京东白条2016第一期ABS融资20亿元
2016年3月27日	京东金融联合光大银行发布了"光大小白卡"
2016年4月8日	京东白条第四期ABS完成募集，额度为15亿元

3. "明星"业务的发展概况

京东白条一经推出就受到了市场的热捧，这款产品不仅用户体验不错，而且不良率极低。"推出'京东白条'之后，用户在京东零售业务上的订单量提高了33%，"京东金融副总裁刘长宏透露，"这极大地促进了零售业务的增长。"京东白条推出后，受到广大消费者的喜爱，其业务发展迅速。但是事情往往都有两面性。随着京东白条被熟悉，越来越多的人开始使用京东白条，这给京东的零售业务带来增长的同时，也带来了京东爆发式增长的应收账款。

表12-2　　　　京东集团2012—2015年应收账款概况　　　单位：万元，%

年份	2012	2013	2014	2015
应收账款	47913.80	50208.90	243625.60	950828.40
应收账款增长率	—	4.79	385.22	290.28

资料来源：京东金融网。

由表12-2可以看出，自2014年2月京东白条出现后，京东集团的应收账款出现了爆发式增长，由2013年的5.02亿元增长到2014年的24.36亿元，增长率将近400%，是2013年开展京东白条业务前的19倍。应收账款的快速增长给京东集团的正常运行带来了极大的资金需求，公司的正常运营受到影响。

4. 京东业务发展

2004—2011年，京东连续7年交易额增长超过200%。京东以其远高于行业平均增长率的发展势头得到了各界的肯定，在互联网行业内拥有较强的竞争力。由表12-3可以看出，京东在2012—2015年，资产仍处于飞速增长时期，说明京东的发展态势很好。但是其营业收入增速却在不断减少，净利润也在飞速下降，京东的发展暂时出现问题。这是什么原因导致的呢?

表 12-3　　　　　京东 2012—2015 年的发展态势　　　　单位:万元,%

年份	2012	2013	2014	2015
资产	1788605.40	2600981.20	6649317.20	8516616.90
所有者权益	166466.10	206656.50	3749806.70	3067844.80
营业收入	4138052.10	6933981.20	11500231.70	18128695.50
净利润	-172947.30	-4989.90	-499635.80	-938758.20
净资产收益率	-1.04	-0.02	-0.13	-0.31

资料来源:前瞻眼网和同花顺网。

京东自 2008 年开始以牺牲盈利换取市场份额,这意味着其"烧钱"之路的开端。全国范围的物流配送体系、O2O 和京东金融等核心或创新业务,都需要京东对其进行补贴。从长期发展来看,自建物流带来的良好配送体验能够实现用户数量增长的同时提高用户黏性,进而增加市场交易额、降低经营成本。从近期来看,自有物流体系的建设以及金融创新业务的发展所需要的资金需求量是非常巨大的,这就大大占用了公司的流动性资金,不利于企业的再生产,并且非常考验一个企业的融资能力。

然而,企业的高速增长意味着对企业可用现金流有着极高的要求。传统融资模式对企业提出的高要求和可能给企业带来的风险也决定了企业不能无止境地依靠债权融资和股权融资来满足其资金需求。从京东近几年的资本结构来看,京东的资产负债率逐渐增高,流动比率逐渐降低。这意味着企业的偿债能力逐渐减弱,企业通过传统融资方式获得资金的能力也有所减弱。那么,京东该通过何种创新型融资方式进行融资呢?又该如何对京东集团提供流动性补偿机制和解决大量累积的应收账款问题呢?

既要解决融资问题,又不能以传统的方式去融资,刘强东以及他的团队该如何做好呢?

(三)京东的对策——踏上资产证券化之路

1. 天无绝人之路——资产证券化之路

为了集团健康发展,京东高管在多次商讨之后,决定打造"京东白条应收账款+资产证券化"这一条创新型的破冰道路,解决集团近年来呈爆发式增长的应收账款问题,为京东提供足够的流动性补偿机制。

2. 计划正式实施

京东金融于 2015 年 10 月 28 日发行了资本市场上第一个基于互联网消费金融的资产证券化产品——京东白条应收账款债权资产支持专项计划(以下简称"京东白条 ABS"),此举对行业产生了破冰性的意义。2015 年 9 月,京东白条 ABS 获得证监会批复;10 月,该资产证券化项目在深交所挂牌。京东白条资产证券化是京东金融与华泰资管合作推出的一项互联网金融领域的创新业务,是国内第一个以互联网消费金融资产作为基础资产进行证券化的项目。资产支持证券面世当天,工商银行、光大银行等四家银行即认购全部发行额度。优先 1 级资产支持证券 6 亿元和优先 2 级资产支持证券 1.04 亿元由投资机构完成认购;次级资产支持证券由京东全部认购,不参与发行流通。截至 2016 年 3 月 31 日,京东白条 ABS 共发行三期,预期收益率分别为 5.10%、4.70% 和 3.80%。京东白条资产证券化的持续发行和预期收益率的持续走低,都说明了市场对京东白条 ABS 的认可。

(1) 京东白条 ABS 的结构

京东白条资产证券化的基础资产为京东白条应收账款债权。京东白条 ABS 根据产品的信用状况对产品整体进行了分类。根据风险、收益等不同,京东白条 ABS 产品分类主要包括优先 1 级资产支持证券、优先 2 级资产支持证券和次级资产支持证券,原则上这三种证券的比例为 75:13:12,京东白条 ABS 二期的发行中优先 1 级和优先 2 级的总比例为 88%,次优级的比例为 12%(除发行规模外,与第一期计划相同)。优先级资产支持证券主要由合格投资者进行认购,而次级资产支持证券主要由发起人京东金融进行认购。其中优先 1 级资产支持证券和优先 2 级资产支持证券在产品循环期每季度分配利息,在产品分配期每月过手还本付息,而次级资产支持证券在产品循环期内不参与利息的分配,而是在分配期优先 1 级和优先 2 级资产支持证券本金清偿完毕后获得全部剩余收益。

由表 12-4 可知,首期融资总额为 8 亿元。此次在深交所挂牌进行公开交易的是优先1级6亿元和优先2级1.04亿元,证券简称分别为"京东优01"和"京东优02",对应的证券代码为"119249"和"119250",次级0.96亿元则由京东自行认购。

表12-4　　　　　　京东白条资产证券化的结构

产品	京东白条优先1级	京东白条优先2级	京东白条次级
发行规模(亿元)	6	1.04	0.96
预期收益率(%)	5.10	7.30	无
评级	AAA	AA-	未评级
期限(年)	2		
还本付息方式	循环期按季付息,分配期每月过手还本付息		到期获得全部剩余收益

资料来源:京东金融网。

(2)京东白条ABS的结构主体及相关流程

京东白条资产证券化是由证监会主导的企业资产证券化。企业资产证券化的主要操作流程是非金融企业作为原始权益人,筛选符合条件的资产构建资产池,证券公司负责发起设立相关的专项资产管理计划,对基础资产进行信用增级、结构化重组等,并在上交所或深交所发行。

①结构主体

京东白条资产证券化的交易结构及其主体如图12-1所示。

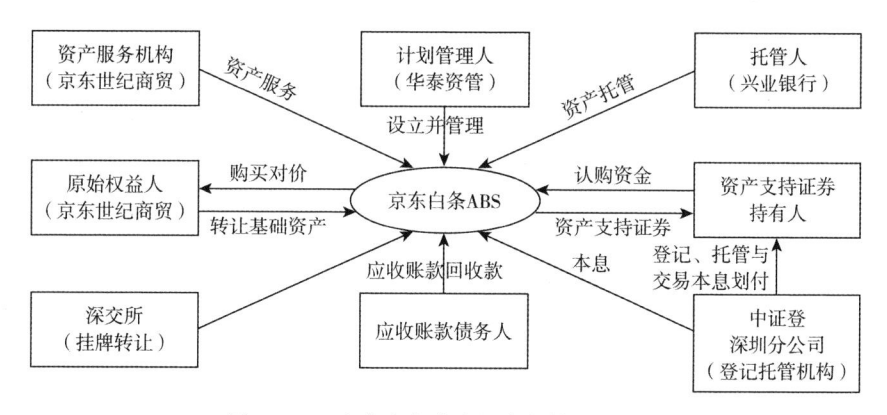

图12-1　京东白条资产证券化的交易结构

a. 京东世纪商贸(原始权益人)在其存量京东白条应收账款债权资

产中遴选出合适的白条应收账款债权形成资产池，作为资产支持证券的标的资产。

b. 华泰资管（计划管理人）发起设立京东白条 ABS，并作为该计划的管理人对其进行管理。投资者与华泰资管签署相关认购协议，并向华泰资管缴纳认购相应产品份额的金额，投资者通过专项计划取得京东白条应收账款债权资产支持证券的所有权，成为资产支持证券的持有人。

c. 华泰资管（计划管理人）运用资产支持专项计划资金购买京东世纪商贸（原始权益人、资产转让方）的京东白条应收账款债权资产，即京东世纪商贸（原始权益人、资产转让方）在专项计划设立日将其拥有的对京东白条用户的应收货款及服务费的请求权和其他附属权利转让给专项计划。京东白条 ABS 仅与京东世纪商贸进行白条应收账款债权资产转让交易。

d. 京东世纪商贸（资产服务机构）与华泰资管（计划管理人）签署服务合同，华泰资管委托京东世纪商贸作为资产服务机构，对基础资产进行管理和服务，包括白条基础资产资料保管、对白条用户应还分期款项进行催收以及在循环购买期运用前期基础资产回收款买入新的白条基础资产等工作。

e. 兴业银行（托管人）与华泰资管（计划管理人）签署托管协议，华泰资管委托兴业银行对资产池资产产生的现金资产提供保管服务。兴业银行（托管人）依据托管协议的约定，管理专项计划账户，执行计划管理人的划款指令，负责办理专项计划名下的相关资金往来。

f. 京东白条用户向京东世纪商贸（资产服务机构）偿还京东白条本息，京东世纪商贸（资产服务机构）将京东白条本息转付至兴业银行（托管人），兴业银行（托管人）将京东白条本息（作为证券本息）转付至中国证券登记结算有限责任公司（简称中证登）深圳分公司（托管、代理支付机构），中证登深圳分公司向资产支持证券持有人（投资者）支付证券本息。

②相关流程

上述京东白条资产证券化的交易结构流程可以用图 12-2 表示。

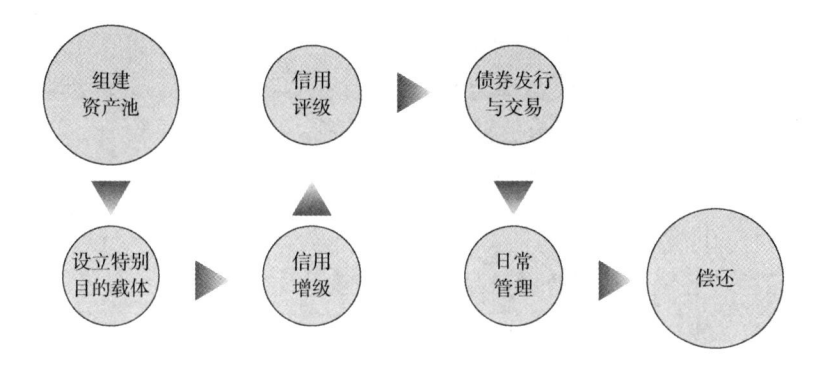

图 12-2 京东白条资产证券化的交易结构流程

(3) 最终效果——利己又利他

首先，对于发起人京东来说，应收账款证券化交易模式首先为其带来了巨额的现金融资。此轮证券发行共售出 8 亿元的应收账款，除 0.96 亿元京东白条次级资产支持证券由发起人京东自行认购不参与流通外，其余 7.04 亿元优先级资产支持证券由投资者全部购买。巨额的现金补充有利于满足企业经营活动对现金流的需求。其次，在公司的资产负债表中这笔债务的转出，大大降低了企业的资金压力，从长远发展的角度，减轻债权金额，也能更好地把握债务与权益间的配比。

京东白条优先 1 级和优先 2 级资产支持证券的融资成本分别为 5.1% 和 7.3%。考虑年服务费率分别为 6% 和 12% 两种情况：假设京东白条年服务费率为 6%，则京东优先 1 级的利差为 0.9%，京东优先 2 级的利差为 -1.3%，其中京东优先 1 级和优先 2 级资产支持证券占所有资产支持证券的比例分别为 75% 和 13%，$0.9\% \times 75\% + (-1.3\%) \times 13\%$ 大于 0。因此，通过证券化京东能够提前收回优先级资产支持证券部分应收账款全部本金；考虑假设京东白条年服务费率为 12%，则京东白条优先 1 级和优先 2 级的利差为 6.9% 和 4.7%，通过证券化京东能够提前收回优先级资产支持证券部分应收账款全部本金。

综上，通过应收账款证券化，京东可以提前收回优先级资产支持证券应收账款全部本金，实现了将流动性较差的应收账款提前转化为流动性最好的货币资金。

对投资者来说，投资者购买资产支持证券并持有至到期，能够按期获得相应的利息收入,到期收回本金。京东公布数据显示,优先 1 级资产支持证券投资者的预期收益率为 5.1%,优先 2 级资产支持证券投资者的预期收益率为 7.3%;投资者购买资产支持证券,并在之后某一时点卖出,则获得的收益为持有期间获得的利息收入,以及卖出证券时卖价与买价相比的溢价收入。

(四)"互联网消费金融产品+资产证券化"后续发展

目前,我国资产证券化市场尚处于初级阶段,但是市场需求日益扩大,将来大有可为。与此同时,互联网金融加深了互联网与金融服务的相互融合,正在广度与深度上不断拓展。互联网金融对资产证券化已经产生显著影响,且这种影响必将持续深入。再加上,随着消费支出的逐渐增长,消费金融行业将释放出巨大的市场空间。2015 年,我国居民消费性贷款余额为 18.96 万亿元,截至 2015 年末,我国金融机构个人消费贷款在总贷款规模中占 18.8%,除去住房按揭贷款后占 4.8%,与国外成熟市场超过 30% 的比重相比差距较大。综上所述,中国"互联网消费金融产品+资产证券化"的发展空间巨大。

【思考题】

(1)随着互联网的蓬勃发展,我国开始出现以京东白条为代表的互联网消费金融产品,给我国金融行业注入了新鲜的血液。根据本案例,分析中国以京东白条为代表的互联网消费金融的产品种类以及互联网消费金融的特点。

(2)什么是资产证券化?资产证券化的种类及其特点有哪些,如何进行区别?并结合案例,分析京东白条资产证券化属于哪种模式。

(3)结合案例,分析京东为何要将白条进行资产证券化,其具体结构流程又是怎样的。

(4)请结合案例以及所学知识,分析京东白条在资产证券化过程中面临哪些风险和困境。

二 案例分析

2015 年京东金融借助金融创新,对京东白条应收账款进行资产证化，发行了资本市场上第一个基于互联网消费金融的证券化产品——京东白条 ABS。这一融资方式将互联网消费金融产品与资产证券化进行了史无前例的巧妙结合，给京东金融资金融通打开了一条新的渠道，直接有效地解决了京东白条应收账款给公司造成的流动性危机，具有引领行业发展的破冰意义，这也是该案例的独特意义所在。

这里以京东白条资产证券化为例引导读者对资产证券化的交易结构、流程以及互联网消费金融的学习和思考。剖析资本市场上第一个基于互联网消费金融的证券化产品——京东白条 ABS，可以有效地开发我们的创新性思维，并且结合互联网消费金融这个大背景，引导我们解锁资产证券化的更多可能性。

（一）理论依据

（1）互联网消费金融理论。

（2）资产证券化理论。

（3）风险控制理论。

（二）分析思路

（1）我们需要对互联网消费金融有一定的了解，了解其种类以及特点，进而去更好地了解京东白条及其运作特点，把握案例的主要脉络。

（2）我们需要去了解资产证券化的内涵、种类以及特点，并分析京东白条资产证券化属于哪种模式，从而更好地分析本案例。

（3）对京东白条资产证券化的动因进行探索，并分析京东白条资产证券化的交易结构和流程，使我们对京东白条资产证券化有一个比较深入的了解。

（4）由于在资产证券化的过程中会存在许多风险，只有更好地了解这些风险和困境，才能达到资产证券化的最好效果。

（三）具体分析

1. 根据本案例，分析中国以京东白条为代表的互联网消费金融的产品种类以及互联网消费金融的特点

消费金融的定义：消费金融广义上可理解为与消费相关的所有金融活动，狭义上可理解为为满足居民对最终商品和服务消费需求而提供的金融服务。互联网的发展为消费金融的发展注入了新的活力，互联网消费金融

是指通过互联网向个人或家庭提供与消费相关的支付、储蓄、理财、信贷以及风险管理等金融活动。互联网消费金融的参与主体日渐丰富，电子商务企业、传统商业银行、P2P 网络借贷平台也都积极开展互联网消费金融相关业务。

（1）互联网消费金融的种类

第一，P2P 信贷产品综合消费金融：拍拍贷、财路通等。

第二，电商消费金融：目前国内的三大电商平台天猫、京东、苏宁都分别推出了消费金融。京东有白条，阿里巴巴有天猫分期和花呗，苏宁易购有任性付和零钱贷。

第三，旅游消费金融：去哪儿、驴妈妈、途牛、首付游等旅游平台，兴业银行、中国银行等金融机构都推出了旅游金融分期消费，旅游消费金融正在成为旅游平台竞争的新焦点。

第四，汽车消费金融：很多汽车交易平台诸如汽车之家、易车网、天猫汽车等都推出了汽车消费金融，在购买新车、二手车等方面都可以进行贷款消费。

（2）互联网消费金融的特点

①互联网消费金融产品模式趋同

互联网消费金融产品主要分为现金模式和代付模式。现金模式又称为消费者支付模式，是指消费金融服务的提供商直接给消费者发放贷款，消费者在消费时自己支付给零售商。商业银行信用卡和消费金融公司都通过这种模式提供消费金融服务。代付模式又称受托支付模式，是指消费金融服务提供商在消费者进行消费时直接向零售商支付，这种模式在电商平台分期付款服务中被广泛使用，如京东白条、天猫分期等。

②互联网消费金融征信依赖大数据

随着大数据技术的发展，无论是互联网金融机构还是传统金融机构都逐渐依赖大数据技术来进行信用评级和风险管理。风险控制是传统金融机构与互联网企业开展消费金融业务的核心。而风险控制的核心在于征信，征信主要包括身份认证和信用判断两个环节。在大数据技术出现之前，传统商业银行以及消费金融公司主要依靠线下方式来进行身份核实，在信用判断方面传统商业银行主要依靠中国人民银行征信系统，而消费金融公司则依托于自己建立的信用信息数据库。但基于线下征信的方式获取的材料种类有限、主动性差而且信息不够全面。与传统金融机构相对比，互联网企业对用户的信用判断主要依靠各类网络行为的数据：用户的消费、信贷、投资、网络社交、网络搜索等线上行为，同时借助大数据技术将其转化为身份特质、履约能力、信用历史、人脉关系、行为偏好等能够反映客户信用水平的信用评分标准，从而更为客观和全面地对用户的信用进行评估。在大数据技术逐渐成熟之后，银行以及消费金融公司也在逐渐丰富自身的征信模式，其通过与电商平台合作、建立信用评级系统、完善大数据分析技术等方式增强信用评级的可靠性。因此，消费金融的参与者都越来越依赖大数据进行信用评级。

③互联网消费金融服务对象集中

消费金融是实现普惠金融的主要形式之一，旨在使更多的中低收入人群享受到金融服务。传统商业银行的服务对象往往是信用等级良好、收入水平较高、违约风险小的优质客户。但中低收入客户限于自身的流动性约束，对消费金融服务的渴望更加迫切，一些电商、P2P网络借贷平台和消费金融公司准确地捕捉到了这部分被遗漏的潜在消费者，为其提供教育、旅游、电子产品、家用电器等多方面的金融服务。在互联网金融企业逐渐进入消费金融市场的同时，银行也开始将消费金融的目标群体由高收入客户转移到中低收入客户，通过搭建线上消费平台，为更多中低收入的客户群体提供金融服务。

④互联网消费金融产品定价市场化

以商业银行为代表的传统消费金融机构基本遵循"以'贷款风险'作为定价核心、以'贷款成本'作为价格下限、以'风险差异'作为价格浮动依据"的定价原则，兼顾营利性与安全性，由总行的资产负债管理部门负责制定总行一级的基准价格和定价策略，分行一级在总行利率指导下负责管理所在辖区内的定价策略（按照中国人民银行2015年7月15日下调后的一年期贷款基准利率5.6%和规定的利率最大浮动比例0.9—2倍来计算，一年期贷款利率最大差距为6.16%。该利率差距更多体现在资金不同用途方面，而不是同一资金用途的不同申请人方面），对于主要以信用卡为主的传统消费金融产品，不同借款人定价的差异更多地体现在借款人可获得贷款的额度上，因此分期利率上的差异可以说微乎其微。反观以一种更"亲民"的方式提供的互联网消费金融服务，由于应用场景细分垂直、客户定位精准，可以实现对于不同消费场景、不同信用水平人群的差异定价；加之技术作为互联网消费金融的发展驱动力，能够降低金融机构的资金成本、运营成本和违约成本。综上，互联网消费金融的发展能够倒逼消费金融行业整体定价水平更加市场化。

2. 什么是资产证券化？资产证券化的种类及其特点有哪些？并结合案例分析京东白条资产证券化属于哪种模式

资产证券化，是指以基础资产未来所产生的现金流为偿付支持，通过结构化设计进行信用增级，在此基础上发行资产支持证券的过程。它是以特定资产组合或特定现金流为支持，发行可交易证券的一种融资形式。资产证券化仅指狭义的资产证券化。自1970年美国的政府国民抵押协会首次发行以抵押贷款组合为基础资产的抵押支持证券——房贷转付证券，完成首笔资产证券化交易以来，资产证券化逐渐成为一种被广泛采用的金融创新工具而得到了迅猛发展。京东白条应收账款证券化是指将预期在未来能够为企业带来稳定、可观的现金流入的应收账款，通过将资产出售给计划管理人，并按照一定的交易结构进行重组发行，从而使原始权益人（京东世纪商贸）将流动性相对较差的应收账款置换为流动性最佳的现金。

（1）资产证券化的种类

资产证券化按基础资产的不同，可以分为四类：实体资产证券化、信贷资产证券化、证券资产证券化和现金资产证券化。

第一，实体资产证券化：实体资产向证券资产的转换，是以实物资产和无形资产为基础发行证券并上市的过程。

第二，信贷资产证券化：就是将一组流动性较差的信贷资产，如银行的贷款、企业的应收账款，经过重组形成资产池，使这组资产所产生的现金流收益比较稳定并且预计今后仍将稳定，再配以相应的信用担保，在此基础上把这组资产所产生的未来现金流的收益权转变为可以在金融市场上流动、信用等级较高的债券型证券进行发行的过程。

第三，证券资产证券化：证券资产的再证券化过程，就是将证券或证券组合作为基础资产，再以其产生的现金流或与现金流相关的变量为基础发行证券。

第四，现金资产证券化：是指现金的持有者通过投资将现金转化成证券的过程。

（2）资产证券化的特点

资产证券化的特点主要有以下三个方面。

①资产证券化是资产支持融资

在银行贷款、发行证券等传统融资方式下，融资者是以其整体信用作为偿付基础的，而资产支持证券的偿付来源主要是基础资产所产生的现金流，而与发起人的整体信用无关。

②资产证券化是结构融资

资产证券化作为一种结构性融资方式，主要体现：第一，成立资产证券化的专门机构SPV；第二，"真实出售"的资产转移；第三，对基础资产的现金进行重组。

③资产证券化是表外融资

在资产证券化融资过程中，资产转移而取得的现金收入，列入资产负债表的左边——"资产"栏目中。而由于真实出售的资产转移实现了破产隔离，相应地，基础资产从发起人的资产负债表的左边——"资产"栏目中剔除。这既不同于向银行贷款、发行债券等债权性融资，相应增加资产负债表的右上角——"负债"栏目；也不同于通过发行股票等股权性融资，相应增加资产负债表的右下角——"所有者权益"栏目。由此可见，资产证券化是表外融资方式，且不会增加融资人资产负债表的规模。

（3）京东白条应收账款资产证券化

京东白条应收账款证券化是指将预期在未来能够为企业带来稳定、可观的现金流入的应收账款，通过将资产出售给计划管理人，并按照一定的交易结构进行重组发行，从而使原始权益人（京东世纪商贸）将流动性相对较差的应收账款置换为流动性最佳的现金。其基础资产为京东白条的应收账款，所以京东白条资产证券化属于信贷资产证券化。

3. 结合案例，分析京东为何要将白条进行资产证券化，其具体流程是什么

（1）京东白条证券化原因（结合案例分析）

（2）京东白条应收账款资产证券化的流程

①组建资产池

资产池的建立标志着应收账款证券化的开始。由于证券化对资产的质量要求较高，并不是所有的资产都符合证券化的条件。一般来说，可以作为基础资产进行证券化的资产需要满足现金流、所有权、合同权利等方面的条件。具体来说，基础资产首先要满足过去的记录能够表明资产未来能够产生可预测的、稳定的现金流，这是基础资产需要符合的首要的，也是最重要的条件。此外，原始权益人需要合法、有效地拥有基础资产的所有权或控制权，如基础资产对应的买卖合同真实、合法有效，原始权益人能够对基础资产进行自由处置。京东白条资产证券化的基础资产是京东白条应收账款资产，通过对应收账款进行筛选，将符合条件的应收账款组建成资产池。

②设立特别目的载体

特别目的载体（Special Purpose Vehicle，SPV），是指连接原始权益人与投资者的中介机构，作为资产支持证券的发行机构，SPV在资产证券化运作中处于核心地位。SPV与原始权益人相关的操作是通过购买基础资产的方式，基础资产的所有权从原始权益人处转移到SPV处，并对基础资产进行结构化重组以保证其现金流的稳定性，降低风险。另外，SPV与投资者相关的操作主要以资产池的现金流为保证，发行资产支持证券，从而为企业实现融资，消费者也通过购买证券获得预期收益。计划管理人（华泰资管）设立并管理专项资产管理计划（即SPV机构）。

SPV设立完成后，原始权益人通过将其证券化资产池转让给SPV，实现风险隔离。通过将资产池真实出售，原始权益人将证券化资产的收益和风险转让给了SPV，这一措施能够有效地保证基础资产与发起人的其他资产在风险、收益和会计处理等方面分离开来，保证了证券化资产与原始权益人的自身经营风险完全隔离。通过"真实出售"这一操作实现资产风险与企业风险相隔离，能够有效地提高资产支持证券的信用等级，这是原

始权益人实现融资盈利的前提，也给投资者带来了安全保障。

③信用增级

信用增级是指通过采取如担保、资产抵质押等一种或多种措施，确保债务人能够如期偿还债务，从而提高资产支持证券信用级别，降低债权风险的一种金融手段。常见的信用增级措施分为两种，分别是与原始权益人自身无关的外部信用增级，如第三方担保等，以及与原始权益人相关的内部信用增级。在本次京东白条证券化的专项计划中，资产支持证券通过进行内部增级的方式来提升信用等级。该专项计划选择通过优先1级、优先2级的内部增级方式进行信用增级，没有通过担保及补充支付承诺人等外部增级措施进行信用增级。

④信用评级

资产支持证券需要由评级机构进行评级，信用评级主要基于以下三个原则：原始权益人可能存在不履行相关义务，导致基础资产现金流断裂的可能性；原始权益人在承担相关的责任和义务时所基于的法律法规和相关条款；原始权益人如果面临破产，能够承担责任的程度。信用评级机构对资产支持证券的信用风险提供了权威意见，为投资者进行投资决策提供了可靠的依据。信用评级机构（联合信用评级有限公司）综合原始权益人的风险管控能力和京东白条应收账款资产情况、外部增信措施、交易结构、风险因素及风险控制措施、重要参与人的履约能力等信用评级因素，给予此次专项计划中的优先1级资产支持证券的评级为AAA级，给予优先2级资产支持证券AA-级评级。次级资产支持证券未进行评级。

⑤债券发行及交易

SPV以资产池的现金流为保证，主要通过承销或包销发行资产支持证券获得预期收益，投资者通过购买证券获得预期收益。目前，相关规定限制资产支持证券的购买者只能为机构投资者，个人投资者无法参与资产证券化中资产支持证券的认购。

⑥日常管理

证券化发行交易结束后，资产服务机构对资产池进行日常管理，一般由SPV或其他相关机构负责。在本次专项计划中，由原始权益人京东世纪商贸按照约定完成对基础资产的管理工作,包括按期收取用户应付的本金及服务费,对借款人履行情况进行监督,管理预防违约情况的发生,以及违约发生后实施相关的补救措施等。

⑦偿还

计划管理人按照合同的约定将基础资产的收益分配给专项计划资产支持证券持有人。还本付息方式为优先级在循环期按季付息,在分配期每月还本付息;次级证券则是到期获得全部剩余收益。

4. 请结合案例以及所学知识,分析京东白条在资产证券化过程中面临哪些风险

(1)违约风险

基础资产自身存在的违约风险是企业在进行资产证券化中最严重,也是最直接需要面对和解决的风险。随着京东白条业务规模的扩张,基础资产的信用风险可能会随之增加。首先,根据相关资料分析,基础资产的逾期率与单笔京东白条应收账款的额度和对应的商品类型有关,单笔白条金额越高,商品价值越高,逾期率相对越高。其次,随着京东白条业务的用户数量增加,用户质量可能会逐渐下降,进而导致基础资产的回款率下降。虽然目前京东白条的逾期和不良情况较少,但随着京东白条业务规模的扩张,可能会出现选入资产池的基础资产信用风险增加的情况。最后,从目前京东白条业务来看,京东未来可能会继续通过降低服务费或者免服务费的手段对京东白条进行促销,也会导致入池资产的加权服务费率有所下降。

(2)发起人风险

在实际操作中,原始权益人很难通过"真实出售"将基础资产剥离成与发起人无关的独立资产。原始权益人的综合资信水平和企业管理能力仍会影响投资者对资产支持证券的认可度。另外,在实际操作中,基础资产可能会与发起人的其他资产存在联系,从而形成对原始权益人现有资产和其他资产的追索权,导致资产证券化风险的增加。

(3)流动性风险

京东白条证券化产品面向的是 200 人以内的合格机构投资者,交易场所为深交所,不采用公开交易的方式,而证券只能在交易所内的合格投

资者之间进行协议转让,这与可公开交易的债权有着本质区别。京东白条证券化产品的投资者无论从范围还是数量上都受到限制,资产支持证券流动性不足,因此,原始权益人就必须给投资者支付流动性溢价,京东白条优先1级资产支持证券的可观的发行收益率,也可以理解为补偿该证券欠缺的流动性所支付的溢价。此外,虽然不可转让的次级资产支持证券为资产证券化产品实现了信用增级,但从流动性来看,不可转让的限制也违背了证券流动性的原则。

(4) 法律风险

目前,企业资产证券化的 SPV 机构是由计划管理人设立的专项资产管理计划,但与信贷资产证券化相比,该专项计划不具备信托法律主体地位,因而无法对基础资产进行所有人的变更登记。企业资产证券化设立的专项资产管理计划既不属于信托也不属于公司,缺乏法律地位。就目前企业证券化采用的方法而言,都是计划管理人代替专项计划与原始权益人订立资产买卖合同,基础资产登记于计划管理人名下,无法实现法律意义上的与计划管理人的破产风险隔离,投资者的追索权可能无法得到落实。

(5) IT 风险

京东白条证券化与其他行业企业进行的资产证券化相比,以资产证券化方式进行融资的一大优势就是借助大数据构建的风险控制体系能够更快速地发现风险,实现更为有效的风险控制。但目前互联网行业诸如阿里巴巴、京东这样实力雄厚的企业毕竟很少,基于大数据的风险控制体系的搭建,会在无形中增加资金成本。另外,互联网行业可以证券化的资产普遍具有小额、分散的特征,发行资产证券化产品,需要搭建复杂的 IT 系统,也会增加资产证券化的成本。

(四) 关键要点

(1) 关键点:本案例结合资产证券化的相关理论,详细分析了资本市场上第一个互联网消费金融产品——京东白条。通过本案例的学习,可以了解资产证券化的含义、交易结构、流程和存在的风险等内容。同时,也可以学习了解互联网消费金融的含义、特点与类型等内容。

(2) 关键知识点:资产证券化的含义、结构主体、交易流程以及风险，互联网消费金融的含义、类型以及特点。

（3）能力点：分析与综合能力、理论联系实际的能力、创新思维能力。

【参考文献】

陈中洁、于辉：《产能过剩下"京东白条"的供应链模型分析》，《系统科学与数学》2019 年第 5 期。

郭红玉、高磊、史康帝：《资产证券化对商业银行流动性风险的影响——基于流动性缓冲视角》，《金融论坛》2018 年第 2 期。

黄懿：《京东白条资产证券化的案例探析》，硕士学位论文，江西财经大学，2019 年。

姜楠：《"互联网+"模式搭车资产证券化，"京东白条"专项计划挂牌深交所》，《证券日报》2015 年 10 月 29 日。

李杰、殷培培、邱雪玲：《我国银行资产证券化存在监管资本套利吗》，《金融监管研究》2019 年第 11 期。

卢剑峰：《民营上市公司融资余额与证券资产流动性关系研究》，《财经理论研究》2020 年第 1 期。

吕彬彬：《消费金融公司开展资产证券化的可行性与风险管理——基于发起机构视角》，《上海金融》2019 年第 2 期。

彭明旭、张俊飞、杨晓菁：《京东白条与蚂蚁花呗的风险比较和防范》，《财会研究》2016 年第 12 期。

朱荃、韩刚：《企业资产证券化热潮下的冷思考》，《南方金融》2019 年第 1 期。

朱文彬：《京东白条资产证券化启动，首期 8 亿下月挂牌深交所》，《上海证券报》2015 年 9 月 22 日。

案例 13　招商蛇口换股吸收合并招商地产

一　案例介绍

2015年上半年，招商地产累计实现签约销售面积156.66万平方米，同比增长29.60%；实现签约销售额205.60亿元，同比增长14.86%。按照招商地产年初公布的全年600亿元销售目标算，公司上半年仅完成目标的34.27%。

相比之下，万科累计实现销售额1099.6亿元，销售面积902.6万平方米，同比分别增加9%和9.9%。而同为央企的保利地产也实现签约面积584.74万平方米，实现签约销售额760.42亿元。就连后起之秀碧桂园和恒大上半年销售也分别达到544.7亿元和871亿元。

（一）辉煌的历史

1. 独占鳌头：招商蛇口

深圳蛇口片区是中国改革开放的发源地，为中国经济发展做出了重要的历史贡献，在蛇口片区发展壮大起来的招商蛇口工业区控股股份有限公司（以下简称"招商蛇口"），是百年企业招商局集团旗下城市综合开发旗舰企业。

招商局是一家业务多元的综合企业。目前，招商局的业务主要集中于交通（港口、公路、航运、物流、海洋工业、贸易）、金融（银行、证券、基金、保险）、地产（园区开发与房地产）三大核心产业，并正实现由三大主业向实业经营、金融服务、投资与资本运营三大平台（见

图 13-1) 转变。

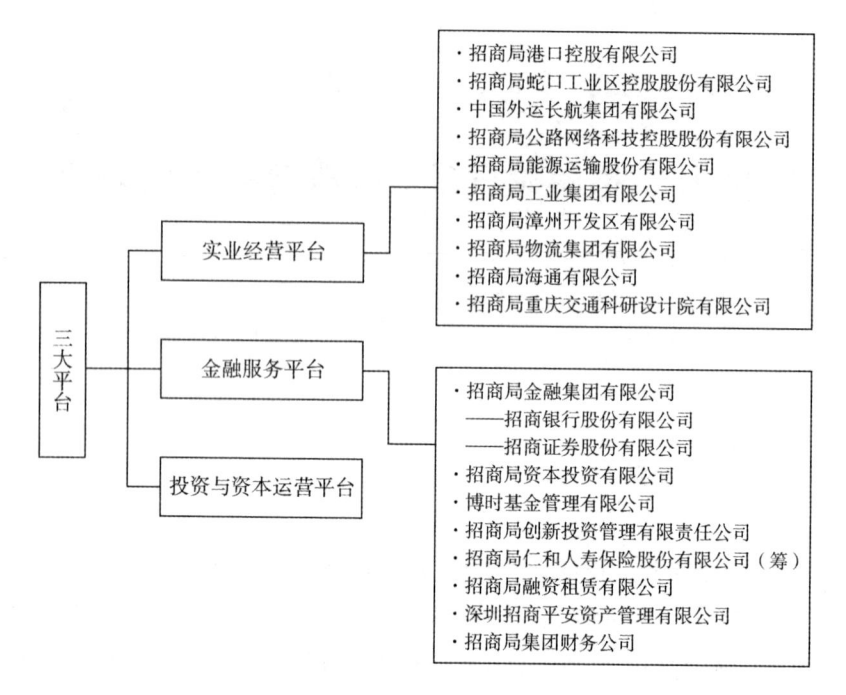

```
                            ┌─ ·招商局港口控股有限公司
                            │  ·招商局蛇口工业区控股股份有限公司
                            │  ·中国外运长航集团有限公司
                            │  ·招商局公路网络科技控股股份有限公司
              ┌─ 实业经营平台 ─┤  ·招商局能源运输股份有限公司
              │             │  ·招商局工业集团有限公司
              │             │  ·招商局漳州开发区有限公司
              │             │  ·招商局物流集团有限公司
              │             │  ·招商局海通有限公司
              │             └─ ·招商局重庆交通科研设计院有限公司
三大平台 ─────┤
              ├─ 金融服务平台 ─┐
              │             │  ·招商局金融集团有限公司
              │             │    ——招商银行股份有限公司
              │             │    ——招商证券股份有限公司
              └─ 投资与资本运营平台 ·招商局资本投资有限公司
                            │  ·博时基金管理有限公司
                            │  ·招商局创新投资管理有限责任公司
                            │  ·招商局仁和人寿保险股份有限公司（筹）
                            │  ·招商局融资租赁有限公司
                            │  ·深圳招商平安资产管理有限公司
                            └─ ·招商局集团财务公司
```

图 13-1　招商局集团的三大平台

资料来源：招商局集团网站。

招商蛇口属于三大核心产业中的地产园区开发板块和三大平台中的实业经营平台，定位是成为领先的城市综合开发运营商，以蛇口自贸区建设为基础，逐步面向全国开展业务。

2. 曾经的传说：招商地产

招商局地产控股有限公司（后改名为招商局地产控股股份有限公司，以下简称"招商地产"）是招商局集团三大核心产业中房地产板块的旗舰公司，是中国成立最早的房地产公司之一，是国家一级房地产综合开发企业，是一家具备综合开发能力、丰富的物业品类、完善的社区管理体系的大型房地产开发集团。

1993 年 2 月，经深圳市人民政府深府办复〔1993〕358 号文批准，招商地产以募集设立方式向境内公开发行 A 股股票、向境外公开发行 B 股股票，发行后股份总额达到 210000000 股。1993 年 6 月，招商地产发行的 A 股、B 股于深交所上市。1995 年 7 月，招商地产部分 B 股以 SDR[①]形式在新加坡证券交易所上市。

(二) 现实的落寞

1. 掉队的央企巨头

和许多曾经的房企大鳄一样，顶着"招保万金"荣光的招商地产也有着自己的辉煌过去。2000 年，万科全年营业收入为 38.7 亿元，招商地产为 29 亿元，两家的主营业务收入相差并不大。彼时的招商地产还与保利地产、万科、金地集团并称为股市中表现最活跃、最具代表性的四大地产龙头股。

但市场如"逆水行舟，不进则退"。

2009 年招商地产就已经显现颓势（见图 13-2），万科销售额为 643 亿元，保利地产为 433.8 亿元，招商地产的销售额为 205 亿元，约为万科与保利同年销售额的 32% 与 47%。而 2012 年，万科、保利地产等多家房企销售额迈进千亿规模，招商地产已经无法跟上了。2013 年，万科实现了销售额逾 1700 亿元，保利地产签约金额逾 1200 亿元，金地集团销售额为 450.4 亿元，招商地产为 432 亿元。后来者恒大、碧桂园等也在 2013 年纷纷进入千亿阵营。2014 年，万科年度销售额为 2151.3 亿元，保利地产销售额为 1366.8 亿元，招商地产签约销售额为 510.5 亿元，比起前面两位大佬，招商地产相去甚远。2015 年招商地产远落后于其他同行业企业，相比于碧桂园近年来的销售额大涨，招商地产情况着实让人担忧。

前有狼，后有虎。在万科、保利地产、碧桂园和恒大的前后追击下，招商地产渐落下风，沦落到二线房企阵营。

万科、恒大、碧桂园等房企坚持快速周转，主张打刚需产品策略；招商地产依旧坚持高端产品路线，高端公寓、别墅等存货占比一度超过 50%。大量的高端产品使公司在市场调整期适应力偏弱，高端产品过低的销售率一度成为该公司业绩的掣肘。有着央企背景的招商地产坚持高端物业不降价策略，导致在 2010 年后的市场调整时期，销售弱于其他高周转

---

① SDR 全称 "Singapore Depository Receipts"，中文译为 "新加坡托管收据"。

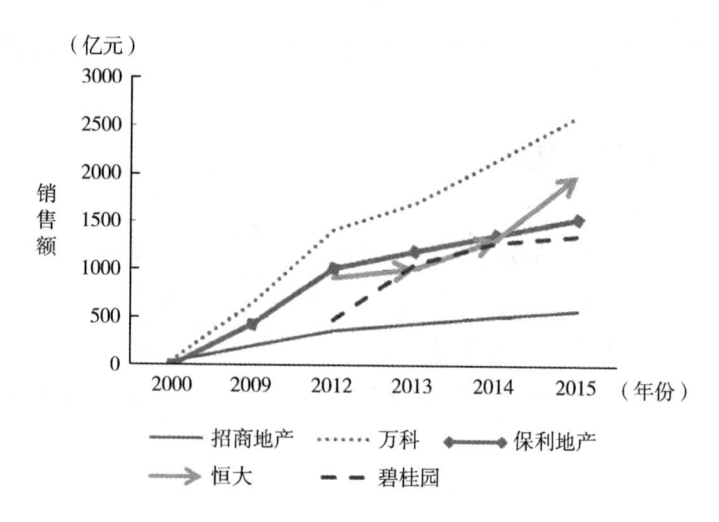

图13-2 2000—2015年招商地产与其他同行企业销售额对比

的房企。

招商地产的企业改革迫在眉睫，公司的高层管理与决策者必须寻找生存下去的出路。

2. 冰火两重天

近年来，B股市场融资功能逐渐丧失，投资功能也因流动性缺乏而逐渐减弱。以沪市B股为例，最高时其单日成交量曾高达40多亿元，但近年来成交量逐渐下滑，多数交易日的成交量甚至未能突破1亿元。由于外资股东的退出，目前参与B股市场的多为国内投资者，交投不活跃使投资者越来越不关注这个市场。另外，自向境内投资者开放以来，几乎已没有出台过发展B股市场的有关政策或措施。

反观中国的A股市场，2014年12月5日，A股成交额首次突破万亿元，达到10740亿元；12月9日，成交额再次被刷新，达12665亿元。2014年沪深两市全年成交额合计高达74.8万亿元，远超大牛市的2007年。众多投资者高喊"疯了"。继2014年大涨53%之后，A股2015年继续发力，1月5日"开门红"涨3.58%之后，前4个月冲高。截至2015年4月1日，上证指数和深圳成指已高达3810.29和13394.73，走势依然十分强劲。

地产行业激烈的角逐，B股市场逐渐没落的态势，A股市场欣欣向荣的景象，国资委关于国企改革的发声，将招商地产的整改事项推上议事日程。

3. B 股转轨的困惑

究竟该怎么改？招商地产虽然 A 股、B 股都有发行，但 B 股却如同鸡肋一般，食之无味、弃之可惜。B 股怎么处理？

回购？由上市公司拿出现金回购 B 股并进行注销，让 B 股退市？但是这要求公司有雄厚的现金流，回购价格也要合理。

学中集 B 股、丽珠 B 股，由 B 股转 H 股？两者都采用港元交易，且符合 H 股上市对业绩、股本规模的要求，对大型深圳 B 股公司是一个不错的选择，但是这相当于重新上市，费用不低。

学东电 B 股？由 B 股转 A 股，即将 B 股股票直接转成 A 股并在 A 股相应的交易所挂牌上市。东电 B 股自 1997 年上市以来，一直面临着无法融资进一步拓展业务的问题，浙能电力采用换股吸收合并东电 B 股的方式彻底解决了东电 B 股的历史遗留问题，使得原东电 B 股的投资者换股成为浙能电力的股东。东电的业务全部纳入浙能电力，浙能电力作为存续公司承继及承接东电的全部职工、资产、负债、业务、合同及其他一切权利与义务，将彻底避免东电与浙能电力之间的潜在同业竞争问题，东电与浙能电力之间的关联交易亦将不复存在，为后续的资本市场运作铺平了道路，有助于浙能电力的长远发展。

似乎学东电 B 股，由 B 股转 A 股，是一个不错的选择。但对于 A 股、B 股均存在的招商地产，仅仅是 B 股转 A 股这么简单吗？更何况单纯地将 B 股转为 A 股，A 股股东会答应吗？此时，贺建亚突然灵光一现，他想，或许能找到一个更好的选择……

(三) 不走寻常路：A + B = A？

1. 前期整改过程

2015 年，招商地产开启了 A + B 的整改序幕（见图 13-3）。

2. 换股合并总方案

招商蛇口以换股吸收合并方式合并招商地产，实现招商蛇口 A 股在深交所上市，从而进一步整合资源，发挥协同效应，拓宽融资渠道。

本次换股吸收合并和招商蛇口发行 A 股同时进行，互为前提。招商蛇口发行 A 股需待本次换股吸收合并获得所有相关的批准或核准之后方

- 2015年4月3日，招商地产和招商银行股票双双停牌
- 6月23日，招商蛇口以整体变更方式改制为股份有限公司

- 9月18日，招商蛇口换股吸收合并招商地产的草案公布

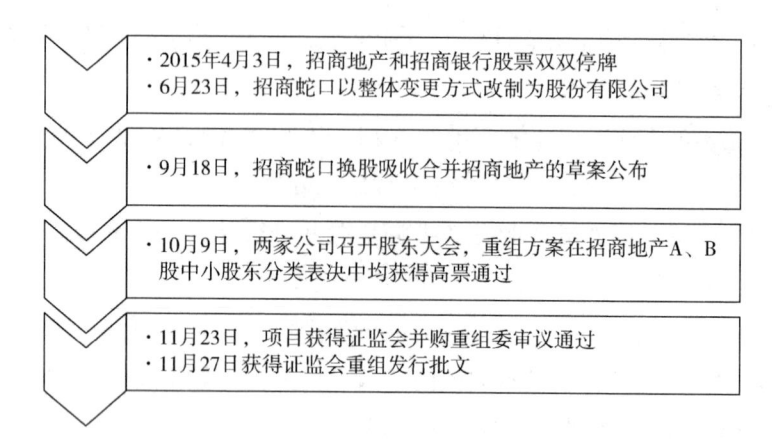

- 10月9日，两家公司召开股东大会，重组方案在招商地产A、B股中小股东分类表决中均获得高票通过

- 11月23日，项目获得证监会并购重组委审议通过
- 11月27日获得证监会重组发行批文

图13-3 招商地产前期整改时间顺序

能进行；同时本次换股吸收合并的生效取决于招商蛇口发行 A 股的完成。本次合并完成以后，招商地产将退市并被注销法人资格。

（1）换股部分

①换股发行的股票种类和面值

本次换股发行的股票为境内上市的人民币普通股（A 股），每股面值为 1 元。

②换股发行的对象

本次换股发行的对象为换股股东登记日收市后在证券登记结算机构登记在册的除招商蛇口以外的公司的下列股东：

a. 未申报、部分申报、无权申报或无效申报行使现金选择权的公司股东；

b. 向现金选择权目标股东（系指公司除招商蛇口以外的全体股东）实际支付现金对价并受让取得公司股份的现金选择权提供方。

招商蛇口持有的招商地产全部公司股份均不参与换股，也不行使现金选择权，该部分股份将在本次合并完成后予以注销。

③发行价格、换股价格、换股比例

本次换股吸收合并中，招商地产 A 股股东的换股价格，以定价基准日前120 个交易日招商地产 A 股股票交易均价 21.92 元/股为基础，给予 73.81% 的换股溢价率，即 38.10 元/股。

招商地产 B 股股东的换股价格，以定价基准日前 120 个交易日招商地产深圳 B 股股票交易均价 18.06 港元/股为基础，给予 102.71% 的换股溢价率，即 36.61 港元/股。采用 B 股停牌前一日，即 2015 年 4 月 2 日中国人民银行公布的人民币兑换港币的中间价（1 港元 = 0.7919 元人民币）进行折算，折合为 28.99 元/股。

招商地产于 2015 年 5 月 7 日召开的 2014 年度股东大会审议通过了 2014 年度利润分配方案，按 2014 年末总股本 2575950754 股为基数，每 10 股派 3.20 元现金（含税）。因此，本次招商地产 A 股换股价格根据除息结果调整为 37.78 元/股，本次招商地产 B 股换股价格根据除息结果调整为 28.67 元/股。

招商蛇口发行价格的确定以兼顾合并双方股东的利益为原则，综合考虑行业可比公司的估值水平、合并双方的总体业务情况、盈利能力、增长前景、抗风险能力等因素，招商蛇口本次 A 股股票发行价格为 23.60 元/股。

换股比例是换股吸收合并中每股招商地产公司的股票可以换得的招商蛇口股票数量。换股比例计算公式为：

换股比例 = 招商地产 A 股或 B 股换股价 ÷ 招商蛇口股票发行价（计算结果按四舍五入保留四位小数）。

此次招商蛇口 A 股的发行价格为每股 23.60 元，招商地产换股价格为 A 股每股 37.78 元和 B 股每股 28.67 元。因此招商蛇口换股吸收合并招商地产 A 股和 B 股的换股比例为 1.6008 和 1.2148，也就意味着，此前持有 1 股招商地产 A 股的股东可以换 1.6008 股招商蛇口 A 股股票，此前持有 1 股招商地产 B 股的股东可以换得 1.2148 股招商蛇口 A 股股票。

④现金选择权

除此之外，对此次换股合并持有异议的股东可以行使现金选择权，由招商局轮船作为 A 股现金选择权的提供方，由招商局香港作为招商地产 B 股现金选择权的提供方，以现金收购招商地产持有异议的股东要求售出的招商地产股票。招商地产 A 股现金选择权行使价格为 24.11 元/股，B 股现金选择权行使价格为 15.73 元/股。与此同时，招商地产持有异议的股东的现金选择权行使价格也会扣除掉每股 0.32 元的现金派息。即现金选择权的最后行使价格分别为 A 股每股 23.79 元和 B 股每股 19.46 港元。

⑤特别承诺

为充分保障本次换股吸收合并中招商地产换股股东的利益,避免招商蛇口上市后股价的非理性波动,招商局集团就增持招商蛇口上市后 A 股股票相关事宜出具以下承诺:若招商蛇口于深交所上市之日起 3 个交易日内,任一交易日的 A 股股票收盘价低于招商蛇口本次换股吸收合并的发行价格,则本集团将在该 3 个交易日内投入累计不超过 30 亿元的资金,通过深交所股票交易系统进行增持。

招商局集团还承诺了招商局本身及招商局轮船:"自招商蛇口 A 股股票上市交易之日起 36 个月内,不转让或委托他人管理本公司持有的招商蛇口本次换股吸收合并前已发行的股份,也不由招商蛇口回购该等股份。"

除此之外,招商局集团还与招商蛇口签订了《盈利预测补偿协议》,若交易完成后未来三年的盈利未达到预期指标,将给予盈利补偿。

(2) 定向增发,搭载员工持股

除了换股吸收合并招商地产,招商蛇口还采用锁定价格 23.60 元/股的方式,非公开发行 A 股股票募集不超过 150 亿元的配套资金。扣除发行费用后将用于太子湾自贸启动区一期、前海自由贸易中心一期、太子商业广场、新时代广场南等总计 9 个项目。

凭借着高达 150 亿元的配套募资上限,此次参与配套募资认购的团队亦颇为华丽。方案显示,此次参与认购配套募资的交易对方总计有 10 家,其中有 4 家为机构,分别是工银瑞信、易方达、兴业财富和博时资管,其认购金额分别为 15 亿元、15 亿元、15 亿元和 20 亿元(见表 13-1)。除此之外,国开金融、华侨城、奇点领创、鼎晖百孚、致远励新也参与配套募资定向增发,拟认购金额分别为 15 亿元、15 亿元、15 亿元、10 亿元和 20 亿元。

表 13-1　　　　　　　　　定向增发对象及对应金额

	对象	金额（亿元）
定向增发	工银瑞信	15
	易方达	15
	兴业财富	15
	博时资管	20
	国开金融	15
	华侨城	15
	奇点领创	15
	鼎晖百孚	10
	致远励新	20
	员工	不超过 10

资料来源：巨潮资讯网。

值得一提的是，此次方案中还内嵌了招商蛇口员工持股计划。总计不超过 2585 名核心骨干人员将出资不超过 10 亿元参与配套募资定向增发。

（四）涅槃重生

终于，在万众瞩目之下，招商蛇口在 2015 年 12 月 30 日于深交所挂牌上市，新公司全称为招商蛇口工业区控股股份有限公司，股票代码为 001979。普通股总数为 740179.76 万股，按开盘参考价 25.30 元/股估算，招商蛇口的总市值达 1873 亿元，加上非公开发行股份的市值 134 亿元，其总市值为 2007 亿元，有望成为深交所总市值最大的上市公司。

至此，开创了资本市场众多先例的重大资产重组，历经 9 个月终于尘埃落定。

资产重组后，招商局集团拥有招商蛇口总股本的 69.58%，原招商地产中小股东，在换股后共持有招商蛇口总股本的 24.06%，定向增发投资者持有总股本的 6.35%（见图 13-4）。

通过这次吸收合并，新的上市平台（招商蛇口）较原上市平台（招商地产）规模实力增强，市值攀升。招商蛇口价值将在招商地产市值基础上，增加不超过 150 亿元的配套融资，再增加大量资源。

新增的资源主要有原招商蛇口的土地储备、房产资源等。截至 2015

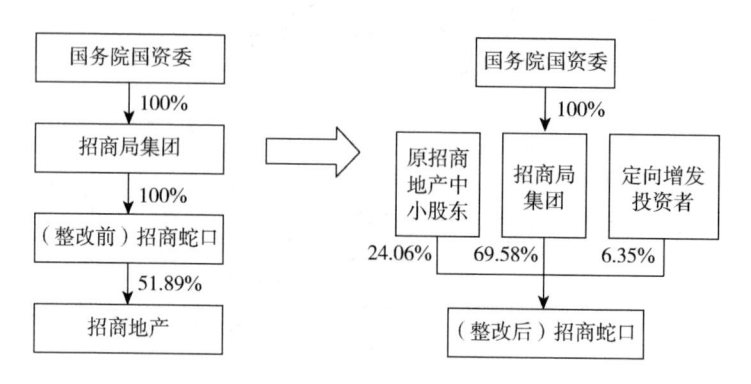

图 13-4　招商蛇口股权结构变动情况

年上半年，原招商蛇口拥有的土地使用权共 510.55 万平方米，其中已取得权属证书的有 133.27 万平方米，尚未取得权属证书的有 377.28 万平方米。按区域划分，近 90% 分布在蛇口片区和前海片区，分别为 221.49 万平方米和 21.16 万平方米。基于土地转性的前提，这部分土地未来的价值可观。已知 2014—2017 年，前海、蛇口片区通过招拍挂出让的土地平均楼板价约为 19000 元/平方米，这部分地块均位于片区内核心区域，由世界 500 强企业竞得，未来作为总部办公，因而价格相对较高，其中最低的是 2014 年 5 月腾讯所拿的南山区 T201-0081 地块，楼板价为 8138 元/平方米。考虑到 2014 年成交地块的特殊性，并站在片区全局角度进行考量，我们姑且假设前海、蛇口片区土地平均楼面价为 8000 元/平方米。照此计算，1131.55 万平方米土地的未来价值为 905.24 亿元。

除此之外，招商地产也将其拥有的超过 1265 万平方米土地储备注入新的组织结构中。另外，还有诸多其他门类资产，比如，招商蛇口有全新的邮轮全产业链业务，旨在打造船舶公司，并涉及码头和邮轮目的地开发项目。

(五) 招商蛇口之后续发展

1. 被市场无情打脸：上市首日破发

根据招商蛇口上市公告书，招商蛇口上市首日开盘价格为 25.30 元/股，首日不设涨跌幅限制。发行后，招商蛇口股份总数约为 74 亿股，此次公开发行约 19 亿股，其中约 18.99 亿股自上市之日起可上市交易。

在挂牌当日，招商蛇口开盘大幅走低，股价低开 5.53%，报 23.90 元/股，此后股价一路走低，盘中跌 14.98% 触发临时停牌机制。根据《深圳证券交易所交易规则》等有关规定，盘中成交价较当日开盘价首次上涨或下跌达到或超过 10% 的，临时停牌 1 小时。

但是，经过一小时的停牌，招商蛇口复牌后继续下挫，最低跌 18.38%，探底后略有回升，最终报收 23.18 元/股，跌幅为 8.38%。

2. 有备而来：豪掷 25 亿元增持

虽然市场没有给招商蛇口见面礼，但其控股股东招商局集团却早已备下厚礼。

在 2015 年 9 月 16 日，招商局集团就出具了《招商局集团有限公司关于增持股份的承诺函》，就增持招商蛇口 A 股股票相关事宜作出承诺。

若招商蛇口于深交所上市之日起 3 个交易日内任一交易日的 A 股股票收盘价低于招商蛇口换股吸收合并的发行价格，则招商局集团将在该 3 个交易日内投入累计不超过 30 亿元的资金，通过深交所股票交易系统进行增持，直至出现以下三项情形中发生时间最早者：

①前述资金用尽；②增持当日收盘价不低于招商蛇口本次换股吸收合并的发行价格；③继续增持将导致招商蛇口社会公众股东持有的股份连续 20 个交易日低于招商蛇口总股本的 10%。

此外，招商局集团还承诺在增持完成后的 6 个月内不出售所增持股份。

2015 年 12 月 30 日，招商局集团通过其全资子公司招商局轮船，通过深交所股票交易系统以买入方式增持招商蛇口股份 1.115 亿股，占公司总股本的 1.5064%，增持金额为 25.35 亿元。增持完成后，招商局集团及其控制的企业合计持有招商蛇口 56.13 亿股，持股比例由 74.33% 上升至 75.83%。此外，招商局集团表示，后续仍将严格履行相关增持承诺。

二 案例分析

招商地产是中国最早成立的房地产公司之一，但在地产行业发展中实力逐渐减弱。面对严峻的市场环境，招商地产需要调整战略定位，突破原有发展模式。本案例介绍了招商地产母公司招商蛇口以发行 A 股换股吸收合并招商地产,并通过定向增发引入新战略伙伴,解决 B 股遗留问题的过程,为国企改革背景下其他企业资产重组提供了借鉴。

招商蛇口探索创新性的混改方案使 A+B 股逆袭 A 股,为未来我国企业解决 B 股问题提供一个蓝本。具体分析目标分为以下几点:

(1) 分析 B 股的现有状况以及其所存在的问题,并将 B 股和 A 股进行对比,探讨了 B 股转轨过程中应当如何选择。

(2) 招商蛇口采用了哪几种方法完成了对招商地产的合并,合并过程又是怎么样的?

(3) 通过此次并购,招商蛇口获得了哪些好处,以及这种并购对未来解决 B 股问题将会产生什么潜在的影响?

(一) 理论依据

(1) 拆股和换股理论。

(2) 估值理论。

(3) 定向增发。

(4) 战略投资者理论。

(二) 分析思路

(1) 首先我们要了解什么是 A 股、B 股,其次 B 股当初产生的原因是什么,最后探讨 B 股如今面临怎样的问题,以及解决 B 股遗留问题的途径有哪些。

(2) 本案例的核心之一是换股合并,因此必须了解换股合并的概念。在换股合并过程中,必然要面临的一个问题是如何协调各方投资者之间的利益冲突。因此,继续探讨本案例换股过程中招商地产是如何维护中小投资者的利益的。

(3) 本次换股合并方案中,除了换股方案,还有定向增发的内容。那么定向增发是什么呢?同时与非定向增发作比较,讨论两者的优缺点。

(4) 换股价格和换股比例也是本案例的核心内容之一,结合招商地产的后续发展讨论本案例的换股价格是否合理。

（三）具体分析

1. A 股和 B 股有什么区别？B 股存在哪些问题？结合 B 股情况和本案例分析企业解决 B 股问题的途径有哪些

（1）A 股和 B 股的定义

A 股的正式名称是人民币普通股票。它是由我国境内的公司发行，供境内机构、组织或个人（不含中国台湾、香港、澳门投资者）以人民币认购和交易的普通股股票，我国 A 股股票市场经过几年快速发展，已经初具规模。

B 股的正式名称是人民币特种股票。它以人民币标明面值，以外币认购和买卖，在境内（上海、深圳）证券交易所上市交易。它的投资者限于：

外国的自然人、法人和其他组织，中国香港、澳门、台湾地区的自然人、法人和其他组织，定居在国外的中国公民，中国证监会规定的其他投资者。

现阶段 B 股的投资者，主要是上述几类中的机构投资者。B 股公司的注册地和上市地都在境内，只不过投资者在境外或在中国香港、澳门及台湾。

（2）A 股和 B 股的区别

第一，投资者不同：A 股是供境内投资者投资的股票，B 股是供境外投资者投资的股票。国内投资者显然不具备炒作 B 股的条件，但持有合法外汇存款的大陆居民可投资。

第二，购买货币不同：B 股以人民币标明面值，但需以外币购买，而 A 股则需要以人民币来购买。

第三，实行制度不同：A 股实行"T+1"交割制度，而 B 股实行"T+3"交割制度，但在涨跌幅限制方面，两者是相同的，都有涨跌幅（10%）限制。

第四，交易市场不同：A 股交易市场是上交所和深交所；因上交所挂牌 B 股以美元计价，而深交所 B 股以港元计价，所以用美元交易的 B 股只在上交所，港币交易的 B 股只在深交所。

第五，交易费用不同：A 股交易的有关费用包括交易佣金、印花税和交易特别基金等；B 股也包括以上各项，但是费率不同，比如交易佣金方面，A 股一般由证券公司收取 0.2%—0.3% 不等的交易佣金，而 B 股将会收取 1% 左右的交易佣金。

第六，股票红利的计算方式和支付货币不同：A股股票一般按照国内会计准则计算公司获利水平和分配股息，用人民币支付；而B股则一般按照国际会计准则计算公司获利水平和分配股息，并用一定的汇率折算成外汇（美元或者港币）支付给股东或一定时间段内持有股票的投资者。

（3）B股存在的问题

①市场地位模糊

中国B股市场一开始发展就处于不确定的政策之下，境外投资者感觉中国政府在B股发展战略上不明确。同时，这些法律法规在与其他方面政策结合时存在矛盾和冲突。

②市场风险因素复杂

政策风险：中国证券主管部门一直没有对B股的定位做出明确的安排，现实问题是B股市场低迷，发行量低。最重要的是，B股市场严格规定了投资主体的范围。这些政策的不确定性是境外投资者面临的主要困难。

汇率风险：B股以人民币标价却以外币交易。在进行B股交易的过程中难免要进行货币兑换，存在汇率风险。

信息披露风险：现阶段，中国B股市场信息披露制度滞后，渠道不通，立法不足，上市公司信息披露不规范。

市场流动性风险：现阶段，B股市场流动性差，使B股市场资源配置功能难以发挥。主要是因为B股的市场容量小，投资主体基础薄弱，缺乏保持市场流动性的制度安排。

（4）解决B股问题的措施建议

解决B股的问题，需要对B股市场的背景及B股公司的股权结构、股东背景、财务状况及历史沿革等相关情况进行分析，提出个性化的解决方案。根据目前B股市场的实际情况，现提出如下几种可行的解决方案：

一是A+B股公司的B股转H股，同时提供现金选择权。适用对象为大蓝筹公司，B股公司须具备几个基本条件：B股流通盘较大、境外投资者占有相当比重；或公司有拓展海外业务的需求，业绩优良、符合香港联交所的H股挂牌上市要求。较有代表性的案例如中集集团的中集B股转为H股的方案。

二是A+B股公司的B股转换成A股。该类公司的数量最大，约占B

股公司总量的超过半数以上,也是多数公司及国内B股股东所期待的,由于A股和B股股价有较大落差,同时需要A股和B股股东分类表决,必须同时确保A+B股公司的权益不受损失,部分有条件的公司可以先进行B股市场回购,剩余B股部分再实施转A股,同时提供现金选择权。具体操作路径是:AB股上市公司向本公司B股股东增发A股,B股股东以其持有的B股(估值作价)认购增发的A股,公司将这些B股回购注销,实际是一种换股交易,双方都无须发生现金交易。为了不影响A股股价,必须事先对B股进行单独估值定价,或参照停牌时的市场价格定价,以确定合理的换股比例。

三是A+B股公司全部回购B股使B股终止交易。选择该方案的条件是公司有较充裕的现金用于回购,回购B股后符合条件的公司也可以选择向公众增发A股,也可以在回购的同时,向B股股东配发A股认股权证,认购增发的A股。也可以考虑由A+B股公司大股东要约收购B股,再按适当的比例转为A股(认购增发的A股)。比较适合于B股数量较少、大股东有实力的公司,该方案必须经过A股和B股分类表决的股东大会批准。

四是纯B股公司直接转A股,少数业绩差的公司须经过重组或直接退市。这类公司数量不多,但差异较大,如深市的杭汽轮B等业绩优良且符合A股上市条件的公司可以经过重组向中国证监会申请全部B股直接转A股重新上市,符合条件的还可以同时增发A股,部分业绩较差、不符合A股上市条件的公司则必须经过兼并重组重新上市〔如建摩B(200054)等〕,或者宣布退市(如闽灿坤B等)。山航B由于其控股大股东国航的同业竞争问题,应当选择由母公司回购退市。

以上四种方案是基本方案,也可以根据公司实际进行适当的组合微调,灵活掌握,好的方案需要量身定制,而不是"削足适履"(宋国良、宋成,2012)。

2. 什么是再融资?中国证券市场经历了哪些再融资阶段?各种再融资方式有什么联系和区别

(1)再融资

再融资是指上市公司通过配股、增发和发行可转换债或优先股等方式在证券市场上进行的直接融资。依据不同分类标准,可以分为股权再融资和债务再融资,或者公开发行和非公开发行再融资。

配股:上市公司根据公司发展需要,依照有关法律规定和相应的程序,向原股东进一步发行新股、筹集资金的行为。公司原股东享有配股优先权,可自由选择是否参与配股。

增发:上市公司通过指定投资者(如大股东或机构投资者)或全部投资者额外发行股份募集资金的融资方式,发行价格一般为发行前某一阶段的平均价的某一比例。若是向大股东或合格机构投资者发行,为非公开增发;向全部投资者开放增发,为公开增发。增发和配股大体相似,但是在发行条件和具体操作上有差异。

可转换债:在一定条件下可以被转换成公司股票的债券。具有债权和期权的双重属性,其持有人可以选择持有债券到期,获取公司还本付息;也可以选择在约定的时间内转换成股票,享受股利分配或资本增值。投资界一般戏称,可转换债是保证本金的股票。

优先股:是相对于普通股而言的。主要指在利润分红及剩余财产分配的权利方面优先于普通股。在公司资产破产清算的受偿顺序方面,它排在债权之后,比普通股优先;在股利分配顺序方面较普通股优先,而且通常按事先约好的股息率发放;优先股通常在股东大会上无表决权,对公司的经营没有参与权。优先股股东不能退股,只能通过优先股的赎回条款被公司赎回。

(2)再融资方式比较

再融资方式对发行人和投资者要求的差异如表13-2所示。

表13-2　　　　　　　　　　再融资方式比较

要素	配股	增发	可转换债	优先股
发行人	有盈利能力要求;近三年有分红要求;有时间间隔要求;发行价格有要求;发行数量有要求;融资成本低;适合资金需求量大且维持大股东地位的公司	公开增发有盈利能力要求;公开增发近三年有分红要求;公开增发有时间间隔要求;发行价格有要求;融资成本低;适合资金需求量大,前景好的公司	有盈利能力要求;近一年有分红;发行价格有要求;累计发行数量有要求;含权因素,成本低;适合资产规模大负债率低、股价处低位、有成长前景的公司	有盈利能力要求;发行价格有要求;累计发行数量有要求;支付固定利息,成本较高,对公司盈利能力要求高;适合资产规模大,盈利能力好,股本不增加,股价较低的公司

续表

要素	配股	增发	可转换债	优先股
投资者	面向老股东发行；有一定的折价；投资门槛低；收益依靠公司成长；无锁定期，上市即可交易	有一定的折价；非公开增发有套利空间，易产生"灰色地带"；非公开增发有投资者数量制，门槛高；收益依靠公司成长；非公开增发有锁定期	转股时间有要求；转股前利率较低；投资门槛高；专业性要求高；收益主要依靠股票价格的上涨预期转股收益；可上市交易	不能转普通股；标的数量少；可享受稳定的收益；投资门槛低；可上市交易

(3) 再融资在中国的发展历程

中国再融资方式的发展变化如图13-5所示。

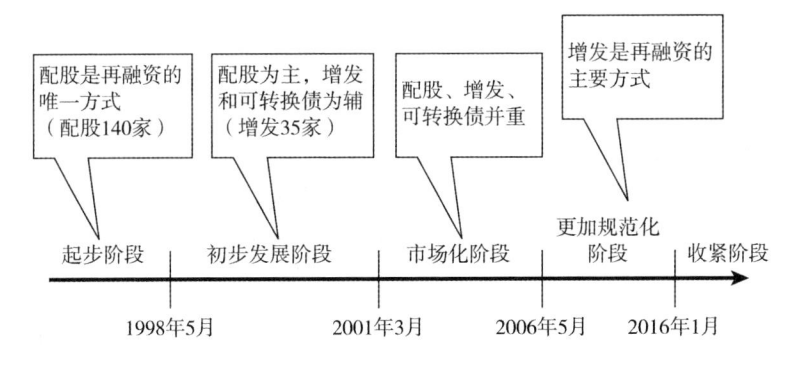

图 13-5 中国证券市场再融资的发展历程

起步阶段（1998年5月）：配股是再融资的唯一方式（配股140家）
初步发展阶段（2001年3月）：配股为主，增发和可转换债为辅（增发35家）
市场化阶段（2006年5月）：配股、增发、可转换债并重
更加规范化阶段（2016年1月）：增发是再融资的主要方式
收紧阶段

(4) 2006—2017年再融资方式发展状况

在2014年之前，沪深两市总体募资金额呈波动式上升趋势，从2015年开始首次突破万亿元大关，2016年实际募资金额更是接近2万亿元，创出历史新高（见表13-3）。

表 13-3 2010—2016年股权融资情况 单位：亿元

年份	公开增发	定向增发	配股募集	IPO
2010	377.14	3136.28	1487.63	4911.33
2011	288.79	3574.26	372.56	2720.02
2012	115.47	3706.23	139.51	995.05

续表

年份	公开增发	定向增发	配股募集	IPO
2013	70.16	3440.18	457.22	0
2014	3.65	6818.50	145.26	668.89
2015	0	13723.10	157.62	1578.29
2016	0	16951.17	175.94	1633.56

资料来源：Wind。

自 2006 年实行现行再融资制度以来，再融资在上市公司整体融资方式中的占比就不断提高，十年共计募集资金达 65115.68 亿元。2014 年，再融资募集资金首次超越 IPO 募资金额的十倍以上，而这一数字的飞跃主要是由于 2012 年末至 2014 年初的 IPO 暂停政策；IPO 发行回到正轨后，随着 IPO 数量的不断扩大以及上市公司规模的不断扩容，A 股市场再融资速度更是直线上升，导致 2015 年、2016 年再融资金额连续超万亿元。

2017 年之前，A 股上市公司尤其热衷于定向增发，这和定向增发本身所具有的特点是密不可分的。一般来讲，定向增发具有以下优势：

第一，定向增发成本较低。定向增发的发行对象一般是大股东或战略合作者，相对于配股和私募发行，定向增发可以省去招股说明书等公开宣传费用，另外由于对特定对象发行可以节省承销成本，并且可以通过协定议价而非公开竞价降低交易成本。

第二，发行方式简单。相对于上市和公开增发，定向增发程序相对简单，审批更为快捷。此外，管理层对于上市公司的定向增发，并没有关于公司盈利水平等方面的硬性规定，对于一些过往盈利记录未能满足公开融资条件，但是又面临重大发展机遇的公司而言，定向增发也会是一个关键性的融资渠道。

第三，减少市场压力。定向增发不会增加市场的即期股票供给，不会增加对二级市场的资金需求，也不会改变二级市场存量资金的格局，因此不会给股价带来压力。由于定向增发的财富效应，股价出现一定的溢价，有利于增强二级市场投资者，特别是中小投资者的持股信心。

第四，容易得到证券监管部门的支持。大股东通过定向增发可以向上市公司注入战略资产，实现整体上市，进一步提高上市公司的独立性和持续盈利能力，容易受到证券监管部门的支持。2005年五部委联合发布的《关于上市公司股权分置改革的指导意见》中明确指出，"在解决股权分置问题后，支持绩优大型企业通过其控股的上市公司定向发行股份实现整体上市"。

由于定向增发所具有的诸多优点，上市公司对于这种模式十分青睐，已经成为上市公司最重要的股权再融资手段，广泛应用于换购优质资产实现整体上市、募集项目资金、引入战略投资者、公司并购、借壳上市、反向以股抵债和股权激励等多重目的。

3. 什么是换股合并？招商地产在吸收合并过程中，如何保护中小投资者的利益

（1）换股合并

换股合并是指一个公司吸收其他公司并交换各自股权的合并。两个以上公司合并设立一个新的公司为新设合并，合并各方解散。公司合并时，合并各方的债权、债务应当由合并后存续的公司或者新设的公司承继。

本案例介绍了招商蛇口换股吸收合并招商地产的情况。招商地产的A+B股换股成为A股，招商地产退市，并以招商蛇口的名义成功上市深交所。

（2）此次换股合并中保护中小投资者的措施

①审慎选择B股退市时点

在本次方案实施中，如B股退市时间过晚将影响后续B股转A股的实施，而B股退市时间过早不仅影响B股股东的交易权，也将影响B股持异议股东现金选择权的派发，因此，退市时间点的选取格外关键。经反复论证和沟通，最终确定B股在持异议股东现金选择权派发后的次一交易日退市，从而不仅保证了B股股东与A股股东享有同样的交易权，也充分保证了享有现金选择权的B股持异议股东的知情权。

②最大可能地方便投资者操作

B股转A股的转股登记涉及证券账户及托管单元两大核心登记要素的变更。

在证券账户上，依托统一账户平台，深交所首次开创性地使用一码通账户和关联关系确认信息，实现投资者B股账户和A股账户的对应关联，高效准确地处理了投资者证券账户转换问题。对于通过一码通确认了关联

关系的投资者，直接确定 B 股账户对应的 A 股账户；而对于没有确认关联关系或缺少 A 股账户的投资者，则为其主动配发一个转登记受限账户，并下挂在原 B 股账户所属一码通下。整个账户处理流程不再需要证券公司或上市公司申报信息，大大提高了转换效率，节约了市场运作成本。

在托管单元上，本次转股登记采用了"集中申报，事后转托管"的处理办法，由 B 股券商申报其 B 股托管单元对应的 A 股托管单元，同时券商可在转股登记完成至上市期间进行报盘转托管，保证投资者后续的正常交易。

③为持异议股东提供现金选择权

对此次换股合并持异议股东可以行使现金选择权，由招商局轮船作为 A 股现金选择权的提供方，由招商局香港作为招商地产 B 股现金选择权的提供方，以现金收购招商地产持异议股东要求售出的招商地产股票。招商地产 A 股现金选择权行使价格为 24.11 元/股，B 股现金选择权行使价格为 15.73 元/股。与此同时，招商地产持异议股东现金选择权行使价格也会扣除掉每股 0.32 元的现金派息。即现金选择权的最后行使价格分别为 A 股每股 23.79 元和 B 股每股 19.46 港元。

④30 亿元增持计划，并锁定 6 个月

招商局集团关于增持股份的承诺：若招商蛇口于深交所上市之日起 3 个交易日内任一交易日的 A 股股票收盘价低于招商蛇口本次换股吸收合并的发行价格，则本集团将在该 3 个交易日内投入累计不超过 30 亿元的资金，通过深交所股票交易系统进行增持，直至出现以下三项情形中发生时间最早者：a. 前述资金用尽；b. 增持当日收盘价不低于招商蛇口本次换股吸收合并的发行价格；c. 继续增持将导致招商蛇口社会公众股东持有的股份连续 20 个交易日低于招商蛇口总股本的 10%。本集团在增持完成后的 6 个月内不出售所增持股份。

⑤招商局集团承诺锁仓 3 年

为充分保障公司在换股吸收合并招商地产时换股股东的利益以及公司上市后的中小股东的长远利益，公司及公司股东、实际控制人招商局集团就公司股份的增减持、股份限售、同业竞争、关联交易、资金占用方面做了一系列承诺。

招商局轮船及招商局集团发布关于所持招商蛇口股份锁定期的承诺。招商局轮船承诺：自招商局蛇口控股A股股票上市交易之日起36个月内，不转让或委托他人管理本公司持有的招商局蛇口控股本次换股吸收合并前已发行的股份，也不由招商局蛇口控股回购该等股份。招商局集团承诺：自招商蛇口股票在深交所上市之日起36个月内，不转让或者委托他人管理其直接和间接持有的招商蛇口发行股票前已发行的股份，也不由招商蛇口回购该部分股份。

同时，招商蛇口董事、监事以及高级管理人员作出以下承诺：在本人于招商蛇口任职期间，每年转让的股份不超过本人所持有招商蛇口股份总数的25%；在卖出后6个月内再行买入招商蛇口股份，或买入后6个月内再行卖出招商蛇口股份的，则所得收益归招商蛇口所有。在本人从招商蛇口离职后半年内，本人承诺将不转让本人所持有的招商蛇口股份。

4. 什么是战略投资者和财务投资者？两者有何不同之处

本案例中招商蛇口定向增发的过程中，引入了多名战略投资者。什么是战略投资者呢？

战略投资者（Strategic Investor）是指符合国家法律、法规和规定要求，与发行人具有合作关系或合作意向和潜力并愿意按照发行人配售要求与发行人签署战略投资配售协议的法人，是与发行公司业务联系紧密且欲长期持有发行公司股票的法人。

与战略投资者相对应的是财务投资者，财务投资者是以获利为目的，通过投资行为取得经济上的回报，在适当的时候进行套现的投资者。

战略投资者与财务投资者的不同点如表13-4所示。

表13-4　　　　　战略投资者与财务投资者的不同点

	战略投资者	财务投资者
行业背景	与被投资企业从事相同的产业，或者有合作关系，或者二者所从事的业务具有互补性	既可以与被投资企业有行业关联，也可以无行业关联
投资者	境内外大型企业、集团	风险投资基金、私募基金
投资目标	产业链上的横向、纵向扩张	高风险下的资本增值，要求一定的投资收益率

续表

	战略投资者	财务投资者
持股比例	一般以控股为最终目的	一般持有少数股份
投资时间	长期稳定持有	以上市、股份转让等方式择机退出（3—5年）
管理渗透	参与日常的经营管理，纳入其整体战略规划	一般不参与企业日常经营管理，在财务、资本运作方面提供建议，可能会要求委派财务管理人员
完成时间	内部考虑因素较多，决策程序复杂	格式化运作，决策速度相对较快
同业竞争	可能存在同业竞争，核心技术可能被投资人剽窃	同行竞争风险较小

5. 此次换股价格与换股比例是如何确定的？招商蛇口上市首日为何破发？其发行价格是否合理

（1）换股价格的确定

根据《上市公司重大资产重组管理办法》，换股价格可参考定价基准日前20个交易日、60个交易日或者120个交易日的公司股票交易均价之一进行确定。

本次换股价格较招商地产停牌前最后1个交易日的收盘价、前20个交易日的交易均价、前60个交易日的交易均价、前120个交易日的交易均价的溢价情况如表13-5所示。

表13-5　　　　招商地产停牌前不同日期换股价格溢价情况

价格基准	A股历史股价（元/股）	换股价格较历史股价溢价（%）	B股历史股价（港元/股）	换股价格较历史股价溢价（%）
停牌前最后1个交易日的收盘价	31.96	19.21	22.8	60.57
前20个交易日的交易均价	28.22	35.01	20.92	75.00
前60个交易日的交易均价	26.64	43.02	20.34	79.99
前120个交易日的交易均价	21.92	73.81	18.06	102.71

注：交易均价的计算方法为计算期间招商地产A股、B股股票成交总金额除以成交总量。
资料来源：同花顺。

本次换股吸收合并中，招商地产A股股东的换股价格以定价基准日前 120 个交易日招商地产 A 股股票的交易均价，即 21.92 元/股为基础，给予 73.81% 的换股溢价率，即 38.10 元/股；招商地产 B 股股东的换股价格以定价基准日前 120 个交易日招商地产深圳 B 股股票的交易均价，即 18.06 港元/股为基础，给予 102.71% 的换股溢价率，即 36.61 港元/股。采用 B 股停牌前最后 1 个交易日即 2015 年 4 月 2 日中国人民银行公布的人民币兑换港币的中间价（1 港元 = 0.7919 元人民币）进行折算，折合 28.99 元/股。自定价基准日起至本次合并完成日前，若招商地产发生派息、送股、资本公积金转增股本等除权除息事项，则上述换股价格将按照上交所的相关规则相应调整。

此次交易中的换股溢价充分考虑了 A 股市场、B 股市场和可比上市公司的估值变化。

2015 年 4 月 2 日（即停牌前最后 1 个交易日）至 2015 年 9 月 14 日期间，A 股市场、B 股市场和可比上市公司均有一定程度的跌幅。在此期间，沪深 300 指数累计下跌 20.45%，深成 B 股指数累计下跌 22.11%，A 股地产可比上市公司股价累计变动幅度的平均值为 -22.42%、中位值为 -24.83%。本次招商地产 A 股、B 股换股溢价率高于停牌期间 A 股、B 股指数（选取沪深 300 指数、深成 B 股指数分别作为 A 股、B 股指数参照标准）和可比上市公司累计变动幅度，已充分覆盖了招商地产投资者持有股票的机会成本。

表 13-6　　　　　　　　可比公司收盘价及变动幅度

类别	公司名称	收盘价（元/股）/收盘指数		期间累计变动幅度（%）
		2015 年 9 月 14 日	2015 年 4 月 2 日	
可比上市公司	万科 A	13.19	13.15	+0.30
	保利地产	8.29	11.03	-24.84
	泛海控股	10.00	14.06	-28.88
	金地集团	10.87	10.98	-1.00
	华侨城 A	7.36	9.45	-22.12
	中天城投	7.34	13.79	-46.77
	中航地产	7.93	11.96	33.70
	平均值	—	—	-22.42
	中位值	—	—	-24.83

续表

类别	公司名称	收盘价（元/股）/收盘指数		期间累计变动幅度（%）
		2015年9月14日	2015年4月2日	
指数	沪深300指数	3281.13	4124.78	-20.45
	深成B股指数	5890.00	7561.48	-22.11

注：为避免除权除息对股价变动的计算造成影响，表中的股票收盘价均取前复权价格。
资料来源：同花顺。

（2）换股比例的确定

换股比例计算公式为：

换股比例＝招商地产A股或B股换股价÷招商蛇口股票发行价（计算结果按四舍五入保留四位小数）。

本次招商蛇口换股吸收合并招商地产A股的换股比例为1∶1.6008，即换股股东所持有的每股招商地产A股股票可以换得1.6008股招商蛇口本次发行的A股股票；本次招商蛇口换股吸收合并招商地产B股的换股比例为1∶1.2148，即换股股东所持有的每股招商地产B股股票可以换得1.2148股招商蛇口本次发行的A股股票。

（3）招商蛇口破发的原因

一是受当时的市场环境影响。招商蛇口上市的2015年12月30日是深证成指日线顶背离成立的日子。指数日线顶背离的杀伤力太大，2015年6月15日上证指数的日线顶背离就引发了股灾。这次深证成指的日线顶背离虽然级别没有2015年6月15日的大，但也表明目前市场的风险大于机会，资金在这样的位置首要的工作是控制风险而不是追求盈利，所以没有足够的资金参与招商蛇口上市首日的炒作。

二是新股市盈率较高。市盈率越高意味着投资者每获得一元收益所要付出的成本越高，因此大多数投资者不愿意选择市盈率偏高的股票，因为市盈率偏高的股票往往表示该股票的价格被市场所高估，不宜买入。

三是临近解禁时期，牛散砸盘出逃。2015年7月8日证监会发布减持禁令，对上市公司大股东的减持行为作了系统的规范，而招商蛇口挂牌时间临近"到期日"2016年1月8日，同时招商局承诺30亿元护盘，为想要出货的牛散提供了机会。

四是当时停牌前招商地产的股价已经处于高位，对于一些投资者而言已经获取了足够利益，存在获利回吐的可能，再加上开盘时的低开，更加加剧了竞相抛售股票的踩踏现象。

五是招商蛇口本身的股票发行价格偏高，导致投资者竞相抛售。

（4）招商蛇口发行价格是否合理的具体分析

从表13-7可以看出，招商蛇口的市盈率明显高于同行业其他上市公司的市盈率，因此可以推测招商蛇口的发行价格偏高。

表13-7　　　　　招商蛇口与同类上市公司市盈率比较

代码	证券简称	市盈率（PE）		
		2014年	2015年	2016年
001979	招商蛇口	45.34	23.3	18.54
600383	金地集团	13.98	12.55	10.96
000002	万科A	17.15	14.86	12.75
600048	保利地产	8.49	7.16	6.18
600340	华夏幸福	21.11	15.31	11.8

资料来源：同花顺。

再看分红水平。鉴于招商蛇口这样的大公司很难像高科技行业一样快速发展，未来在中国房地产发展总体平稳的大背景下，公司业绩更是难以大幅上涨。这意味着，投资者对于招商蛇口这样的公司可以把稳定的分红作为重要的考虑。

根据《招商局蛇口工业区控股股份有限公司2015—2017年股东回报规划》，其年度分红比例不低于30%。据此测算不同股价水平下的股票获利能力（见表13-8），招商蛇口估值偏高。

表13-8　　　　　招商蛇口的分红情况　　　　　单位：元，%

	2015年	2016年	2017年
每股收益	0.84	1.16	1.39
每股股利	0.252	0.348	0.417
每股获利率（相对于开盘价25.3元）	1.00	1.38	1.65

资料来源：同花顺。

（四）关键要点

（1）关键点：本案例结合 B 股遗留问题和 B 股转 A 股的相关理论对招商地产与招商蛇口合并重组并在 A 股市场成功上市的原因、过程及其影响进行了详细的解析。通过该案例的学习，可以了解 B 股市场现状、资产重组并购、B 股存在的缺陷和 B 股转 A 股的方法、换股合并、定向增发等一系列的知识点，期望能在未来遇到公司想要 B 股市场转 A 股市场或者发生并购案时相关人员能够做出正确的策划、估算和决策。

（2）关键知识点：本案例所涉及的知识点主要包括 B 股的相关知识、B 股转 A 股的基础知识、定向增发、并购过程中的价值估算、收益评估法等。

（3）能力点：分析与综合能力、理论联系实际的能力、财务分析技术等。

【参考文献】

曹臻：《换股吸收整体上市的企业绩效分析》，硕士学位论文，江西财经大学，2018 年。

刘超、阮永平、郑凯：《定向增发、契约特征与大股东资金占用》，《外国经济与管理》2019 年 12 月 16 日。

陆宇建、史晓楠：《大股东认购、定价基准日选择与定向增发折价》，《金融论坛》2019 年第 12 期。

徐辉、周孝华：《定向增发抑价分解研究——基于双边随机边界分析的新视角》，《中国管理科学》2019 年第 11 期。

徐辉、周孝华：《政府补助、产权性质与定向增发》，《经济理论与经济管理》2019 年第 12 期。

徐建辉：《招商地产 A+B 股转招商蛇口 A 股案例分析》，硕士学位论文，深圳大学，2017 年。

章帷儿：《企业换股合并过程对中小股东利益保护研究——以招商蛇口换股合并招商地产为例》，《财会通讯》2020 年第 2 期。

章卫东、李浩然、鄢翔等：《定向增发机构投资者异质性与公司绩效——来自中国上市公司的经验证据》，《当代财经》2020 年第 2 期。

章卫东、罗希、王玉龙等：《定向增发新股投资者类别对公司治理的影响研究》，《国际金融研究》2019 年第 8 期。

招商蛇口:《招商局蛇口工业区控股股份有限公司 2015 年度报告摘要》,《证券时报》(电子版) 2016 年 3 月 29 日。

赵丽颖:《招商蛇口换股吸收合并招商地产的动因及绩效研究》,硕士学位论文,河北经贸大学,2019 年。

案例 14 哈尔滨高寒地铁的 BOT 圆梦之路

一 案例介绍

2016年9月，哈尔滨到处呈现同一个画面：地上围挡施工，地下快速掘进。哈尔滨正在建设的三条地铁新线，正抢抓年内不足百日的黄金施工期，高歌猛进。3条新线，33座地铁车站，10座施工竖井同步多点开工，同步建设，这在国内实属少见。

众所周知，按每千米5亿—8亿元计算，建设一条地铁线路少则花费100多亿元，多则需要三四百亿元，而哈尔滨竟能同时开建三条线路，哪怕是在我国资本发达的北京、上海等地区也十分少见。那么究竟是什么原因，让哈尔滨能够拥有如此巨额的资金用于新建地铁呢？

（一）梦来已久，众人所盼

坐落在祖国东北的哈尔滨，是东北城市群的三大城市之一。它下辖9个区、7个县，代管2个县级市，建成区域辽阔；截至2015年常住人口为1066.5万，中心城区人口为464.3万，人口十分密集。虽地处东北，但哈尔滨的夏季最高温却能达到38℃，冬季更是能低至－30℃，在骄阳似火、汗如雨下的夏季，漫天飞雪、朔风凛冽的冬季，出行成了考验哈尔滨人的难题之一。

受历史原因的影响，哈尔滨的道路结构呈现出不完整和被铁路线、河流等分割的情形，这给市民在不同区域之间的出行带来了诸多不便。而且，随着城市发展建设的加快、规模的扩展以及汽车保有量的上升，哈尔滨市区在高峰时间的堵车现象频发，无法满足居住于主城人口密集地区的市民不断增加的交通需求，市民也怨声不断。此外，在每年1月5日至2月5日哈尔滨举办的国际冰雪节还能吸引上千万国内外游客前去观光旅游，这无疑给哈尔滨的冬季交通雪上加霜。

于是，发展地下交通，建造地铁，似乎成为解决拥堵困境最迫切的选择，也成了哈尔滨人的梦想。哈尔滨人的"地铁梦"可以说是梦来已久，众人所盼。

（二）困难重重，梦寻何处

1. 巧妇难为无米之炊

早在1998年，哈尔滨就已经启动了筹备工作并组建了轨道交通办公室，研究地铁建设的可行性，规划初步的线路。但几年间一批又一批的专家前来考察，可却丝毫没有国家批复的消息。

终于，在2005年初，哈尔滨抓住国内轨道交通项目立项审批程序调整的机会，地铁项目通过了审批，哈尔滨成了政策调整后第一个"吃螃蟹"的城市。

批文是下来了，大家也欢呼雀跃，但难题还在后头。钱？钱从哪来？按照现在的规划，哈尔滨政府至少要拿出2000亿元的资金，并花费20多年才能把地铁建成。对于年财政收入仅有300多亿元的哈尔滨来说，根本不可能一次拿出巨额的地铁建设资金，地铁开工又搁置下来。

哈尔滨人的"地铁梦"刚取得了一丝进展，却又被泼了冷水。

2. 前车之鉴

究竟怎么解决资金短缺的问题？哈尔滨人首先参考了前人的经验。回首国内外，解决地铁融资需求有三种典型的国外模式和四种典型的国内模式可以借鉴。

国外的主要有巴黎模式、东京模式和新加坡模式。

巴黎地铁融资来源主要是政府直接注资和市政当局设立的特别交通税。在巴黎，政府认为雇主是公共交通最大的受益者，规定拥有9名以上职工的雇主均要缴纳特别交通税。在项目建成后，由公司统一经营，巴黎地铁项目的投资回收期一般定为30年左右。巴黎模式的特点是：政府设立专项建设资金，以确保地铁的建设投资和债务的偿还。

东京地铁经营主体可分为三类：民间资本、民间资本和国家或地方公共团体的组合、国家或地方公共团体。其建设资金筹措途径有政府补助、利用者负担、受益者负担、发行债券和贷款五大类。投资回收期一般为30年左右。东京模式的特点是：在中央、地方两级政府承担地铁大部分投资的同时，受益者负担也是建设资金筹措的重要手段之一；票价定位相对较低，客运总量大，因而运营公司依然可以凭借客票收入实现财务平衡。

1988年成立的新加坡地铁公司也是世界上少数几家能盈利的地铁公司之一。它采用纯粹的市场经营模式，以利润为企业最大追求目标，在地铁沿线大力发展广告、房地产和物业投资等多种经营活动，非车票收入已成为新加坡地铁公司利润的重要来源，占其总收入的比重达到35%左右。

而国内的主要有北京地铁4号线的PPP模式、上海"四分开"模式、深圳地铁4号线二期工程BOT模式和香港地铁模式。

北京地铁4号线采用的PPP模式，探索出了一条新的融资和建设运营模式，成为首个国内轨道交通建设中以公私合营模式进行建设运营的项目。该工程项目分为A、B两个子项目，其中政府负责项目A部分的投资和建设，并享有所有权，项目B的建设由社会投资方和政府投资方组建的特许经营项目公司来完成，特许公司取得A部分资产使用权。特许经营期结束后，特许公司将B部分项目设施完好无偿地移交给政府部门，将A部分项目设施归还给4号线公司。按照PPP模式，政府不需要对4号线运营进行补贴，只需对投资承担还本付息的义务，节约了大量的市政府财政投入。

上海地铁建设采用商业化模式。其主要做法是将项目的投资、建设、运营和监管分配给不同的主体，强调资金的高效和经营的市场化，使融资压力和融资风险得到合理分摊。该模式的优点在于通过延伸投资主体，拓宽了股票市场、债券市场等融资渠道，激活了存量资产，控制了建设和经营成本。

深圳地铁4号线二期工程以BOT方式投资建设。具体经营模式是"地铁沿线物业综合发展经营"模式。深圳市政府将4号线二期工程租赁给香港地铁的深圳项目公司，由其负责二期工程的建设和全线的运营，该公司拥有30年的特许经营权和地铁周边物业开发权。在整个建设和经营期内，项目公司由香港地铁公司绝对控股，项目公司自主经营、自负盈亏，运营期满，全部资产无偿移交深圳市政府。

香港地铁投融资模式的最大特点是发挥地铁资源在项目建设、经营过程中的作用，并对其实行集约化管理，通过资源整合，实现建设和经营目标。香港地铁建设得到香港政府的大力支持，政府在建设初期提供了债务融资担保。地铁公司按照商业原则进行融资运作，公司依托地铁优势开展多种经营。

面对国内外这么多种成功的地铁融资案例，哈尔滨人究竟该使用何种模式呢？一味照搬肯定是不行的，必须要结合哈尔滨的实际情况，毕竟适合自己的才是最好的。

3. 回首过去

其实在本次地铁建设之前，哈尔滨市政府就已经通过市场化运作的手段建设了市政和城市基础设施。对于哈尔滨来说，最熟练的当然是 BOT 模式。

此前，哈尔滨市政府先后采用 BOT 模式，建设了太平污水处理厂、西南部垃圾场等一批重大城市基础设施项目：由清华同方水务有限公司投资3.39亿元建设的太平污水处理厂工程，不到两年就完工投入使用，创造了哈尔滨市污水处理项目建设的最快速度；由北京高能垫衬工程公司投资的西南部垃圾场，不到1年时间就完成了开沟、防渗等所有工程。这种融资模式不仅解决了建设资金瓶颈问题，还有效地提高了工程的建设和运营效率，让哈尔滨尝到了不少甜头。

说起 BOT 模式，它早在19世纪的英国就已被发明应用，但在地铁这种建设融资体量大、盈利难的项目上，究竟能否也像在其他市政工程上一样适用？

(三) 砥砺前行，梦押 BOT

1. 巧借 "7831"

在1969年珍宝岛事件之后，全国全党在"要准备打仗"的思想指导下，人民防空被摆到了城市防御体系的重要位置。1973年，考虑到哈尔滨是国家一类人防重点城市的重要战略地位和原来修建的小干道幅员小、质量差，适应不了人员机动疏散和作战需要的情况，省委决定在哈尔滨启动贯穿全市，连通山区和具有"五能"（能防、能打、能机动、能生活、能生产）的大型机动干道工程，取名"7381"工程。经过十多年的连续施工建设，最终完成了埋深 21 米、高 6 米、宽 7.3 米，干道工程面积 376631 平方米，全长几十千米的地下干道掩体，基本形成了"地上千家万户，地下万户千家"的地道网。

正是因为早期"7381"工程的存在，且符合地铁建设需要，哈尔滨地铁设计师决定，将其作为地铁 1 号线的一部分，这样不仅节省了新挖掘隧道花费的时间，还节约了几十亿元的资金，这对哈尔滨来说是个绝对的好消息。

另外在政府的出面下，地铁集团将"7381"洞体作为实物资产向建银租赁公司进行租赁融资，又获得了一笔资金。众所周知，融资租赁就像把房子押给银行进行贷款一样，得向银行提供房产证的原件和复印件，然而当年地铁集团并没有这些证件，因为严格来说"7381"洞体的所有权不归属哈尔滨市政府，但现实中也确实归哈尔滨市政府使用。当时，地铁集团和交银租赁、中银租赁、国开行租赁等大银行都在谈，但由于权属不清，银行怕承担风险，都没做成。最后是多方做工作，给建银租赁写说明，几经辗转才放宽了政策，取得了 7 亿元的融资资金。这对哈尔滨地铁所需的几百亿元资金来说虽不算多，但也算是有了一点希望。

2. 选择 BOT

对于投资者来说，在引入市场进入之前，必定要了解项目的相关情况，并预测该期工程的相关财务状况，以及对投资的可行性进行判断。

因为哈尔滨地铁 1 号线充分利用了 20 世纪的"7381"工程，盘活了国有资产，节约了几十亿元的资金，所以财务状况良好。如哈尔滨地铁 1 号线三期工程建设，共投入约 50.5 亿元，其中约有 25.5 亿元来自银行贷款，按当年的筹资利率计算，建设期利息总计为 2.8 亿元。三期工程项目投资回收期（含建设期）为 17.67 年；银行借款偿还期为 15.95 年，小于商业银行 20 年的还款要求。

盈利能力较好，还款能力强，远期效益较好，这说明哈尔滨地铁属于优质项目。既然核算表明该项目具有一定的盈利能力，在趋利性的条件下,选择 BOT 模式必能吸引社会投资者,通过引入市场资本缓解哈尔滨的地铁融资困境。

3. "草船借钱"

2016 年 9 月,哈尔滨三条地铁新线:哈尔滨地铁 1 号线三期、2 号线一期及 3 号线二期地铁同时开工建设,按每千米 5 亿—8 亿元成本计算,在当时建设三条新线共需资金三四百亿元。但哈尔滨市政府通过创新的多元化 BOT 模式,终于成功地在短时间内筹集到了所需资金,为地铁建设"补血"。

如 2 号线一期,由中国电子科技集团公司第十四研究所(以下简称"中电十四所")牵头,与哈尔滨地铁集团签订 BOT 项目合同和特许经营合同,提供 30% 的资金支持,同时引入国家开发银行等金融机构,以哈尔滨市政府和哈尔滨地铁集团为担保,筹集了 70% 的项目资金,两部分资金总额约 240 亿元;3 号线二期,由中国交通建设股份有限公司(以下简称"交建股份")牵头组成联合体,同样签订 BOT 项目合同和特许经营合同,并与其合作伙伴共投资 30% 资本金,另外 70% 建设资金将通过国家开发银行贷款筹集,两部分资金总额约 264 亿元。从地铁开始试运营之日起 3 年后,哈尔滨市政府再通过偿还投资方投入的项目资本金,承接项目公司银行贷款的债权和项目公司资产的方式接受项目公司的股权转让。也就是说在建设期内,哈尔滨市政府不需要投入财政资金,成功破解了地铁建设的资金难题。

4. 优秀伙伴,一举两得

在 2 号线一期和 3 号线二期的 BOT 融资项目中所涉及的两个主要投资方为中电十四所和交建股份,它们不仅是本次地铁建设的重要投资者,带来了建设资金,也为哈尔滨地铁带来了先进的技术和管理运营经验。

中电十四所的前身是创建于 1946 年的中华民国国防部特种电讯器材修理所,2002 年起开始归属中国电子科技集团公司,是国家国防电子信息行业的骨干研究所,依托军工科研优势,它在城市轨道交通、现代物流、民用雷达、无线电通信、集成电路与软件等民用领域取得了快速发展,现已成为覆盖国内、国际两大市场的集团化研究所。

交建股份是全球领先的特大型基础设施综合服务商,主要从事交通基础设施的投资建设运营、装备制造、房地产及城市综合开发等，提供投资融资、咨询规划、设计建造、管理运营一揽子解决方案和一体化服务。

可以看出，这两家公司在城市基础设施建设方面的实力皆处于全国乃至世界领先水平，它们不仅能够为哈尔滨地铁项目提供资金支持，还能为其提供技术层面的理念和指导，在后续地铁的运营过程中还能提供相关的运营经验，这些都将对哈尔滨地铁项目的顺利完成和促进哈尔滨轨道交通事业的可持续发展起到重要作用。

（四）美梦成真，却危机四伏

1. 美梦成真

我国建成的首条高寒地铁哈尔滨地铁 1 号线 2013 年 9 月 26 日开通运营，标志着我国最北省会城市"冰城"哈尔滨迈入"地铁时代"。哈尔滨地铁 1 号线一期、二期工程，西起哈尔滨南站，终点为哈尔滨东站，全长 17.47 千米，共设 18 座车站，全部为地下线。该工程利用建于 20 世纪 70 年代的长 10.1 千米的地下人防工程，于 2008 年 9 月 29 日破土动工（袁泉，2013）。

这天，对于冰城人来说一定是难忘的，那个从出现到实现，期待了 15 年的梦想终于如愿以偿。地铁 1 号线的通车不仅让冰城人欢呼，相信参与地铁建设的各方也更是心潮澎湃。但这只是实现梦想的开始，在未来大家所要面对的考验还并未停止。

2. 周期漫漫

哈尔滨地铁项目预计总投资达到 2000 亿元，建设规模之大，投资数量之多，都是哈尔滨史上之最。由于整个项目预计工期为 20 年，甚至更久，这也暗示着整个项目在漫长的建设过程中将面临诸多方面的风险。

在项目参与方中，各方的目的不同。哈尔滨市政府主要负责对哈尔滨地铁项目建设的监管，不需要直接投资或只需投入少部分资金，追求的是社会效益最大化；中电十四所等投资联合体，与政府的目标不同，想要获取的是经济利益；银行等金融机构，投资的主要目的是为获得利息收益。

另外，在哈尔滨地铁 BOT 项目中，政府在与各方签订特许权协议的同时，还保留了监管权、介入权等行政特权，即政府在必要的时候，有权单方面终止或变更合同，还可通过 BOT 立法来调整和约束项目公司的行为。由于参与工程的设计单位、建设单位等很多，覆盖范围广，以及工程实施逐级委托，因此地铁融资项目中的关系错综复杂。

在关系如此复杂的项目体中，政府、投资者、金融机构究竟该如何共担风险并规避风险？又能否经得起时间的考验？

3. 盈利遥远

目前，中国除香港地铁、北京地铁 4 号线、北京地铁机场线、上海地铁 1 号线外，所有城市的轨道交通网络几乎都是亏损的。对于国内地铁来说，建设成本高、地铁票价低是无法盈利的第一个原因。而过于依赖票价收入，缺少多元化经营，是无法盈利的第二个原因。

在哈尔滨地铁项目的建设期，社会投资者和银行投入了大量的资金。对于社会资金来说，地铁尽早产生收益，是获得稳定融资的关键，然而这是所有人都无法预计和担保的，也是个未知数。这使社会投资者备感压力，他们究竟能否坚持，仍是个疑问。

(五) 九线一环，织梦冰城

2013 年 9 月 26 日 8 点 30 分，我国首条耐高寒地铁线——哈尔滨地铁 1 号线运营通车。

2015 年 7 月 4 日，哈尔滨地铁 1 号线安全运营 647 天，累计运送乘客突破 1 亿人次，日均客运量 15.46 万人次，运行总里程 284.86 万千米。

2016 年 11 月 11 日，受到强降雪的影响，哈尔滨地铁客流量再次刷新历史纪录，达到 30.97 万人次。

今天，穿梭在冰城地下的地铁 1 号线和 3 号线，不仅服务着冰城的市民，还迎接着每年来到哈尔滨的千万游客。

未来的 20 年里，哈尔滨还将陆续建成总规划 340 千米、"九线一环"的地铁网络。这其中参与地铁建设的规划、勘察、设计、监理、施工、咨询及工程管理等的工作者将达到上万名。

【思考题】

(1) 哈尔滨为什么亟须建设地铁？在地铁建设最初的融资过程中又遇到哪些阻碍，并采用了哪些方法？

(2) 一般项目融资模式有哪些？结合这些融资模式以及哈尔滨实际情况，分析哈尔滨地铁项目融资模式的探索过程。

(3) 哈尔滨地铁项目为什么最终采用了 BOT 融资模式？这种模式的具体流程是什么？请尝试画出哈尔滨地铁项目 BOT 模式的流程图。

(4) 在哈尔滨地铁项目 BOT 模式中存在哪些风险，又该如何应对？请具体指出风险并提出相关建议。

二　案例分析

哈尔滨地铁是中国首个高寒地铁系统。该工程于 2008 年 3 月 31 日启动，规划有"九线一环"，总里程 340 千米，总工程预计在 20 年内完成，估算总投资 2000 亿元。面对如此庞大的资金需求，哈尔滨采用"政府 + 市场"的 BOT 模式引入社会资本"补血"。

通过此案例，我们将深入分析哈尔滨市政府根据自身具体情况选择 BOT 模式融资的原因、该种融资模式的结构和主要利益相关体，以及 BOT 模式在哈尔滨地铁项目中应用的具体流程，探讨哈尔滨地铁项目在采取 BOT 模式后面临的各种机遇和挑战，并对哈尔滨地铁项目的融资风险进行综合识别。希望借此案例能为国内其他市政和城市基础建设融资提供参考和建议。

（一）理论依据

混合所有制理论及各种混合方式的比较和区别。

（二）分析思路

本案例的分析思路如图 14 - 1 所示，仅供参考。

哈尔滨地铁项目背景及融资困境 → 一般项目融资模式与BOT融资模式 → BOT融资模式与操作流程 → BOT融资模式面临的风险及应对措施

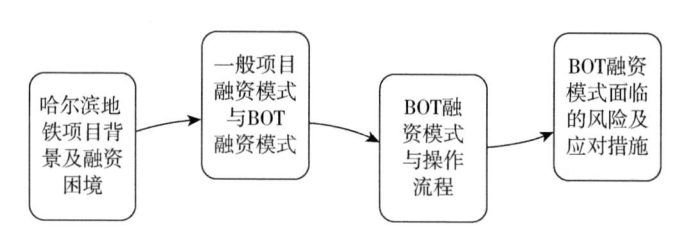

图 14 - 1　案例的分析思路

(1) 引导大家了解哈尔滨地铁项目开始融资时所遇到的阻碍，为后续融资模式的分析奠定基础，是案例分析的前置程序。通过案例介绍，可以了解哈尔滨地铁项目设立的背景和进行 PPP 融资必须具备的条件。

（2）引导大家学习各种项目融资模式，并基于此结合哈尔滨的实际情况分析其对 BOT 模式的探索过程。可通过相关书籍、网络搜索等渠道了解一般有哪些项目融资模式，并结合书中所提到的三种国外项目和四种国内项目中所运用的模式，了解各个模式的优点和缺点。

（3）引导大家熟悉 BOT 以及 BOT 融资运作模式，深入了解 BOT 融资模式，并结合哈尔滨地铁项目，梳理 BOT 融资模式的基本内容。通过案例原文了解哈尔滨选择 BOT 模式的原因，并结合有关 BOT 的知识，对哈尔滨所采用的 BOT 模式进行梳理，画出相关流程图。

（4）引导大家了解 BOT 融资模式中可能存在的风险，以及所要采取的措施，并结合案例中哈尔滨的实际情况，提出相关的可行建议。

（三）具体分析

1. PPP 模式项目融资的准入条件有哪些

（1）PPP 模式

这种模式主要适用于政府有提供责任又适宜市场化运作的公共服务、基础设施类项目。燃气、供电、供水、供热、污水及垃圾处理等市政设施，公路、铁路、机场、城市轨道交通等交通设施，医疗、旅游、教育培训、健康养老等公共服务项目，以及水利、资源环境和生态保护等项目均可推行 PPP 模式。各地的新建市政工程以及新型城镇化试点项目，应优先考虑采用 PPP 模式建设。在事关国家安全和国民经济命脉的公共服务、基础设施类 PPP 项目中，国有资本应占主导地位。

（2）PPP 模式的要求

按照 PPP 项目形成特点和项目特性，需要规范设置必要的社会投资人准入门槛，保障社会大众和政府的权益，主要方面如下：

第一，信用与信誉良好。投资人要有良好的银行资信、财务状况及相应的偿债能力；重合同、守信用，具有社会责任感。

第二，具有建设营造、经营管理、运营维护同类工程的业绩、资质或经验。投资人或投资人组成的联合体要有良好的业绩与技术能力，必须具备相应的专业资质资格，经验丰富。

第三，资金充足，具有较强的财务与融资能力。投资人要具备良好的财务实力与融资能力，具有良好的银行资信、财务状况、相应的偿债能力及同类项目成功的盈利模式和竞争模式。

第四，专业知识与技术力量雄厚。投资人要具备专业的 PPP 人才、技术人才、财经人才与管理人才团队。

第五，设备配置等要素实力良好。投资人要拥有专业的设备及完成服务所必需的其他重要要素资源。

第六，质量安全管理体系完善。近三年内没有发生过重大生产安全和质量事故，投资人主动防范的意识强、措施得力，合规性较好。具有独立法人资格，能遵从合同合法合规运营。

2. 一般项目融资模式有哪些？结合这些融资模式以及哈尔滨实际情况，分析哈尔滨地铁项目融资模式的探索过程

（1）一般项目融资模式介绍

项目融资是指以项目的名义筹措一年期以上的资金，以项目营运收入承担债务偿还责任的融资形式，是近些年新兴起的一种融资手段。项目融资形式众多，运用灵活，各有适用的领域和趋势。

PPP 项目运作方式主要包括委托运营、管理合同、建设—运营—移交、建设—拥有—运营、转让—运营—移交和改建—运营—移交等。

委托运营（Operations and Maintenance，OM），是指政府将存量公共资产的运营和维护职责委托给社会资本或项目公司的项目运作方式。政府保留资产所有权，只向社会资本或项目公司支付委托运营费。合同期限一般不超过 8 年。

管理合同（Management Contract，MC），是指政府将存量公共资产的运营、维护及用户服务职责授权给社会资本或项目公司的项目运作方式。政府保留资产所有权，只向社会资本或项目公司支付管理费。管理合同通常作为转让—运营—移交的过渡方式，合同期限一般不超过 3 年。

项目融资的具体形式包括以下几种。

①BOT（Build-Operate-Transfer）模式

即建造—运营—移交方式。BOT 模式是指国内外投资人或财团作为项目发起人，从某个国家的地方政府获得基础设施项目的建设和运营特许权，然后组建项目公司并负责进行项目的融资，组织项目的建设，管理项

目的运营，在特许期内通过对项目的开发运营以及当地政府给予的其他优惠来回收资金以还贷，并取得合理的利润。特许期结束后，应将项目无偿地移交给政府。

这种方式最大的特点是，将基础设施的经营权有期限地抵押以获得项目融资，或者说是基础设施国有项目民营化。在 BOT 模式下，投资者一般要求政府保证其最低收益率，一旦在特许期内无法达到该标准，政府应给予特别补偿。

以 BOT 模式融资的优越性主要有以下三个方面：

第一，减少项目对政府财政预算的影响，使政府能在自有资金不足的情况下，仍能上马一些基建项目。政府可以集中资源，对那些不被投资者看好但又对地方政府有重大战略意义的项目进行投资。BOT 模式融资不构成政府外债，可以提高政府的信用，政府也不必为偿还债务而苦恼。

第二，把私营企业中的效率引入公用项目，可以极大地提高项目建设质量并加快项目建设进度。同时，政府也将全部项目风险转移给了私营发起人。

第三，吸引外国投资并引进国外的先进技术和管理方法，对地方的经济发展会产生积极的影响。BOT 模式主要用于建设收费公路、发电厂、铁路、废水处理设施和城市地铁等基础设施项目。

②BT（Build-Transfer）模式

即建设—移交。BT 模式是 BOT 模式的一种变换形式，是指政府通过特许协议，引入社会资金进行基础设施建设，基础设施完工后，该项目设施的有关权利按协议由政府赎回。

BT 模式是一种"交钥匙工程"，社会投资人投资、建设，建设完成以后"交钥匙"，政府再回购，回购时考虑投资人的合理收益。一般项目工程建设周期长，前期投入资金较大。由于需要如此大的资金投入，因此项目公司要求较多的利润，而 BT 模式是政府再回购，虽然会给予投资人合理的收益但不会太多。所以标准意义的 BOT 项目较多，但类似 BOT 项目的 BT 项目却并不多见。

③TOT（Transfer-Operate-Transfer）模式

即移交—经营—移交模式。TOT 模式是指政府与投资者签订特许经营协议后，把已经投产运行的可收益公共设施项目移交给民间投资者经营，凭借该设施在未来若干年内的收益，一次性地从投资者手中融得一笔资金，用于建设新的基础设施项目；特许经营期满后，投资者再把该设施无偿移交给政府管理。

TOT 方式与 BOT 方式是有明显区别的，它不需直接由投资者投资建设基础设施，因此避开了基础设施建设过程中产生的大量风险和矛盾，比较容易使政府与投资者达成一致。

④TBT 模式

TBT 模式就是将 TOT 与 BOT 融资方式组合起来，以 BOT 为主的一种融资模式。在 TBT 模式中，TOT 的实施是辅助性的，采用它主要是为了促成 BOT。

TBT 的实施过程如下：政府通过招标将已经运营一段时间的项目和未来若干年的经营权无偿转让给投资人；投资人负责组建项目公司去建设和经营待建项目；项目建成开始经营后，政府从 BOT 项目公司获得与项目经营权等值的收益；按照 TOT 和 BOT 协议，投资人相继将项目经营权归还给政府。实质上，是政府将一个已建项目和一个待建项目打包处理，获得一个逐年增加的协议收入（来自待建项目），最终收回待建项目的所有权益。

一方面，TBT 模式得以实施的突破口是 TOT 转出项目的经营权的定价问题。如果转让价格过低，会使转让方遭受财产损失；反之则会降低受让方的预期投资收益，导致转让协议难以达成。另一方面，拟转让经营权的已建 TOT 项目要与待建项目相匹配。以上两个方面的原因，使 TBT 模式的实现相对于 BOT 模式来说存在一定的难度和阻碍。

⑤PPP（Public-Private-Partnerships）模式

即公共部门与私人企业合作。广义的 PPP 模式下包含着 BT、BOT、OT、TOT、TBT 等类似的多种融资模式。上述几种方式均属于 PPP 模式的衍生模式（见表 14-1），合同的包装方式略有不同，但是融资模式的核心内容都是公私合营性质。具体 PPP 分类如图 14-2 所示。

表 14-1　　　　　　　　　　广义 PPP 融资模式

融资模式	英文全称	简介
PPP	Public-Private-Partnerships	公私合营
BT	Build-Transfer	建设—移交
BOT	Build-Operate-Transfer	建设—运营—移交
OT	Operate-Transfer	运营—移交
TOT	Transfer-Operate-Transfer	移交—经营—移交
TBT	—	TOT 模式与 BOT 模式的融资方式组合，TOT 的实施是辅助性的，以 BOT 模式为主

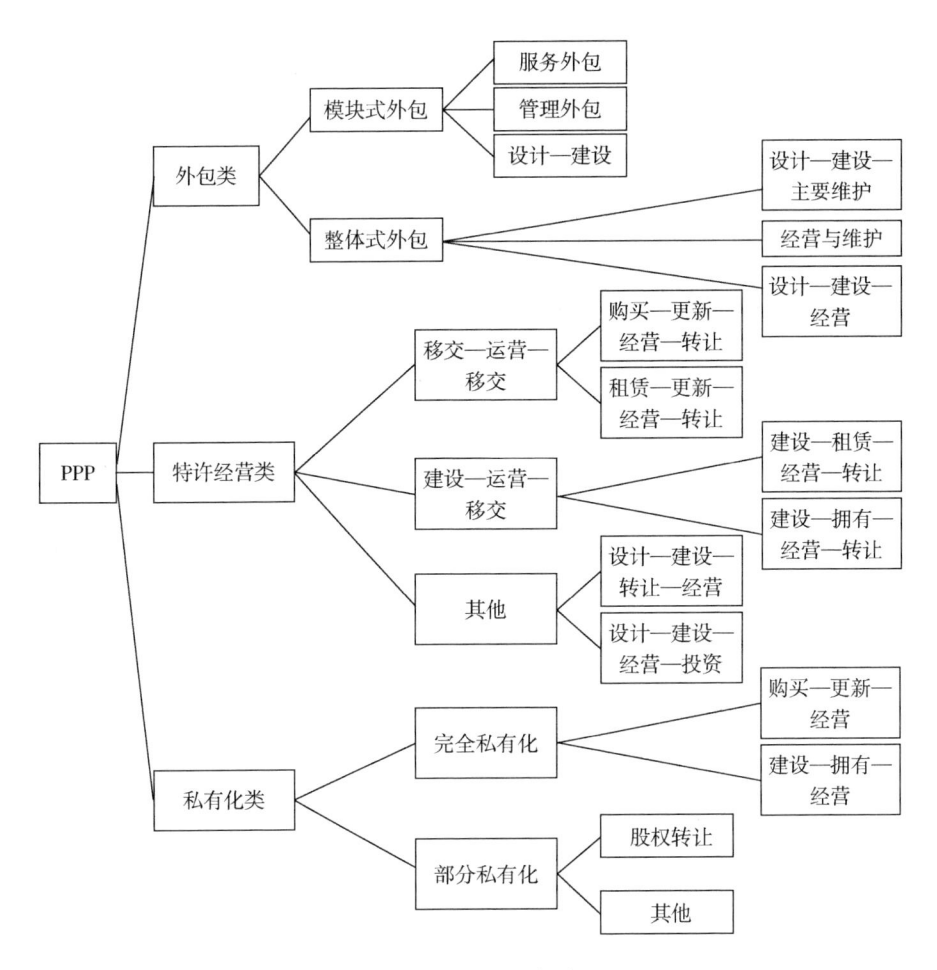

图 14-2　PPP 类型

PPP模式的构架是从公共事业的需求出发，利用民营资源的产业化优势，通过政府与民营企业双方合作，共同开发、投资建设，并维护运营公共事业的合作模式，即政府与民营经济在公共领域的合作伙伴关系。通过这种合作形式，合作各方可以达到与预期单独行动相比更为有利的结果。合作各方参与某个项目时，政府并不是把项目的责任全部转移给私人企业，而是由参与合作的各方共同承担责任和融资风险。

狭义的 PPP 是众多项目融资方式中的一种，类似于特许项目经营，但在操作方式上有较大的不同。较为典型的方式是政府与私人部门组成特殊目的机构（SPV），引入社会资本，强调共同设计开发和承担风险，全过程合作进行项目开发和运营。政府和民营资本合作提供基础设施具有很多模式，狭义的 PPP 与 BT、BOT 等模式的主要区别在于政府和社会资本相对参与程度以及承担风险的大小（见表 14-2）。

表 14-2 　　　　狭义 PPP 模式与其他模式的区别

模式	资金方	政府参与度	私企风险承担	资产归属
BOO	企业	非常低	高	企业
BOT	企业和政府	低	较高	政府
BT	私企	低	较高	政府
狭义 PPP	企业和政府	共同参与	较低	政府

BOT 模式与 PPP 模式也存在实质性区别：从 PPP 模式的分类中可以看出，BOT 模式属于 PPP 模式的一种。BOT 模式中，企业几乎承担了投资、建设、运行的所有风险。同时，由于政府只参与项目前期的立项、招标等，缺乏后期在项目建设和运行中的监管，项目运行也可能成为企业偷工减料、快速获取投资回报的机会。然而在 PPP 模式中，政府对项目中后期建设管理运营过程参与更深，企业对项目前期科研、立项等阶段参与更深。政府和企业都是全程参与，双方合作的时间更长，信息也更对称。

（2）国外地铁融资模式

国外地铁融资模式具体参见案例介绍。

3. 哈尔滨地铁项目为什么最终采用了 BOT 融资模式？这种模式的具体流程是什么样的？请尝试画出哈尔滨地铁项目 BOT 模式的流程图

（1）哈尔滨地铁项目采用 BOT 的原因

第一，该模式减轻了哈尔滨市政府的财政负担。地铁是一项综合性开发项目，前期建设和中期运营维护都需要大量的资金投入，哈尔滨既不像沿海经济发达地区自身有强大的资金，又不像少数民族地区有国家拨款，很难一次性将有限的财政资金投入到地铁的建设中去。在此次的 BOT 模式中，哈尔滨市政府将地铁的建设、运营、管理移交给由市场资本合资组建的项目公司，将原来由政府承担的费用转移给了社会资本，但同时也将项目的收益转移了出去，此举无疑有效减轻了当地的财政负担。

第二，符合自身情况和有前期经验。哈尔滨参考了国内外的一些成功的地铁融资案例，总结出几种地铁项目融资模式，例如 PPP 模式、商业化模式、BOT 模式等。哈尔滨在面临几种融资方式的抉择时，结合并分析本市当时自身具体条件，借鉴先前经验即在本次地铁建设之前哈尔滨市政府就已经通过市场化运作，采用 BOT 模式的手段实施了市政和城市基础设施建设并取得巨大成功。

第三，BOT 模式有助于提高该地铁项目的运作效率，加快地铁建成带动城市经济发展。BOT 模式之所以能提高项目的建设和管理的效率，是因为项目一旦开始实施，该地铁项目就成为社会资本的一个投资项目，为了追逐利润最大化，负责的项目公司会尽自己最大的努力加强管理，降低成本，减少不必要的开支。

此外，在引入社会资本的同时，也引入了先进的技术和设备，因此有效提高了项目的建设和运营效率。而且，地铁线路的顺利开通扩大了内需，为经济平稳较快发展增添动力，促进了哈尔滨市经济的平稳较快发展。

（2）BOT 融资模式的主体关系和流程

①BOT 项目的相关主体

政府是 BOT 项目的控制主体。政府决定着是否设立此项目、是否采用 BOT 方式。在谈判确定 BOT 项目协议合同时，政府也占据着有利地位。它还有权在项目进行过程中对必要的环节进行监督。在项目特许到期时，它还具有无偿收回该项目的权利。

BOT 项目公司是 BOT 项目的执行主体，它处于中心位置。所有关系到 BOT 项目的筹资、分包、建设、验收、经营管理体制以及还债和偿付利息都由 BOT 项目公司负责，同设计公司、建设公司、制造厂商以及经营公司打交道。

投资人是 BOT 项目的风险承担主体。他们以投入的资本承担有限责任。尽管原则上讲政府和私人机构分担风险，但实际上各国在操作中差别很大。发达市场经济国家在 BOT 项目中分担的风险很小，而发展中国家在跨国 BOT 项目中往往承担很大比例的风险。

银行或财团通常是 BOT 项目的主要出资人。对于中小型的 BOT 项目，一般单个银行足以为其提供所需的全部资金，而大型的 BOT 项目往往使单个银行力不从心，从而组成银团共同提供贷款。由于 BOT 项目的负债率一般高达 70%—90%，所以贷款往往是 BOT 项目的最大资金来源。

保险公司的责任是对项目中各个角色不愿承担的风险［包括建筑商风险、业务中断风险、整体责任风险、政治风险（战争、财产充公等）等］进行承保。由于这些风险的不可预见性很强，造成的损失巨大，所以对保险商的财力、信用要求很高，一般的中小保险公司是没有能力承保此类保险的。

②以哈尔滨地铁 2 号线、3 号线为例分析主要承担主体和流程

哈尔滨市政府在哈尔滨地铁 BOT 项目中，起到发起人和筹备人的角色。政府这一主要参与主体在具体的地铁项目的建设当中，评估并督促相关的投资方的资金投入力度和及时性，施工方的工程进度和可实现性，运营状况的有效性和长期的收益性。政府能够为地铁项目提供有效的信息支持，实现地铁项目参与方的有效信息获取。因此，政府能够进一步促进哈尔滨地铁项目的公平和效率。

项目公司是融资模式的主体，它是为了哈尔滨地铁 2 号线建设的需要，在哈尔滨市政府的特许下，由以中电十四所为牵头方的投资建设联合体与哈尔滨地铁集团有限公司组建的独立经济实体组建。他们是哈尔滨地铁项目的建设主体，即建设过程的实际操作者，并且在他们当中，有相当一部分也是哈尔滨地铁项目的投资者。

保险公司在哈尔滨地铁项目中对项目可能发生的风险进行承保，例如在哈尔滨市轨道交通 2 号线一期工程保险项目中，由中国电子科技集团公司负责保险采购，中怡保险经纪有限责任公司中标 2 号线一期工程保险项目。

哈尔滨地铁集团有限公司是哈尔滨地铁项目的运营方。由哈尔滨地铁集团与银行担保，牵头各投资方，并对后期地铁项目的运营进行管理。在某种程度上来说，地铁集团与政府是合作的关系，相当于哈尔滨市政府在哈尔滨地铁项目上的授权人。哈尔滨市政府为其提供授权，地铁集团负责地铁项目的运营。

金融机构在哈尔滨地铁 BOT 项目中扮演了一个资金支持者的角色，提供了 70% 的资金支持。正是由于金融机构的资金支持，哈尔滨地铁项目才能够顺利进行下去。银行是这类金融机构的一个典型代表，国家开发银行以及其他的商业银行会在地铁建设中严格把控资金风险。

综合来说，哈尔滨地铁 BOT 项目的主要实施步骤是：初始阶段，由哈尔滨市政府发起项目，给予投资方特许支持，与哈尔滨地铁集团共同组建 BOT 项目公司，负责项目资金的筹集，组织项目建设；建成后投资方继续与哈尔滨地铁集团共同运营，从开始试运营之日起 3 年后，哈尔滨市政府通过偿还投资方投入的项目资本金，承接项目公司银行贷款的债权和项目公司资产的方式接受项目公司的股权转让。也就是说在建设期内，哈尔滨市政府不需要投入财政资金，并成功破解了地铁建设的资金难题。

③哈尔滨地铁项目 BOT 模式流程

哈尔滨地铁项目 BOT 模式流程如图 14-3 所示。

4. 哈尔滨地铁项目 BOT 模式存在哪些风险？又该怎样应对风险？请具体指出风险并提出相关建议

（1）在哈尔滨地铁项目 BOT 模式中存在风险的种类

①政治风险

哈尔滨地铁 BOT 项目需要哈尔滨政府与项目公司签订特许权协议，政府在签订特许权协议的同时还保留监管权、介入权等行政特权，即政府在必要的时候，可单方面终止或变更合同权利；政府还可通过 BOT 项目立法来调整和约束项目公司的行为等，因此政府的有关政策、法规对项目

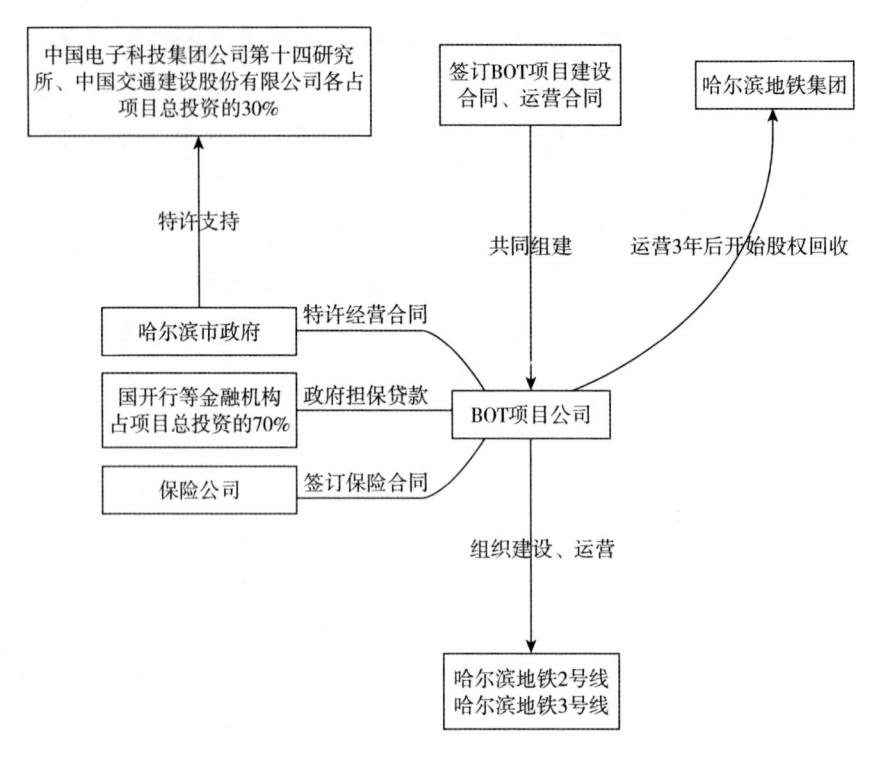

图 14-3　哈尔滨地铁 2 号线、3 号线 BOT 模式关系

风险的影响很大。可见,哈尔滨市政府的参与程度高,政府作用大,政府对地铁项目风险的影响也较大。

②融资风险

哈尔滨地铁 BOT 项目融资周期长,例如哈尔滨地铁 2 号线一期工程为哈尔滨轨道交通网络中由北部至东南部的骨干线路,线路经过呼兰、松北、道里、南岗、香坊 5 个行政区,连接松花江南北两岸。项目线路长度为 28.6 千米,均为地下线,共设置 19 座车站,总投资约 200 亿元。项目于 2015 下半年开工建设,预计 2020 年建成通车。一期工程就长达 5 年,对于项目公司来说面临着利率风险、汇率风险和市场风险等经济风险。

③技术风险

哈尔滨地铁项目的技术风险分为两种:一是工程施工时的技术风险,二是运营时的技术风险。工程施工时的风险体现在:由于哈尔滨地铁 BOT 项目工期长,如果出现通货膨胀或其他原因,原材料与人工费用的大幅上涨导致工程费用超支；对不良地质、恶劣天气等建设条件的勘查不够详尽而导致工程难度加大、工程延期及费用超支；设计缺陷造成工程延期等。运营时的技术风险体现在，如果 BOT 项目本身存在技术缺陷，则无法达到特许经营合同的要求，即无法满足哈尔滨对地铁需求的实际情况。

④市场风险

在哈尔滨地铁 BOT 项目的特许期中，供求关系变化和价格变化时有发生。在 BOT 项目回收全部投资以前，市场上有可能出现更廉价的竞争产品，或更受大众欢迎的替代产品，以致对该 BOT 项目产出的需求大大降低，即市场风险。通常 BOT 项目投资期限长，又需要政府的协助和特许，所以具有垄断性，但不能排除由于技术进步等原因带来的市场风险。此外，在原材料市场上，原材料涨价可能会导致工程超支，这是另一种市场风险。

⑤不可抗力风险

由于哈尔滨地铁 BOT 项目需要挖掘地道，整个团队一直都是地下作业，有时甚至需要挖掘 17—20 米深，但是并不是每一处的地质都好，地质不好的地方很容易发生塌方等不可抗力风险。

（2）对哈尔滨地铁项目风险的策略建议

①通过协议约定合理的奖惩措施

建立良好的风险分担机制需要通过协议约定合理的奖惩措施。哈尔滨地铁 BOT 项目融资风险分担的主体是哈尔滨市政府和以中科十四所为代表的社会投资者。在项目面临风险时，在各参与方当中，如果有能力应对风险的一方消极应对，不积极采取措施，不仅会导致自身利益受损，而且会在整体层面使项目受损，那么该参与方理所当然要为此受到惩罚；同理，如果有能力控制风险的一方积极应对风险，为项目减小损失甚至是获取利益，那么该参与方应当得到奖励。合理的奖惩措施能调动参与各方的积极性，并鼓励各方互相监督，达到博弈各方积极合作，共同应对哈尔滨地铁 BOT 项目融资风险，降低风险损失的目的。

②信息及时公开

信息及时公开不仅有利于哈尔滨地铁 BOT 项目融资风险分担比例的

确定，同时保证社会投资者更准确地估计项目的前景价值。在哈尔滨地铁 BOT 项目中，哈尔滨市政府建立了地铁用地关联政策，如果政府能够及时与社会投资者签订后续地铁关联用地的合同协议，则有利于社会投资者根据合同文件估算前景价值函数，以此为基础选择风险分担比例。这将有利于哈尔滨地铁 BOT 项目融资风险的分担。

③加强工程监督

对工程的设计、采购、施工、运营等各个阶段加强监督以起到规避技术风险的作用，最大限度地保证工程的质量。

④加强立法建设

BOT 项目融资需要签署比普通融资更多的合同文件，因此对其单独立法就很有必要，以保持政策法规的稳定性。借鉴国际通行做法设立 BOT 投资法是目前推广 BOT 的关键。通过专门的法律形式把报批与招标程序、BOT 项目的合同范本与 BOT 的运作规则等固定下来，有益于规范运作，同时保证国外投资者投资的信心，以及国内政策、法律的稳定性和连贯性。

（四）关键要点

（1）关键知识点：本案例所涉及的知识点包括 PPP、BOT、BT 和 TOT。

（2）能力点：分析与综合能力、归纳总结能力、深度思考能力、理论联系实际的能力。

【参考文献】

陈通、吴正泓：《考虑隐性违约风险的 BOT 项目特许期决策模型研究》，《预测》2016 年第 6 期。

杜羽：《哈尔滨地铁 BOT 项目档案监管工作初探》，《中国档案》2018 年第 4 期。

李文新、史本山：《BOT 项目套牢问题的博弈分析》，《经济管理》2013 年第 10 期。

宋金波、常静、靳璐璐：《BOT 项目提前终止关键影响因素——基于多案例的研究》，《管理案例研究与评论》2014 年第 1 期。

宋金波、靳璐璐、付亚楠：《高需求状态下交通 BOT 项目特许决策模型》，《管理评论》2016 年第 5 期。

宋金波、宋丹荣、谭崇梅:《垃圾焚烧发电 BOT 项目特许期决策模型》,《中国管理科学》2013 年第 5 期。

孙燕芳、王晓月:《BOT 公共项目政府部门的成本收益决策分析》,《宏观经济研究》2017 年第 6 期。

谭克虎、梁晓红:《台湾高铁 BOT 模式的实践及启示》,《亚太经济》2013 年第 5 期。

谭志加、杨海、陈琼:《收费公路项目 Pareto 有效 BOT 合同与政府补贴》,《管理科学学报》2013 年第 3 期。

汤薇、吴海龙:《基于政府角度的 PPP 项目融资效益研究——以 BOT 与 BOO 模式为例》,《科研管理》2014 年第 1 期。

案例15 "水"漫"辉山"

一 案例介绍

2017年3月24日11点30分左右,辽宁辉山乳业集团有限公司(以下简称"辉山乳业")的股价K线阴影突然开始加速放大,短短半小时内,由开盘价2.52元一度跌至0.25元,跌幅高达90.71%,截至12点股价收于0.42元,跌幅达85%!究竟是怎么回事?竟然有如此杀伤力?

(一)发展历程

1. 初生牛犊

辉山乳业的品牌历史可以追溯到1951年。辉山乳业是沈阳市乳品供应站和沈阳乳业有限责任公司整合后改制而来,注册资本为3300万美元。企业总部坐落于中国辽宁,占据北纬40°黄金牧草带及黄金奶源带等地理优势。

2. 全速成长

2003年辉山乳业制定的2004—2007年发展规划,对辉山乳业发展的影响十分巨大。规划提出,利用生态学、生态经济学原理和系统科学方法,使现代科学成就与传统业务有机结合,建立以绿色环保技术为支撑,从牧草种植、饲料加工、奶牛养殖、产品加工到冷链运输的新型液态奶产业链,以实现高产、优质高效和可持续发展为目标,达到经济、生态、社会三大效益的有机统一。这使辉山乳业的自营牧场模式获得成功,奠定了辉山乳业坚实的产业基础。

特别值得一提的是，2008年"三鹿奶粉事件"发生后，辉山乳业所有产品在质量监督部门的严格检测下批批合格，全部通过检测，全方位的质量保证不仅得到了市场和消费者的认可，还体现了企业对社会的使命感、责任感。

2008年11月辽宁省委宣传部、省政府办公厅为此还专门发出通知，要求省直各新闻单位集中宣传辉山乳业加强管理、提高质量、全力建设自营牧场模式、原料奶达到欧盟检验标准，以及在全国乳制品信任危机中市场销售逆势上扬、赢得众多消费者信赖等情况。

3. 步入壮年

2009年辉山乳业投资60亿元，通过良种奶牛繁育基地、高端奶粉与奶酪加工、液态奶加工、饲料加工、生物菌肥生产及沼气发电、干酪素加工、乳清蛋白粉加工七大乳业综合项目开发，形成一个乳品项目的集群产业链。

2010年，在拥有40万亩草场基础上，辉山乳业再投资10亿元，从澳洲引进3万头纯种荷斯坦乳牛，建成了15个世界级的现代化牧场，成为世界上最大的乳牛基地之一，从规模到技术，形成了中国绝无仅有、世界罕见的"自营牧场模式"，从根本上保证了奶源的安全和品质。

4. 瓜熟蒂落

2013年9月27日，辉山乳业在香港交易所成功挂牌上市，全球发行13亿美元，成为香港历史上消费品行业首次发行企业募集资金的前三位，上市首日市值近400亿港元。

2014年1月22日，中国乳制品工业协会在北京召开"国产婴幼儿配方乳粉新品发布会"，向公众重点推介了辉山乳业等六家婴幼儿配方奶粉主流品牌。辉山乳业凭借多年来在全产业链建设上的雄厚积累成为最受瞩目的乳品生产企业，并成为中国乳制品工业协会组建的"奶粉国家队"中毫无疑问的标杆企业。

5. 蒙上阴霾

2016年12月16日，美国著名做空机构浑水公司突然发布了一篇针对中国辉山乳业的报告。在这份长达47页的报告里，浑水公司列举了辉山乳业至少从2014年开始便发布虚假财务报表、其价值接近于零等一系列问题。这一重磅炸弹导致辉山乳业12月16日11点12分紧急停牌，并于当晚发布澄清报告，对浑水公司的报告进行了逐条批驳，否认了浑水公司的一系列指控，并宣称保留采取法律措施的权利。

19日，双方再度交手。浑水公司在官网挂出了第二份13页的调查报告，进一步指责辉山乳业在收入上有欺诈嫌疑。辉山乳业再次发布公告对浑水公司的报告第二部分进行澄清，当天复牌，尾盘报收2.8港元，股价回升1.82%。

（二）浑水公司

1. 浑水公司是何来头

浑水公司创始人卡森·布洛克2005年从法学院毕业后就来到了中国，为对冲基金作研究调查。过去几年里，卡森·布洛克一直在中国淘金。34岁时，卡森·布洛克创办了浑水公司，主要是曝光在美上市的中国小公司的虚假财报和欺诈行为。

2. 历史业绩

从2009年开始，东方纸业、绿诺科技、中国高速频道、多元环球水务、嘉汉林业、分众传媒等多家在中国香港或美国上市的中国概念股都遭遇浑水公司狙击，且绝大多数都出现了股价大幅下跌的情形。

其中，东方纸业被指夸大2008年收入近27倍，股价累计跌幅一度高达39%，涉嫌财务造假的绿诺科技和中国高速频道已退市，被指在IPO招股书中作假的多元环球水务也被纽交所摘牌。

（三）"浑水"与"辉山"的擂台战

1. 两次做空

2016年12月16日和19日，浑水公司接连发布了两篇做空辉山乳业的报告，导致后者一度在16日上午紧急停牌，当日股价下跌2%，至2.75元。而浑水公司质疑的主要是针对以下四点。

（1）苜蓿饲料能否自给自足

什么是苜蓿？苜蓿是一种含丰富蛋白质和维生素的草，能提高牛奶产量和蛋白质含量，也是影响原奶销售价格的关键决定因素。它就是辉山宣扬的"从牧草到餐桌"完整一体化模型中的"牧草"。

浑水公司在报告中称，辉山乳业至少自2014年起就虚报利润，主要是因为它谎称苜蓿饲料基本上是自给自足的。辉山乳业曾表示，苜蓿生产自给自足是其毛利润业界领先的主要驱动力；但浑水公司发现大量的证据表明，辉山乳业长期以来从第三方购买了大量苜蓿，价格高于其宣称的自产成本。在IPO招股说明书中，辉山公司表示其苜蓿生产成本为70美元/吨，而进口苜蓿则为400美元/吨。光一个苜蓿自产就能给辉山贡献约22%的利润。

（2）是否夸大支出

浑水公司质疑，辉山乳业在其奶牛养殖场的资本开支方面存在造假行为，并夸大了这些养殖场所需的花费，夸大程度在8.93亿—16亿元。而资本开支造假的主要目的很有可能是支持公司收入中的造假行为。

（3）是否有关联交易

浑水公司质疑，辉山乳业董事长杨凯涉嫌挪用公司资产，从辉山乳业至少窃取了1.5亿元的资产。浑水公司称，辉山乳业将一个拥有至少四个奶牛场的子公司未经通知就转让给了未经披露的关联方，而杨凯则是该子公司的实际控制人。

（4）是否杠杆过高

浑水公司质疑，过高的杠杆已使辉山乳业处于违约边缘。浑水公司认为，辉山乳业的杠杆率为10倍，债务高达160亿元，几乎陷入破产边缘，股权价值接近零；即使辉山乳业的财务不存在欺诈，也似乎由于其过度的杠杆而处于债务违约的边缘。浑水公司在报告中指出，辉山乳业的信用风险极高，杠杆十分庞大。

2. 辉山乳业的反击

（1）辉山乳业反击浑水公司做空，称财务报告合规

浑水公司的报告援引国家税务总局的增值税数据，称辉山乳业的收入涉嫌造假，并且"大量虚报"。

对此，2016年12月19日午间，辉山乳业通过香港交易所发布公告称，针对浑水公司的第二份报告与董事会确认，在年度报告和中期报告中的辉山乳业合并收入是根据国际财务报告准则编制，且公平地反映了辉山乳业在相关报告期间的业绩。

(2) 辉山乳业否认财务造假，称浑水公司可能因此获利

2016年12月19日晚11点，辉山乳业发布澄清公告称：浑水公司报告所做出的指控毫无根据，包含各种失实陈述、恶意及虚假指控及与本公司有关的明显事实错误。

在逐一驳斥浑水公司的指控后，辉山乳业公告最后表示：自本公司股票于2013年9月在香港交易所主板上市以来，年度财务报表均经外部独立第三方审计，外部独立第三方从未对本集团账目提出保留意见；浑水报告声明发表者"在沽空"本公司证券。据此，辉山乳业认为，浑水公司可能从辉山乳业股票价格的下跌中获利，并称将保留就该报告相关事宜采取法律措施之权利。

3. 风暴酝酿

在发布澄清报告的同时，辉山乳业还发布了控股股东增持报告，其控股股东杨凯在浑水公司发布第一份报告的次日，就通过冠丰有限公司从市场上购买了2416.6万股（冠丰公司由杨凯、葛坤作为一致行动人全资所有）。至此，他们持有辉山乳业高达73.06%的股权。

迅速回应再加上增持，让辉山乳业的股价站稳。2016年12月19日，辉山乳业股价至收盘上涨1.82%，达到2.80港元。此次事件好像就这样安然度过，辉山乳业也开始继续正常运行。然而就当人们逐渐淡忘这起风波的时候，一个巨大的风暴却悄然而至。

4. 压死骆驼的最后一根稻草

在2017年3月23日，也就是辉山乳业断崖式下跌的前一天，辉山乳业公开了债务危机。在辽宁省金融办的组织下，召开了辉山乳业债权银行工作会议，参与会议的有辽宁省金融监管部门的领导和23家债权银行分管行长、其他债权机构负责人及辉山乳业相关负责人。这一会议也直接说明了，辉山乳业在23家金融机构有融资，并且出现了问题。

此次会议成了股价暴跌事件的直接导火索，也正是压死辉山乳业这一巨大"骆驼"的最后一根稻草。

5. 惨烈的崩盘

2017年3月24日上午11点30分至12点期间，当时内地A股市场已结束了上午的交易，而在香港上市的辉山乳业的股价在毫无征兆的情况下突然出现直线跳水，以近乎 90°的角度一头栽下，同时成交量也快速放大。

25 分钟后，公司股价跌至最低 0.25 港元，盘中最大跌幅超过 90%。此后的 5 分钟，公司股价略有回升，至中午 12 点收盘，报收 0.42 港元/股，较前一天收盘价 2.80 港元跌去 85%（见图 15-1）。这一跌幅创下辉山乳业史上最大跌幅，半小时内，辉山乳业市值蒸发 322 亿港元，仅剩 56.6 亿港元。

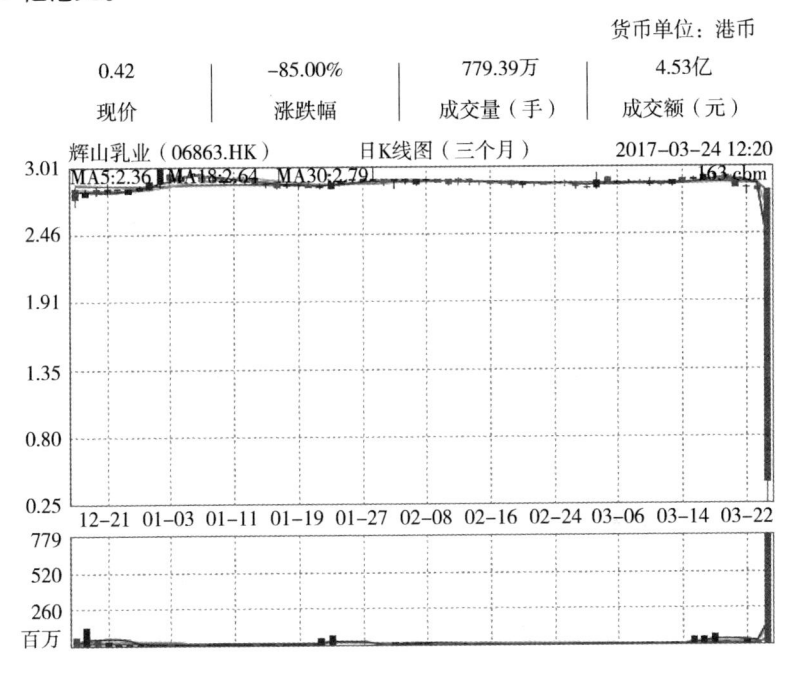

图 15-1 辉山乳业股票暴跌当日 k 线

（四）巨额融资从哪里来

1. 银行借款

银行借款一直是我国企业主要的融资方式。辉山乳业于 2014 年 4 月和 2015 年 5 月，先后与中国银行澳门分行和香港上海汇丰银行签订贷款协议，贷款 7000 万美元。2015 年底，又与多家银行签订最多达 2 亿美元的银团贷款协议。之后，还与多家国内银行接触，贷款数额巨大。辉山乳业财务报告显示，其资产负债率由上市之初的 30.63% 上升至 2016 年 9 月的 62.07%，负债总额超过 210 亿元，其中银行贷款占很大比重。

2. 四次融资租赁

如果不是因为 2017 年 3 月 24 日上午的那次"洗仓",有关辉山乳业的一切不会被"万众瞩目"。

所有原因都指向了辉山乳业的资金链问题,而从其融资租赁情况或可看出一些端倪。

辉山乳业对外披露融资租赁消息,最早是在 2016 年 4 月 29 日。彼时,辉山乳业作为出售人及承租人,与作为购买人和出租人的广东粤信融资租赁有限公司(以下简称"广东粤信")签订了融资租赁协议,租期为协议生效日至 2021 年 4 月 30 日。根据这份协议,辉山乳业将获得 10 亿元融资,年利率不高于每年 6.2%,并在此后分 18 期还款。其中,在 2017 年 1 月 30 日偿还 1 亿元本金,此后则每三个月的 30 日偿还 5000 万元,最后一期则偿还 1 亿元。然而,这次的融资租赁最终在 2017 年 11 月 26 日告吹,原因则没有提及。不过,在取消与广东粤信的融资租赁计划后,辉山乳业又转身与盈华租赁有限公司(以下简称"盈华租赁")签订了融资租赁协议。

与盈华租赁的协议显示,其将向辉山乳业提供融资 7.5 亿元,期限为 5 年,年利率则是固定的 6.2%。对于还款计划,辉山乳业将从 2017 年开始,每年 5 月和 11 月分 10 期等额向盈华租赁支付本金 7500 万元及相关利息。

第三份融资租赁计划签订于 2016 年 12 月 8 日,签订双方是辉山乳业及两家附属公司(以下简称"辉山中国集团")和中建投租赁(天津)有限责任公司[以下简称"中建投租赁(天津)"]。有关协议显示,辉山中国集团将在此后的 6 个月,向中建投租赁(天津)出售其若干物业、厂房及设备(租赁资产),换取中建投租赁(天津)3 亿元的融资,年利率为 5%。

2017 年 3 月 17 日,辉山中国集团与徐州恒鑫金融租赁股份有限公司(以下简称"恒鑫租赁")签订协议,后者向前者提供融资 2.5 亿元,年利率为 6%。

3. 股权质押

辉山乳业董事长杨凯通过质押股份获得资金,再购入股份以维持股价，而股价稳定又使他可以便利地通过质押股份去融资。就这样，辉山乳业利用大量融资打造出全产业链、消费升级等概念，在国内原料奶价格下行的大环境下，却维持着快速的扩张。2011年3月31日辉山乳业总资产为55亿元，2016年9月30日扩大为341亿元，成为中国乳业的"黑马"，品牌价值大幅攀升。而消费升级概念以及品牌价值上升等因素，又使它获得了银行乃至政府在融资方面的支持。

4. 其他方式融资

除银行借款和融资租赁以外，辉山乳业可能还存在大量尚未披露的表外负债，这些负债主要通过P2P互联网金融平台、地方的金融资产交易所等渠道取得。

辉山乳业曾向深圳知名P2P互联网金融平台红岭创投融资，涉及金额5000万元，期限为15个月，年利率为11%。值得注意的是，最初红岭创投给出的融资额度为1亿元，期限为12个月，年综合费率为15%。

此外，2017年7月，浙江省互联网金融资产交易中心股份有限公司（以下简称"网金社"）一款名为"尊享—穗鑫金辉1号理财计划"、年利率为7.2%、183天短期锁定、额度为5000万元的产品，便是由辉山乳业提供本息连带责任担保，且最终资金正是用于辉山乳业发放银行委托贷款。

辉山乳业还在大连金融资产交易所发行过多期定向融资计划，2017年3月24日，在辉山乳业股价暴跌当天，大连金融资产交易所还为该类产品提供了转让服务。24日转让的辉山乳业定向融资计划共涉及11期，编号最大的为75号，按每期200万元计算，辉山乳业上述融资总量或已达到1.5亿元。虽具体金额不详，但确定的是，辉山乳业有多次通过P2P平台融资的经历。

（五）公司后续措施及发展

1. 重组方案出炉

2017年8月，辉山乳业聘请的财务顾问深圳富海银涛资产管理股份有限公司（以下简称"富海银涛"）向辉山乳业债权人委员会的主席成员递交了债务重组方案，主要分三步：

第一步，境内破产重整，最好通过庭外和解的方式确定债权人的清偿问题；

第二步，设立新公司，公司由杨凯持股15%，债权人持股85%，所有资产都放在该新公司下面，新公司由香港上市公司设立；

第三步，或寻找"白武士"（战略投资者），使其控股新公司，或者将新公司卖给上市公司，由此债权人实现退出。

该方案称，之所以如此设计，原因是在债务重组成功之前，找到投资人的可能性非常低——投资人的目的是赚钱，在公司现有资产负债结构下，投资人在短时间进入公司的可能性很小。只有通过债务重组把重组后新公司的债务、股本固化下来，投资人才有判断的依据。此次重组方案显示，未来将先破产清算辉山乳业所有的境内公司，由香港上市公司在境内设立新的平台来承接所有资产，以此来引进战略投资者。这类重组方案与此前中国中钢集团的债务重组方案类似，已有可以借鉴的版本。按照这一方案，境内外债权人的清偿率为14%—20%。

2. 艰难的重组之路

辉山乳业作为东北乳企的代表，一度被业内人士看重。曾有业内人士表示，辉山乳业是国内东北区域最大的乳企之一，辉山乳业的生产情况、牧场及种植基地和整体情况良好，如果此次辉山倒了，那么辽宁的乳品行业将遭遇前所未有的危机。当然倒闭也是业内人士最不愿看到的结果，因此辉山乳业重组势在必行。

此次出炉的重组方案，因得到超过2/3的债权人同意而最终通过，但仍有债权人表示强烈反对。有债权人表示，在长期负责财务的执行董事、高级副总裁葛坤失联，辉山乳业董事长杨凯明显难以说服债权人的情况下，新公司要给予现有管理层15%的股权激励，债权人认为这尚无合理理由；辉山乳业超过100亿元的资金去向不明，还需要给出合理解释。

不仅如此，债权人还对于富海银涛主导重组的角色存在疑问。债权人认为，在破产重组的程序中一般由"白武士"或法院指定的破产管理人来主导重组，富海银涛主导重组并不合规。此前辉山乳业已委聘富海银涛为债务重组顾问，负责就公司整体的债务重组安排提出意见，以及协助与债权人协商可能进行的重组。

对于辉山乳业的重组方案，也有业内人士表示担忧。辉山乳业重组方案显示，未来或寻找"白武士"控股新公司，或将新公司卖给上市公司，由此实现债权人退出。但想要实现内地资产转移到香港上市公司，在目前的政策下有些难度。未来新公司如何卖给香港上市公司是辉山乳业需要考虑的。

3. 政府雪中送炭

辽宁省政府对辉山乳业采取的措施总共有五条：

第一，要求辉山乳业让出部分股权以获得足够资金，争取两周以后恢复付息能力，四周以后解决资金流动性问题。

第二，政府用9000多万元购买辉山乳业的一块土地为其注入资金，帮助辉山乳业渡过难关。

第三，要求各金融机构将辉山乳业这次欠息作为特例，不上征信，不保全，不诉讼。

第四，成立债权委员会，并由最大债权人中国银行担任主席，第二大债权人九台农村商业银行担任副主席，目的是维稳。

第五，省金融办派出国有银行处、商业银行处、租赁处和普惠处四个部门协助债权委员会与各类型资金方沟通并进行管理。其中，普惠处对接小贷公司。

4. 逐步迈向正轨

值得注意的是，按辉山乳业的解释，此前管理层持部分股权的计划，是为了确保管理团队在最终寻求到"白武士"对新公司的资本进行重新调整之前，继续保持经营。不过，如今辉山乳业公布了部分的经营情况，这些情况指向一个事实：无论未来管理层是否持有股权，辉山乳业的经营层面正逐渐走向正轨。

2016年3月末辉山乳业爆发危机之后，公司经营仍在持续。由于后来辉山乳业集团产品的市场状况有所改善，原料奶的平均售价呈现上升的趋势，同时原料奶日生产量也逐渐恢复。同时，辉山乳业持续受到供应商的支持，部分供应商已开始恢复向其提供信用期。

辉山乳业披露，2017年度辉山乳业取得"自种植饲料起的历史性高产量"。这将有利于2018年公司奶牛的草料储备。同时，此前在公开披露中从未提及的细节信息，例如小牛犊的市场行情也出现在公告中："小牛犊和本集团淘汰奶牛的售价大幅提升"，出售小牛犊及奶牛将对公司有利。

辉山乳业称，整体而言，其朝着每月从日常经营活动中获得正现金流的方向努力，并有望在 2018 年 3 月 31 日前实现该目标。

（六）尾声

辉山乳业"财务造假"事件虽然告一段落，但是产生的后遗症仍在不断发酵。尽管企业力求澄清，但是由此带来的银行、信托等债权人维权不可避免。虽然政府有意做信用背书，但是考虑到当前市场融资环境整体恶化，加上此前辽宁地区东北特钢、大连机床等多家企业偿还债务困难等信用风险事件的"余震"，辉山乳业是否能够成功走出困局还留有悬念。

【思考题】

（1）根据案例，分析浑水公司沽空辉山乳业的逻辑是什么？

（2）除传统的银行贷款外，辉山乳业的融资渠道还有哪些？分别有什么特点？

（3）债务重组是什么？辉山乳业为什么要进行债务重组？辉山乳业的惨烈崩盘为我国企业发展敲响警钟，请提出一些避免此类惨案再次发生的可行方法。

二 案例分析

本案例以辉山乳业股价暴跌为切入点，深入探讨后发现，根本原因是企业因采取股权质押等融资方式而导致高负债高杠杆，最终导致资金链断裂。再结合企业的各种融资手段（如银行借款、融资租赁、P2P 等）和企业后续补救措施——债务重组等相关概念进行详细的剖析。

通过本案例的学习和研究，可以了解到融资途径和高杠杆融资手段等知识，以及企业风险管控的重要性，进一步分析企业采取的债务重组措施是否切实解决了问题等相关知识点。

（一）理论依据

（1）尽职调查方法。

（2）价值评估理论。

（3）常见的融资渠道。

（4）债务重组理论。

（5）企业风险控制理论。

（二）分析思路

（1）结合尽职调查方法和浑水公司的调查方式，研究调查及估值的步骤和方法。

（2）对辉山乳业暴跌前后的融资动向分析显示，辉山乳业资金需求明显增加，融资渠道也不再局限于银行。其巨额融资从何而来是值得探究的一个方向。通过辉山乳业这一案例，我们可以发掘更多的新型融资渠道，为中小企业投融资献策。

（3）对辉山乳业的后续发展进行探究。暴跌后的辉山乳业想出了用债务重组的方式来挽救公司的生命。我们先对"债务重组"这个概念有了深刻的理解和充分的认知以后，再结合辉山乳业的实际情况来分析它为什么要用债务重组这个方式，以及这个方式是否能拯救辉山乳业。

辉山乳业股票崩盘的案例，很大程度上反映了我国现阶段政府监管力度和信息披露的标准问题。最后，结合企业融资及风险管控理论分析辉山乳业的问题所在，提出避免类似案例发生的针对性建议。

（三）具体分析

1. 根据案例，分析浑水公司沽空辉山乳业的逻辑是什么

（1）浑水公司做空的原因

浑水公司成立于2010年，主要做空在国外上市的中国概念股。目前浑水公司在调查造假公司方面驾轻就熟，多次狙击成功，令中国概念股遭遇重大挫折。特别是，由于国内证券市场和国外成熟证券市场存在差异，一些中国概念股本身就存在或多或少的道德风险，类似问题在A股市场可能习以为常，但是在像港股、美股一类的成熟市场，却是重大违规或犯罪行为。

在美国，像浑水公司这类第三方研究机构主要靠研究报告盈利。一般情况下，它需要和律师事务所、投资人达成合作，这种合作不一定签协议，但各方会结成一个同盟，如各种基金和投资者事先卖空该股，然后第三方出具做空报告，之后是律师的集体诉讼。这些律师诉讼开始是没有律师费的，如果投资人获得赔偿之后，律师便得到了相应的费用。而在公布报告之前，浑水公司便会着手做空这些公司的股票。

(2) 浑水公司的沽空策略

做多和做空都需要做调研，但方法论截然不同，做多是"证实"，优点和缺点都要考量，权衡之下才能给出"买入"的评级；做空则是"证伪"，只要找到企业的财务、经营造假证据，"硬伤"一经发现，即可成为做空的理由，类似于"一票否决制"。浑水公司在沽空一家上市公司前做了大量研究，发表的质疑报告中篇幅最短的有21页，最长的达80页。

浑水公司的整套投研体系，总体来看分为两个相互渗透的方式：查阅资料和实地调研，调查内容涉及公司及关联方、供应商、客户、竞争对手、行业专家等各个方面。

①查阅资料

浑水公司在选定攻击对象后，对上市公司的各种公开资料做详细研读。这些资料包括招股说明书、年报、临时公告、官方网站、媒体报道等，时间跨度常常很大。

②调查关联方

除了上市公司本身，浑水公司还非常重视对关联方的调查。关联方一般是掏空上市公司的重要推手。关联方包括大股东、实际控制人、兄弟公司等，还包括那些表面看似没有关联关系，但实际上听命于实际控制人的公司。

③实地调研

浑水公司的调研工作非常细致，调研周期往往持续很久，比如对分众传媒的调研时间长达半年。调研的形式包括但不限于电话访谈、当面交流和实地观察。浑水公司一般会去上市公司办公地点对其高层进行访谈，询问公司的经营情况。

浑水公司更重视的是观察工厂环境、机器设备、库存，与工人及工厂周边的居民交流，了解公司的真实运营情况，甚至在厂区外观察进出厂区的车辆运载情况，拍照取证。浑水公司将实际调研的所见所闻与公司发布的信息相比较，其中逻辑矛盾的地方，就是上市公司被攻击的软肋。

④调查供应商

为了解公司真实经营情况，浑水公司会调研上市公司的供应商，印证上市公司资料的真实性。同时，浑水公司也会关注供应商的办公环境，供应商的产能、销量和销售价格等经营数据，并且十分关注供应商对上市公司的评价，以此作为与上市公司公开信息对比的基准，去评判供应商是否有实力和被调查公司进行符合公开资料的商贸往来。

除了传统意义上的供货商，浑水公司的调查对象还包括为上市公司提供审计和法律咨询服务的会计师和律师事务所等机构。如在调查多元环球水务时，浑水公司去会计师事务所查阅原版的审计报告，证实上市公司篡改了审计报告，把收入夸大了至少100倍。

⑤调研客户

浑水公司尤其重视对客户的调研。浑水公司重点核实客户的实际采购量、采购价格以及客户对上市公司及其产品的评价。

⑥倾听竞争对手

浑水公司很注重参考竞争对手的经营和财务情况，借以判断上市公司的价值，尤其愿意倾听竞争对手对上市公司的评价调查，这有助于了解整个行业的现状，不会局限于上市公司的一家之言。

⑦请教行业专家

在查阅资料和实地调研这两个阶段，浑水公司有一个必杀技——请教行业专家。正所谓"闻道有先后，术业有专攻"，请教行业内的专家有利于加深对行业的理解。该行业的特性、正常毛利率、某种型号生产设备的市场价格，从行业专家处得到的信息效率和可信度更高。

⑧重估公司价值

在整个调研过程中，浑水公司常会根据实际调研的结果来评估公司的价值。如对东方纸业大致重估了存货的价值，并且拍摄工厂照片和DV，请机械工程专家来评估机器设备的实际价值；还通过观察工厂门口车辆的数量和运载量来评估公司的实际业务量。

浑水公司亦善于通过供应商、客户、竞争对手以及行业专家提供的信息来判断整个行业的情况，然后根据相关数据估算上市公司真实的业务情况。价值重估不可能做到十分准确，但是能大致计算出数量级，具有极强的参考意义。

浑水公司的调研方法只是正常的尽职调查，在方法论上并无重大创新，极少运用复杂的估值模型去判断一家公司的价值。然而最简单的方法往往是最有效的方法，调研的收获远远大于办公室里的数据处理。

2. 对辉山乳业融资渠道进行深入探究，除向银行进行贷款外，辉山乳业的融资渠道还有哪些？这些融资渠道分别有什么特点？

（1）融资租赁

融资租赁是指出租人根据承租人对租赁物件的特定要求和对供货人的选择，出资向供货人购买租赁物件，并租给承租人使用，承租人则分期向出租人支付租金，在租赁期内租赁物件的所有权属于出租人所有，承租人拥有租赁物件的使用权。

融资租赁的特征一般归纳为以下五个方面：

第一，租赁物由承租人决定，出租人出资购买并租赁给承租人使用，并且在租赁期间内只能租给一个企业使用。

第二，承租人负责检查验收制造商所提供的租赁物，对该租赁物的质量与技术条件出租人不向承租人做出担保。

第三，出租人保留租赁物的所有权，承租人在租赁期间支付租金而享有使用权，并负责租赁期间租赁物的管理、维修和保养。

第四，租赁合同一经签订，在租赁期间任何一方均无权单方面撤销合同。只有租赁物毁坏或被证明已丧失使用价值的情况下方能中止执行合同，无故毁约则要支付相当重的罚金。

第五，租期结束后，承租人一般对租赁物有留购和退租两种选择，若要留购，购买价格可由租赁双方协商确定。

（2）股权质押

股权质押又称股权质权，是指出质人以其所拥有的股权作为质押标的物而设立的质押。

①股权质押融资的优点

上市公司股权已经成为大股东资金融通的一种重要手段。大股东偏好用上市公司股权质押的原因在于：对于大股东来说，其拥有的上市公司股权是可用来抵债或质押的优质资产。商业银行一般也希望接受透明度高、可兑现性强的上市公司股权为质押标的物。

②大股东股权质押融资的缺点

a. 许多上市公司的大股东在上市公司剥离上市时，已将优良资产全部注入上市公司了，其盈利能力已经较弱，资产负债率也很高。在这种情况下，再质押借款，必然导致负债率的进一步上升和财务状况的进一步恶化，一旦借款运用不当导致其偿债能力丧失，必然通过股权的纽带牵连到上市公司。

b. 大股东法人股质押给市场的信号往往是大股东抑或上市公司的资金链出了问题，会影响投资者预期，导致股价下挫。

c. 大股东的过度杠杆融资化可能引发市场对大股东不良财务行为的猜测，以及大股东凭其控股地位而对上市公司进行利益操纵。

d. 大量高比例股权被大股东质押出去后，有相当可能性存在着这些股权被冻结、拍卖，进而导致上市公司控股权转移的危险。控股权的转移会引起上市公司主营业务、管理团队和企业文化的变动，从而引起上市公司的动荡。

(3) 其他融资方式

除银行借款、融资租赁之外，辉山乳业可能还有大量没有披露的表外负债，这些负债主要通过 P2P 互联网金融平台、地方的金融资产交易所等渠道取得。

P2P 又称点对点网络借款，是一种将小额资金聚集起来借贷给有资金需求人群的一种民间小额借贷模式，属于互联网金融产品的一种。

① P2P 融资的优点

a. 门槛低、资金运转快，投资理财手续便捷

一方面，传统的金融机构信贷投放成本高、效率低、目标不精准、无法批量获得客户，严重影响其从事小微企业信贷业务的积极性。小微企业融资和个体经营消费贷款是一个蓝海市场，但目前大多数金融机构没有投入足够的资金和精力去布局。另一方面，由于我国专业财富管理机构少、资产证券化水平低，以及受最低投资额限制等，新崛起的中产阶级与富裕阶层也需要 P2P 网贷平台来实现收益更高的理财需求。投资者可以利用业余的时间和闲置的资金在 P2P 平台获得收益，且资金大小没有限制，可根据投资人个人经济情况来进行投资。借款人也不需要经过类似银行的烦琐手续就能得到资金周转。

b. 收益可观

通常银行的年化率在3%左右,银行的理财产品收益率最高也在5%左右,而P2P网贷平台的年化率在12%—22%。P2P网贷平台贷款利率的浮动范围采取了P2P借贷公司的通行做法。P2P借贷公司为了避免有高利贷嫌疑,名义利率普遍都会控制在同期银行基准利率的4倍之内。

②P2P融资的缺点

a. 身份模糊,监管缺位

国内的P2P网贷平台大多是以投资咨询或者信息科技发展公司等形式注册的,根据工商注册管理相关规定,咨询类企业注册资金最低只要3万元,门槛很低。监管的缺位势必带来众多风险。

b. 业务不规范,利率过高,无法完全保证资金安全

信用和资金问题是网络借贷问题的根源。一旦借款人无力偿还信用贷款,又无抵押物可以作为担保,出借人的收益和本金都很难收回。

3. 结合债务重组理论,分析辉山乳业进行债务重组的意义。为避免辉山乳业事件的发生,结合企业融资及风险管控理论,可以采取哪些措施

(1) 债务重组

又称债务重整,是指在债务人发生财务困难情况下,债权人按照其与债务人达成的协议或者法院的裁定做出让步的事项。所谓债权人让步,是指债权人在充分考虑自身利益的前提下,同意发生财务困难的债务人现在或将来以低于重组债务账面价值的金额偿还债务。

债务重组对银行等债权人和身为债务人的辉山乳业具有以下重要意义:

①最大限度地保障了银行等债权人的权益

债权、债务关系是经济往来结算的产物。一旦出现债权债务关系就应采取相应的方式加以解决,除余额解除债权债务关系外,重组债务具有特别重要的意义。债权人除按约定收回债务人所欠债务外,在债务人提出因财务困难不能履约支付所欠债务时,应权衡是否做出让步,让步就意味着减收债权的额度或延长收回债权的时间,会导致债务重组损失。如果此时不做出让步,债务人无力付款或因此而造成债务人的财务状况进一步恶化,很可能使债务人所欠的"暂时"债务演变成"永久"债务。

因此，债务重组尽管给债权人造成了一定数额的损失，但毕竟使债务人所欠债务的收回可能性增大，有利于尽快收回债务人所欠债务。

②有利于缓解辉山乳业的财务困难

辉山乳业因一时的资金链断裂而无法全额偿付债务或暂时无法偿付债务，并不意味财务状况改善无希望可言，此时银行做出让步，将缓解辉山乳业的财务困难，使其能更充分地利用这一机会解决问题，重现生机。进一步说，如果债权人与债务人是长期的合作伙伴关系，相互之间有非常紧密的经济关系，彼此之间的财务状况对对方有直接的影响，债务重组的意义就更显重要了。

③债务重组不影响国家的财政收支及税收政策的正常执行

发生在企业间的债务重组，使其双方的损益此增彼减，即收益在债务重组的双方出现转移，对其纳税义务人总的纳税义务没有产生影响，不会对国家的税收政策及财政收支产生影响。

(2) 风险管控措施

企业风险管理是企业在实现未来战略目标的过程中，试图将各类不确定因素产生的结果控制在预期可接受范围内的方法和过程，以确保和促进组织的整体利益实现。

①制订合理的融资计划

企业的发展离不开合理的战略与规划，稳妥有序的融资是保证企业良好运行的前提，因此，制订合理的融资计划成为必然需求。首先，企业应根据自身战略规划对融资规模做出合理的预判，防止出现融资额不足或融资规模过大的情形。如果融资规模过大，会给企业带来较大的利息负担，还会降低资金的使用效率，不利于企业健康发展。同样，如果融资量不能弥补资金缺口，那么将对企业的业务开展产生不利影响，甚至难以满足企业正常经营活动。其次，企业的融资计划要根据预期资金流入量对长期融资和短期融资进行区分。若投资效益比较高，且能较快得到回报，企业可以考虑短期融资，如银行借款和商业信贷等。否则，企业必须考虑合理进行长期融资，防止类似辉山乳业融资中"借短投长"情况的发生，进而引发债务或资金链断裂等企业危机。

②拓展多元化的融资渠道

企业防控融资风险的措施有很多，其中效果最为显著的就是实现融资多元化。目前，我国企业大多和辉山乳业类似，在融资中过多地依赖银行信贷资金，融资方式过于单一。这种单一的融资方式难以满足企业在扩张阶段巨大的资金需求，过度的债务性融资还容易引发企业债务危机，给企业带来巨大的偿还本息压力和破产的可能。因此，在进行融资决策时，要考虑到债务融资和股权融资相结合，合理安排债务融资与股权融资的比例，确定合适的资本结构。对于非上市企业来说，积极筹划上市融资或吸收直接投资是很好的股权融资方式。而如辉山乳业等已经上市的企业，引入战略合作伙伴，不但能解决融资难题，还将为企业迅速拓宽道路。积极拓展多元化的融资渠道已成为现有国家政策下融资的最优选择，更是满足市场发展规律的必然行为。

③进行单独项目融资

企业在发展过程中会不断在研发、生产、销售等环节进行投资。从辉山乳业案例中可以看到，辉山乳业着力布局纵向一体化的全产业链战略，坚持自行投资建设牧场、养殖场、乳制品加工产业集群等项目，进行全国市场扩张时仍然如此，这对母公司的融资能力是一个巨大的考验。如果企业自身积累和母公司的融资能力不能支撑如此庞大的资金投入，可以对某些投资项目进行单独融资，进行合资经营或控股经营，如采用并购的方式合资经营养殖场，以此来缓解资金压力，谋求迅速扩张。在这种经营模式下，企业只需要掌控项目管理权并制定合适的产出质量标准，就可以较少占用宝贵的资金，并撬动更多的项目，加快上下游产业的整合速度，达到企业战略扩张的目标。

④加强内控与风险预警机制

融资风险预警机制及相关内控管理对于企业尤为重要，因为企业的资金链是企业存亡的重要部分。但在现实中，目前我国企业并不重视这一点。辉山乳业在这一阶段更多的动力与关注点都集中于如何投资以达到更大的产出，占领更多的市场，并未建立起相应的内控与风险预警机制。这种情况下，一旦出现融资风险，企业只能被动接受。对此，企业应积极加强内部控制建设，完善关于融资风险的预警机制，学习先进的管理经验，优化企业现有的财务管理模式；根据企业的发展规划与预算目标，尽量量化风险预警的相关指标，加强对资金来源、资金使用、资金回笼的监控与管理；合理使用企业授信额度，建立一定额度的风险准备，以应对突发性的危机。

（四）关键要点

（1）关键知识点：本案例所涉及的知识点包括融资渠道的类型、债务重组的概念、债务重组的影响、质押融资的概念以及风险管理的相关知识点。

（2）能力点：分析与综合能力、归纳总结能力、深度思考能力、理论联系实际的能力。

【参考文献】

高国伟、栾泽权：《企业竞争情报研究模型——以企业尽职调查为例》，《情报科学》2019 年第 8 期。

胡昌生、池阳春：《投资者情绪、资产估值与股票市场波动》，《金融研究》2013 年第 10 期。

李阳蓝：《上市公司盈余管理手段与审计识别——以辉山乳业为例》，《审计月刊》2017 年第 6 期。

廖士光、杨朝军：《卖空交易机制、波动性和流动性——一个基于香港股市的经验研究》，《管理世界》2005 年第 12 期。

刘琨、郭其友：《估值效应与外部权益资产结构：基于 NOEM 分析框架的研究》，《世界经济研究》2020 年第 1 期。

毛文娟、李雪梅：《基于公司治理视角的企业资金链断裂成因分析——以辉山乳业为例》，《会计之友》2019 年第 7 期。

母从明、刘洋、周远祺等：《股权收购（Buyouts）的债务估值和违约决策》，《中国管理科学》2020 年第 2 期。

唐大鹏、李佳虹、刘莲：《企业营运资金内部控制缺陷及优化研究——基于辉山乳业的案例分析》，《财政监督》2017 年第 22 期。

王性玉、王帆：《做空机制对我国股市波动性、流动性影响的实证分析》，《经济管理》2013 年第 11 期。

肖宇：《中国概念股在美国被做空探因及对我国证券注册制改革的启示》，《暨南学报》

（哲学社会科学版）2014年第4期。

闫雪玲：《民营企业应对做空的措施研究——基于辉山乳业、中国宏桥和达利食品的多案例解析》，《管理会计研究》2018年第3期。

张金昌、范瑞真、胡天雨：《企业资金链断裂风险度量方法研究》，《经济管理》2015年第1期。